王維山水詩畫美學研究

蘇心一 著

文史哲學集成

文史哲出版社印行

國家圖書館出版品預行編目資料

王維山水詩畫美學研究 / 蘇心一著. -- 初
版. -- 臺北市：文史哲，民 96
　頁 ： 　公分. (文史哲學集成；527)
ISBN 978-957-549-717-0 (平裝)

1.中國詩 - 唐（618-907）-評論 2.中國畫

821.84

文史哲學集成　527

王維山水詩畫美學研究

著　　者：蘇　　　　心　　　　一
出 版 者：文 史 哲 出 版 社
http://www.lapen.com.tw
登記證字號：行政院新聞局版臺業字五三三七號
發 行 人：彭　　　　正　　　　雄
發 行 所：文 史 哲 出 版 社
印 刷 者：文 史 哲 出 版 社
臺北市羅斯福路一段七十二巷四號
郵政劃撥帳號：一六一八〇一七五
電話886-2-23511028・傳真886-2-23965656

實價新臺幣三八〇元

中華民國九十六年（2007）五月初版

序

邱　燮　友

一、山水詩畫與美學

　　中國漢代以前一向詩樂舞並存，唐代以後才逐漸成為徒詩，不再配樂，詩中情意真，詩中日月長，詩歌是精美的語言，還可藉由詩的美讀技巧，運用詩語和聲情的關係，使詩的吟誦多些變化，如套語、趁韻、頂真、諧隱、對口、疊誦、輪誦、幫腔、滾唱等技巧的運用，使詩的美讀，愈為多彩多姿，閒暇讀詩，讓人感到實乃生平無比賞心樂事。悠悠的過去數千年，是一片漆黑無比的天空，歷史上留下每一首雋永的詩歌、每一幅瑰麗的畫作、每一段深刻的思想、每一篇精闢的文章，都將這漫漫長夜照耀得倍加繽紛亮麗，歷代思想家和文學家、藝術家們所散布的點點星光，點綴這黑夜，使得歷史黑夜不再黯淡。

　　詩人面對人生，體驗生活，將生活經驗，化成詩歌；將情感生命，寫成詩句，詩歌是詩人的生活寫照，是詩人的生命昇華，古今中外詩人皆然。詩歌一向跟人們生活結合在一起，中國詩歌尤其特別注重生活化，詩歌成為生活中不可或缺的一部份，中國詩人在詩歌中表現「溫柔敦厚」的情操；西方詩人在作品中，往往用矛盾的諷刺詩以諷喻人生。人生豐富了詩人，詩人豐富了詩歌。就如德國著名美學家海德格的名作《思想‧語言‧詩》說：「存

在就是美。」又說：「最真實的語言，便是詩歌。」

　　在中國歷史上，詩歌的巔峰期便屬唐朝，唐代詩歌四季分明，不只是唐詩有四季，唐畫一樣有四季花開之象，畫種紛呈，名家湧現，繽紛多彩，各擅勝場，看得人眼花撩亂，在六朝青綠山水的基礎上，隋唐創發出展子虔的設色山水，李思訓的金碧山水，王維的破墨山水，王洽的潑墨山水，異采紛呈，蔚爲大國，唐朝還將詩畫加以融合，垂範百代，對詩畫融合最有貢獻的，除王維之外，不做第二人想，王維首開個人山水詩畫配合先例，使詩書畫得以有最佳融合機會，王維寫《輞川集》，將畫境帶進詩裡，使詩的形象更爲豐富精妙；王維畫〈輞川圖〉，把詩意帶進畫裡，使畫的意蘊更加雋永，詩佛神來之筆的詩畫合一動作，意義非常，繼往開來，承先啓後，他讓詩畫都別開一境，他寫出可畫之詩，畫出可讀之畫，他的功績確實不可磨滅，畫出與眾不同配合詩意的水墨山水，擴大詩人之詩趣、詩情、詩意、詩境，引人入勝，既通於古，又變於今，「清初四王」著名文人畫家王原祁說：「畫中雪，唐以前但取形似而已，氣韻生動自摩詰開之。」摩詰的山水「斂吳生（道玄）之鋒，洗李氏（思訓、昭道）之習。」摩詰爲後世多少文人開出一條坦蕩蕩的大道。

　　王維備受蘇東坡推崇，說他是：「詩中有畫，畫中有詩。」可惜他畫的〈輞川圖〉今已不見真跡傳世，因爲中國宣紙的保存期限僅有五百年，絹帛也只有一千年的壽命而已，王維去世至今，早已超過一千三百年，縱使真跡存在，也像王羲之〈快雪時晴帖〉、韓幹〈牧馬圖〉一樣，僅係後人傳移摩寫或雙鉤塡墨之作；真跡不存在實乃理所當然之事，所以研究王維山水詩畫美學有其先天上的問題存在。

二、蘇君撰此論文的步驟與歷程

　　頭髮已經斑白的蘇君心一，任教國高中三十餘年，並擔任故宮志工，鎮日與六十五萬件故宮傳世無價之寶為伍，當其同班同學幾已退休殆盡之際，她還遵從母命，孜孜不倦，考上文化大學中國文學研究所就讀，雖僅係碩士學位，仍不辭路遠，不避風雨，奔波於桃園與陽明山之間，精神感人，她對中國文學有高度熱愛，且具學術研究潛力，又對中國繪畫、書法藝術有深度研究，此番對王維膾炙人口的山水詩與畫作番美學分析，以《王維山水詩畫美學》為題，完成此篇論文，蘇君天賦聰明，對歷代山水詩文獻資料多有收集，並需大量閱讀美學書籍，研究過程中需要使用文學研究的新觀念、新途徑、新方法和新批評，蘇君還頗能跟上時代腳步，使用電腦，製作簡報，功力尚不至落年輕人之後，進研究所前，她已開始廣搜資料，經過兩年半勤奮不懈研讀、撰寫，還要兼顧教書與志工服務，分身有術，確實難得，正像異物進入珠母貝，貝殼受到刺激，又無法將它排除，便分泌碳酸鈣與真珠母將它包覆，花上多年時光，才能孕育完成一顆璀璨、圓潤的珍珠，近年少有人研究王維詩畫，蘇君能夠撰此論文，亦非易事，愛國詩人屈原在其名著〈離騷〉中說：「紛吾既有此內美兮，又重之以修能。」研究中國文學者，若無天賦「內美」才情，又無後天「修能」努力，很難歡喜收割，「天上掉下來的禮物」，往往會讓受者被其重力加速度壓垮，唯有順著自己的肩膀上下，靠著智慧與雙手，才有可能編織成意想不到的真實成果和美境。

　　我親眼看著蘇君一步步完成這個原本不可能的任務，她能將一篇一百三十頁的學期報告，逐步擴充成一本三百多頁的作品，雖然枝蕪葉繁，未能去蕪存菁，但因初試啼聲，有此成就，亦不

容易，爲她的成就同感欣慰，此書即將付梓，本人很樂意爲她寫序，說明她撰寫此文的步驟和歷程，以供同道參考，並希望各方大德

　　惠予指教。

邱燮友

2007. 5. 10.

謝　　誌

馬喚風驚逸氣生，駸駸千里赴修程，

知非知命知趨學，欲解詞林萬古情。

　　說來汗顏，都已年過知命，鎮日無所事事，滿腦子光想退休，還不知認真向學，是家慈醍醐灌頂：「就知道去故宮當志工，為什麼不知道去讀書？」還舉親身經歷：「我五十九歲才去讀台北女師，六十二歲讀市立師專，你五十歲算什麼老？哪裡可以這麼快就想退休！」一語驚醒夢中人，趕緊報名研究所考試。

　　重新浸淫書洋，茫無頭緒，不知方向，沒有目標，從沒想到民國九十三年暑假，故宮展出一幅宋郭忠恕畫的〈輞川圖〉，竟然能夠帶出我的碩論，要感謝的人真是多得數不清楚：皮師庶民對在下的學期報告予以肯定；邱師燮友指引美學方向，鼓舞精神；金師榮華提出修改的高明見解；剛剛去世的張師仁青准許長期旁聽，同事馬芳耀老師不吝提供寶貴意見；家人包容、諒解；學長、學姐、同學提供寶貴經驗；朋友們生怕我臨陣脫逃，更是鼓勵有加，值此碩論付梓之際，只能對大家感謝再感謝！沒有各位熱切關心，沒有今日滿懷收穫。

　　其實碩士結業只是一段旅程的中點，前面還有更艱鉅的路程待我突破難關，接受考驗，儘管荊棘遍佈，也不能退縮，唯有昂首闊步，努力向前，錯過此次，今生扼腕，徒留餘恨耳。

蘇心一

民國九十五年五月二日　謹誌於桃園農工

王維山水詩畫美學研究

目　　次

第一章 緒 論

　　《莊子》一書開宗明義以〈逍遙遊〉為題，點出中國美學的一種表述，西方舞蹈家崔拉・夏普（Twyla Tharp）也說：「藝術是不離家門仍得以逍遙遊的唯一方法（Art is the only way to run away without leaving home.）。」可見古今中外對藝術的觀點相通。

　　藝術是中西共通的語言，中國歷史光輝燦爛，是世上最古老的文明國家之一，先民孜孜矻矻努力，留下無與倫比的成就，創造罕見的璀璨文化，有極其豐富至今仍具高度價值的美學思想、遺產，早期人類還未形成文字以前，就已有繪畫活動的萌芽，在古老岩洞壁上，留下許多描繪物像的生動岩畫（中國迄今發現最古老的壁畫遺跡是遼寧牛河梁紅山文化女神廟遺址出土的壁畫殘塊），中華民族世世代代生長在中國這塊土地上，留下難以數計具有鮮明民族特色的文化美學遺跡，如今已成為全人類共同的財富，如著名的馬王堆[1]、敦煌石窟、雲門石窟，在中國文化史上具有無可比擬地位的《易經》更是早已震撼全球學術界。

　　繪畫、書法、詩文是中華文化的核心，無人能不認同，是中

1　1973 年長沙馬王堆三號西漢墓出土大批帛書、帛畫，據《史記》《漢書》記載，長沙相利倉於漢惠帝二年（公元前 193）卒。隨葬大量竹簡、醫簡、帛書、彩繪帛畫和兵器、樂器、漆器等，其中已判明的帛書有 28 種、計 12 萬餘字，分為六藝類、諸子類、兵書類、數術類、方術類和地圖類等，是中國考古學上古代典籍的一次重大發現。長沙發掘的馬王堆漢墓是人類文化的寶庫，經過 30 年整理研究，其文化價值日益顯露，有美、德、英、日、韓等世界各國知名漢學家、學者競相長期研究，使得「馬王堆學」成中外顯學。

國最崇高的藝術，書法與繪畫、詩文其實早已成為中國人，特別是中國讀書人生活中不可分割的一部份，特別是典型文人畫作品，最為中國讀書人喜好，在他們的書齋、廳堂，乃至臥室、辦公處所、生活起居室等所居、所遊、所到之處，很少不懸掛一兩幅字、畫、匾、聯，讀書之餘，公餘之暇，默然獨對，在簡單幾筆疏落的線條、留白當中，透出無限信息，是影響我國民族性格最大的動力，王維（701~761）首先自詩自畫，在字、畫當中，可以找到中國人思想、生命和情感深處最動人的形跡，詩文、字、畫與中國園林此四者完全是我國獨立創造，別具風味，寫意畫用生紙，能使墨分五色（濃淡乾溼焦），層次清楚，效果跟彩色畫一樣賞心悅目；重彩、界畫用熟紙，不論技巧、使用的紙筆墨硯用具均表現中國濃厚的獨特風味，表現的文化價值已不再侷限於畫、書、詩文本身，早已成哲學、文學、歷史，甚至建築、動植物等多方面的綜合藝術，最足以代表我國黎民兆姓和平、中庸的品行，是重視高潔、恬淡的性格與講究品行、操守的藝術品。

　　任何事物出現，都不可能兀然冒出，必有其時代背景與社會因素、個人因素，每個時代也有那個時代共同的審美追求，往往形成風潮，審美意識演進，流派分合激盪，技藝交流變異，都是其中主要內容。就像先秦的《詩經》、《楚辭》、漢之賦、南朝駢文、唐之詩、宋之詞、元之曲、明清小說，各領一代風騷，沈尹默說：「無論是哪一種藝術，總不能不受那個時代社會風氣所影響。」[2]他又說：「書法是中國民族特有的，又是有悠久歷史的優良傳統藝術，他是一種善於表現人類高尚品質和時代精神的特種藝術。」[3]不管哪種藝術，都無法脫離時代背景，特定歷史時期呈現的藝術

---

2 見沈尹默：《沈尹默論書叢稿》（臺北：莊嚴出版社，民國 77 年），頁 143。
3 同注 2，沈尹默：《沈尹默論書叢稿》，頁 158。

風格均有時代鮮明色彩，反映不同於他朝的審美趣味。

詩的起源絕早，遠超過散文，《尚書‧舜典》有云：「詩言志，歌永言，聲依永，律和聲。」表示有文字紀錄前已有詩歌，實屬中國最古詩論。《文心雕龍‧明詩》更有：「昔葛天樂辭，《玄鳥》在曲；黃帝《雲門》，理不空絃。」[4]照〈明詩〉說法，早在滋乳文字的葛天氏和黃帝時期，已見賦詩流傳，誠如邱師燮友所云：

> 詩人面對人生，體驗生活，將生活經驗，化成詩歌，將情感生命，寫成詩句。因此詩歌是詩人的生活寫照，生命的昇華。古今中外詩人皆然。……中國詩人在詩歌中表現「溫柔敦厚」的情操；西方詩人，在作品中，往往表現矛盾的諷刺詩，以諷喻人生。人生豐富了詩人，詩人豐富了詩歌。……就如德國海德格的美學著作《思想‧語言‧詩》，他說：「存在就是美。」又說：「最真實的語言，便是詩歌。」[5]

詩最初僅是生活經驗或心情感發，順口念唱，流傳四方，迨文字出現，周天子為了解民間疾苦，派行人官巡遊四方採集記錄，東西方均有詩人寫詩，但文化背景不同，內容、形式也大異其趣，中國詩人從數千年前，已在傳統詩歌表現「興觀群怨」、「溫柔敦厚」的情操，有發乎情、止乎禮義的人性美德：先秦《詩經》以四言為主，《楚辭》以七言為主；兩漢，五言逐漸普遍；東漢末年，歷經多年動盪不安，天災人禍紛至沓來，社會紊亂不堪，文人無力改造，甚至感覺插不上手，蘊含教化深意的經學思想解構，文人不得不尋求個人的安身立命，放棄對時代的責任感，經學統治

---

4 見（梁）劉勰著，王師更生注譯：《文心雕龍讀本》（臺北：文史哲出版社，民國 88 年初版七刷，頁 82-83。

5 見邱師燮友著：《童山詩論卷》（臺北：萬卷樓圖書股份有限公司，民國 92 年出版），頁 16。

在建安時代趨於崩潰，追求自己的內心和形體尋覓，裝聾作啞者
有之，揮麈談佛論道者有之，或爲隱居田園、樂山樂水的高士，
及時行樂，產生「文學自覺」，藝術覺醒相繼產生，外表看來灑脫，
內在都隱藏了得失去就不能自主的蒼涼，各種文學思潮此起彼
落；思想方面，受北方孔孟思想影響的儒學衰微，名教破壞；受
南方老莊學說影響的玄學興起，脫離羈束，正始（240～246）年
間，首先登上詩壇風起雲湧的是玄言詩，「理過其辭，淡乎寡味。」
稱霸詩壇百年之久，代表詩人如孫綽、許詢等創作皆「平典似道
德論」，沒有藝術性與生動感，全係枯燥寡味的說教；直到晉末，
劉勰《文心雕龍‧明詩》說「莊老告退，而山水方滋。」[6]傑出詩
人陶淵明（365～427）寫沖淡自然之作，不假雕琢，簡潔雋永，
純是真性情的流露，給空虛的東晉文壇帶來有內容有價值的作
品，但南北朝時，不管詩文書畫，多喜摹山狀水，因爲當時「巧
構形似之言」思潮風起雲湧，「詠物」強調「密附」，曲寫其狀，
田園山水詩是詩歌門類中重要的一環，這類詩歌以田園生活及山
水景物爲主題，彰顯了田園生活的情趣及作者的歸隱心態，同時
描繪了山谷水泉的情狀，把美麗的自然景物呈現在讀者面前，可
以陶冶性靈、啓發幽思，具有淨化人心的功能，一般文學史認爲
真正大量創作田園及山水詩，大放異彩的除了陶淵明，還有謝靈
運（385～433），其實任何新事物的創始，必定原始純樸，後世逐
漸改進技巧，表現超過前代是必然之理，後出轉精，山水田園作
品絕非東晉以後才有的文學成就，其實每個時代有新的代表性文
學形成，不會憑空產生，除文藝本身自主性的創發，當然也跟歷
史時代的整體發展演進有絕大關係，六朝[7]《文心雕龍‧通變》有

---

6 同注 4，劉勰著：《文心雕龍》，頁 85。
7 歷來學者對於六朝一詞界定不一，經常是指吳、東晉、宋、齊、梁、陳等六

謂：「設文之體有常，變文之數無方。」從太康詩人左思（250？～305？）〈招隱詩〉：「豈無絲與竹，山水有清音。」首先山水連用之後，山水在詩文、繪畫中層出不窮，至盛唐王維（701~761）自寫山水詩畫，詩畫得以融合。

　　魏晉六朝詩歌甚至繪畫內容、形式均日趨多樣變化，在這文學藝術自覺、獨立的時代，詩人們深受陰陽相交、生命大化的《易經》生命哲學影響，喜愛談玄，又受強調「自然」的莊子與佛家哲學影響，不遁於莊，即遁於佛，文、藝美學結束先秦、兩漢文藝附庸儒學，僅充「教化利器，載道工具，文士或同俳優，無獨立地位」的尷尬，向為時代反映，從利他的功用文學轉為利己的言志文學，再變為南朝唯美文學，詞人雲興，才士間出，一方面有人不事人為造作，寫玄言詩；另一些人則譜出對自然環境、山水花鳥的美感，優美的大自然一直為人類提供物質及環境條件，中國人對大自然早就有較高審美能力，且通過詩人、畫家熔鑄成藝術美 ── 山水詩、山水畫，幾乎同步出現，成為人類智力、精神和藝術思維泉源，《莊子・讓王》有云：「中山公子牟謂瞻子曰：『身在江海之上，心居乎魏闕之下，奈何？』」意謂人會身在此而意在彼，自由聯想，讓想像力超越主體自身所處的具體時空界限，山水詩則讓倦於人世浮沈的詩人墨客，能夠寄情山水，鬱卒心情有抒發管道。

　　「山川之美，古來共談。」熱愛自然山水景色的中國人描繪

個朝代。不但均以建康（今南京）為國都，疆域雖時有變動，但總以漢水、淮河以南地區為主。嚴格說，六朝理應除去西晉滅吳後的三十七年（280-316年），因其首都既不在建康，國土也不限於江南地區，但江南發展並未因此中斷，文中本應採用現今中國考古學概念「六朝包括西晉」的歷史觀點一併論述，時間上下限是自孫權稱王的黃武元年（222年）至陳後主禎明三年（589年）亡於隋之間的三百六十七年，研究者認為「文學六朝」宜接受張師仁青意見，連漢獻帝建安時期一併計算。

山水的詩歌，早在純文學的始祖《詩經》時已然萌芽，祇是純屬記載，並不抒情；屈原因貶官而作多篇寄情山水成為南方文學代表的《楚辭》，〈河伯〉、〈山鬼〉這些最早的神話山水文學後，山水文學有了真正的抒情源頭；接著漢賦到六朝，山水文學已有非常鋪張誇飾的卓越表現，中國向有「世界園林之母」的美譽，「中國園林」向為「立體的畫，無聲的詩」，納文學、戲劇、哲學、繪畫、書法、雕刻以及建築藝術於一爐的「中國園林」，是詩人、畫家情感的結晶，蘊含豐富多樣的文化內涵，山水詩定義如何為是，百家爭鳴，各言其是，只要描寫山水風景，即可謂「山水詩」，未必純寫山水，鋪陳山水之美，亦詩人創作宗旨，或寫山光，或寫水色，透過詩人的知性體認、感性抒發，山水始終以其曼姿妙容，做詩人釋情放意的抒情利器，層巒疊翠固屬佳題妙材；即便人工斧斲營造的園林庭臺樓閣，池苑舞榭，何損山水庭園之美？詩人透過山水做媒介，騁其「虛靜」、「忘我」、「空靈」、「玄妙」的仙家浪漫情懷，以自適、自得、自樂、自安、自娛、自放的心境描山摹水，賦予人工經營的庭園山水還諸自然情趣，有何不可？庭園、園林，豈不都同屬山水詩的流變！

美學是研究人對客觀事物（人事、自然、藝術）的欣賞和創作活動及特徵、規律的學科；文學貴在反映人生，描寫人性，魏晉六朝「天下多故，名士少有全者。」不少人受老莊思想影響，由崇尚清談，走向愛好山水，嘯咏山林，歸隱田園，隱逸之風盛行，六朝動盪衝激，文人思索後，發生所謂：「個人之自我覺醒」[8]，將審美與藝術創作和欣賞個人的生命意識與個性追求熔為一爐，形成六朝獨特的文藝美學觀念與範疇，五胡亂華所帶來的外

---

8 見錢穆著：《國學概論》（臺北：臺灣商務印書館，民國 79 年 8 月，臺十五版），頁 150。

來文化對中原漢文化的衝擊、紛亂，經數百年的文人內省、內化，帶來各種文學、藝術、思想、美學思潮的震撼，文學家自屈原以來，心思向來細膩，對人生的遭遇，往往有透徹的體會，透過語言文字，他們不僅表達強烈的情感、高遠的理想，也充滿豐富的想像力，用來彰明人生的和諧和美麗，但是中國傳統的文學觀，也是東方文學特有的風貌和精神，對於文學的評價，卻不僅止於藝術的品賞，還要求道德上的評價，所以六朝文學藝術的發展，向來在歷史上評價不過爾爾，其實許多六朝文人內心悲痛莫名，有其不得不配合時代的痛苦，假如沒有六朝文人絞腦搜腸的內省、內化，辛苦筆耕紙作，播種施肥，哪有後來唐朝豐碩的滿懷收割？前人的辛勤努力造成後人的開花結果、綠樹成蔭，能不感謝六朝人的辛勞嗎？

中國歷代對於繪畫一向非常重視，古籍中，早就確認繪畫的政教功能，自群經之首的《易》以降，《詩》、《書》、《論語》、《左傳》、《史記》、《漢書》以及其他楚帛、漢簡等各種載籍，關於繪畫的記錄均所在多有。很多古老文明因為書寫工具欠佳，造成文明斷層，中國卻不存在這種問題，中國書法用的毛筆被許多藝術評論家公認為是最敏感的一種藝術工具，提頓轉折，正側方圓，無所不能，杜工部（712～770）在〈秋興八首〉之八中說：「彩筆昔曾干氣象，白頭吟望苦低垂。」當熟悉其特性後，它能委婉如意地傳達出握筆人的千百種情愫，同樣使用毛筆的兩樣藝術，形式雖不大相同，一重色彩、形象；一重線條，書法雖僅是線條組成文字，但也講究能表現成為立體的畫面；繪畫表現物像，儘管是在平面上呈現，也希望能表現出立體感覺，人云：「中國畫是線條的雄辯」，書法何獨不然？書法和繪畫其實很早就結合為一，李斯的論「用筆」頗能說明用筆之理，斯云：「夫用筆之法，先急回，

後疾下，如鷹望鵬逝，信之自然，不得重改。送腳，若游魚得水；舞筆，如景山興雲。或卷或舒，乍輕乍重，善深思之，理當自見矣。」歷代有不少書法家，由感受自然美和生活美加以結合而使他們的書法突變。

　　書畫之間關係非常密切，是中國藝術的最大特色，文字和圖畫一向同時並存，離開只用縱橫敧斜、穿插鉤挑、迴轉點畫的線條表現之書法，沒有辦法談繪畫；離開注重色彩、線條的繪畫，書法也照樣無從敘述，注重陰陽、虛實、開合、聚散、線質、墨量、跌宕、敧側、疾澀、節奏、快慢的中國書法，除了有甲骨文、金文、大篆、奇書、小篆、帛書、隸書、行書、楷書、草書之分，各種字體還可以融合混用筆法，如行楷、行草、隸草、隸行、篆草，也能融簡帛隸篆於一體，是以書法藝術變化萬千，即使「最抽象的意識，書法都能曲予傳達，如龍飛鳳舞的運動感，莊嚴方正的立體感、輕雲蔽月之飄渺感、落拓不羈之豪放感，都能得心應手，無不曲盡其情，有最空靈之表現。」[9]所謂：「情動形言取會風騷之意，陰舒陽慘本乎天地之心。」[10]書法在長期歷史發展中，早於距今一千七百年前的魏晉六朝王羲之時期，已成獨樹一格的民族藝術。

　　中國古代繪畫理論無論數目、內涵均居世界之冠，魏晉南北朝時，呼應源遠流長的山水詩，有山水畫出現，山水畫在眾多文人、畫家相繼努力創作繪畫及理論之後，日益成熟，而後在盛唐跳上主流舞臺，或者畫出石筍爭峰，別出心裁；或者畫主山頂天立地，雄偉壯觀；或者畫奇巖異石，群峰勁舞；或者畫峽谷峰林，

9　見李霖燦著：《中國美術史稿》，（臺北：雄獅圖書股份有限公司　民國89年二版），頁40。
10　見楊仁愷主編：《中國書畫》，薛永年、楊心、楊臣彬、穆益琴、單國強等編撰，（上海：上海古籍出版社，民國79年出版），頁5。

綠樹成蔭；或者畫瀑布流泉，小橋獨立；或者畫人外有人，山外有山；或者畫別有洞天，氣宇軒昂，主要在於山水畫最接近中國傳統宇宙大道的圖像觀念表現，山水畫表現中國人對大道的種種體會與摹想，正如中國最早的山水畫論先驅劉宋玄學家宗炳（375～443）〈畫山水序〉所云：「是以觀圖畫者，徒患類之不巧，不以制小而累其似，此自然之勢如是。則嵩華之秀，玄牝之靈，皆可得之於一圖矣。」目的在「澄懷觀道，臥以遊之。」想要表現山水的玄牝之靈，與其心中之靈融合為一，作為其精神綢繆盤桓，不忍竟去之所。

　　山水畫在魏晉南北朝時已有發展，但仍附屬於人物畫，作為背景居多，隋唐獨立，唐朝文人、畫家付出無限努力，在魏晉六朝以及隋朝的書畫基礎上獲得了全面發展，使山水、花鳥逐漸從人物、道釋畫的背景跳脫獨立成科，青綠山水與水墨山水相繼成熟；花鳥、走獸獨立成科，也立即引起人們關注，唐代各期特點不同，不只是唐詩有四季，唐畫一樣有四季花開之象，畫種紛呈，名家湧現，繽紛多彩，各擅勝場，看得人眼花撩亂，在六朝青綠山水的基礎上，隋唐創發出展子虔的設色山水，李思訓的金碧山水，王維的破墨山水，王洽的潑墨山水（兩者不同）等異采紛呈，蔚為大國，王維之後，詩聖杜甫首開為人題畫風氣，使詩書畫得以有最佳融合機會。

　　盛唐對詩畫融合最有貢獻的除王維不做第二人想，王維首開個人山水詩畫配合先例，《輞川集》將畫境帶進詩裡，使詩的形象更為豐富精妙；〈輞川圖〉把詩意帶進畫裡，使畫的意蘊更加雋永，這曠古未有的動作意義非常，承先啟後，繼往開來，讓詩畫都別開一境，功績不可磨滅，他畫出與眾不同配合詩意的水墨山水，既通於古，又變於今，清代王原祁（1642～1715）也說：「畫中雪，

唐以前但取形似而已，氣韻生動自摩詰開之。」摩詰的山水「斂吳生（道玄）之鋒，洗李氏（思訓、昭道）之習。」畫跡有〈青楓樹圖〉、〈孟浩然馬上詩圖〉等，著錄於《唐朝名畫錄》；〈太上像〉、〈山莊圖〉、〈雪山圖〉等一百二十六件，著錄於《宣和畫譜》。傳世為墨筆畫，坡石有清染

〈雪溪圖〉絹本（附圖一）

似無鈎皴，無款，有宋徽宗（1082～1135）題〈王維雪溪圖〉，圖錄於《中國寶鑒》，王維除了活動在安史之亂以後的淒涼時期之歷史背景，也有其不可忽視的個人因素，個人因素當是他畫出水墨山水的重點所在。

降至晚唐，《歷代名畫記》是中國乃至全世界最早的繪畫通史著作，作者張彥遠首先提出「書畫用筆同法」，即後人所謂「書畫同源」，書法及繪畫的原理基本上是相通的，充分運用書法藝術的抽象，書法的用筆，是中國畫造型的基礎，書法用筆也提供國畫的技巧和審美情趣，造成中國文化史上，「善畫者必善書」的原則；另一層涵義則為透過筆墨的韻味來表現畫家學養、品格操守及感情思想。五代是我國山水、花鳥畫輝煌燦爛發展的時代，中國繪畫到北宋以後，可概分為工筆和寫意兩類，北宋院畫家工筆精美，畫得精密寫實到了極點，所謂物極必反，因而引起反彈，蘇東坡（1037～1101）等注重寫意；南宋院畫家梁楷以後，寫意更進展到大寫意，就是「減筆」畫法，亦即是用極簡單的筆觸，表現線條的力道，像書法一般傳神，表現至高無上的內容和境界，畫家創作，講究以神馭形：工筆描繪精微者，樓臺入畫，片石生

情，並不拘泥於眼中所見實物；寫意隨意揮灑者，小橋流水，靈沼曲徑，也不全然離真背實，但減筆並非亂圖，需要經過極為嚴格的基礎修練，才能把握最簡單扼要的神髓，化繁為簡，以簡御繁，才是真正「減筆」意義。

　　有宋蘇軾又特別拈出「詩中有畫，畫中有詩」[11]、「詩畫本一律，天工與清新」等美學命題，構景布局重在四可，讓觀者如臨真境，可遊、可望、可居、可行，怡然自得，有天人合一之趣。而習書作畫，皆以毛筆為工具，致使書畫渾然一體，難以明確劃分。宋徽宗以降，若是畫家本人題畫詩書，可以寫於畫面任何部位，畫家自會考量，列入佈局研究，唐宋收藏家、鑑賞家多數會題於詩塘、拖尾、引首、裱綾；元朝以後，畫家喜歡在畫面上連篇累牘敘述繪畫內容構圖的來龍去脈，更增添畫面可讀性，其所發揮之藝術功能不僅只在詩句內容，作為整個畫作之組成元素，自有其藝術性，不管是書寫筆法、位置，或配合鈐印，其題畫詩之字數多寡、字體之大小疏密與書寫之楷隸行草篆各種字體，皆在畫家整體考量之中，對於題畫詩形式探討，亦有助於對題畫詩藝術性之認識，文人畫題畫詩不只是文字，而且是結合詩歌、書法、繪畫、印章四者之綜合藝術，或畫而意猶未盡，遂題之以詩文；或據詩文以為畫，甚或畫上雖未題一字，仍盡得詩趣、情趣，富含中國式的幽默，畫與書、詩結合成一體，加上鈐印，便成一家之言，是盛唐王維當年一時遣性，帶動千餘年風氣，使中國文人畫在形式和精神表現上因內容豐富多樣而卓然特立於世界，震爍世界美術之林。

　　文人很重視不同於平常人的品味，即雅俗分際，從先秦政治

11　見〈書摩詰藍田煙雨圖〉蘇軾：《東坡題跋》，收在楊家駱編：《藝術叢編》
　　（臺北：世界書局，民國56年）第一集第二二冊，卷五，頁94。

教化衍生的崇雅鍊俗、魏晉的超凡脫俗、隋唐的雅俗融合、宋元雅俗分流到明清的雅俗徘徊，後世好奇這個雅俗分際，究竟是詩歌消融了繪畫藝術，抑或是繪畫吸收了詩歌的韻律感？兩者之間的互動因素如何？諸如此類，累積了千餘年的眾多經驗與成品，元明學者多有注意，降至晚明，董其昌在其著作《容臺別集》、《畫旨》、《畫眼》、《畫禪室隨筆》中正式拈出「文人畫」這名詞，確立文人想要藉此與一般世俗人士區隔，此「文人畫」之說如大石落井，掀起軒然巨波，討論數百年仍未塵埃落定，董氏從禪分南北二宗得來靈感，而畫分南北，並非以籍貫南北劃分，確實頗有見地，能發前人之所未發，也算有其獨到處，董氏看出儒道兩家都是通天人，道家重自然，儒家重人文，滲透道家精神的山水畫，最終為儒家人格的徹底完成，提供可行途徑和可能性，董氏此一見解印證中國知識份子思想駁雜，從唐朝儒釋道合流之後，知識份子旺盛的生命力竟在董氏的繪畫理論裡激發出新的宣洩管道。董氏確立正名以及「南北分宗」說塵埃落定，董氏還加以說明：「王維始用渲染。」早期大臣較少具有畫家身份，如閻立本者，當君臣取樂，命其作畫，甚覺恥辱；唯至王維，絲毫不以畫家身份為恥，還認為自己前生即是職業畫師，董氏並非以籍貫來做為南北分宗的主要依據，而純從畫風研討，董氏說法一出，後人嘩然，歷來引起廣泛討論，不可諱言的是他正式確立兩個藝術之間的微妙辨證關係，而董氏何以援引當時流行的文學術語「妙悟」來做文人畫的最高典範？又為何以禪宗「南頓北漸」的分宗觀念來建構文人畫派之歷史傳承？此時期的繪畫理論有強烈文學化 ── 甚至詩化的趨勢，究竟董氏提倡繪畫的「南北分宗」與禪宗的關係如何？當時禪宗發展如何？本文僅對受王維畫風影響的文人畫，交代其來龍去脈，其他均隨筆帶過，不做深入探討，僅從王維被

後人推尊為文人畫第一把交椅，及其代表作〈輞川圖〉與《輞川集》來作一番耙梳探討。

　　美是文學第一義，詩歌更是精美文學，繪畫早已與書法結合，而書法向來又是國學的一部份，詩歌與繪畫藝術雖然一屬時間，一為空間，但自王維詩畫融一以後，成為關係密切的兩大歷史文化系統，由於繪畫早已與書法結合，而書法向來又是國學的一部份，如今書法從國學獨立成一門藝術，一般傳統研究學者多數都將詩畫課題劃歸美學範疇，但目前它已被認可為合法的比較文學課題，而美學領域亦不脫文學藝術範疇，比較文學專家張漢良說：

> 文學與藝術的關係研究，是比較文學的新課題。但它幾乎涉及到比較文學所有的問題，包括歷史研究（文學與藝術史）、斷代問題、主題學、影響研究、文類研究，以及類比研究，尤其是後者，因為這門課的出發點與依歸，無非都是基於一個形式或媒介的暗喻。[12]

詩書畫關係的領域，逐漸成近代比較文學研究繪畫風格遞變時的重要依據，不再像三四十年前那樣觀念保守，誤以為詩書畫三者老死不相往來，時代進步，詩書畫間的美學關聯，已成相當值得探討的處女領域。

　　文藝有自主性的創發，跟時代整體發展關係密切絕大，宗白華說：

> 漢末魏晉六朝是中國政治上最混亂、社會上最痛苦的時代，然而卻是精神史上極自由、極解放，最富於智慧、最濃於熱情的一個時代。因此也就是最富有藝術精神的一個

---

12 見張漢良著：《比較文學理論與實踐》的〈文學與藝術的關係研究〉，頁292、304。

時代。[13]

六朝富於藝術精神，產生純文藝觀念，山水在詩文、繪畫中層出不窮。《文心雕龍・時序》有謂：「文變染乎世情，興廢繫乎時序。」[14]晚明遺民畫家石濤云：「筆墨當隨時代詩文風氣所轉。」時代運行，影響眾人有相近的品味，便會扭轉乾坤，山水田園詩作逐漸形成風氣，蔚為大國。

但在中國古代，美學思想及理論遠不如西方美學那樣分化明確，而是散見於藝術理論、哲學、倫理學等方面著作當中，「美」也不是中國古典美學體系當中的中心範疇和最高層次，今日看之，中國的「美」其實包含藝術哲學、審美心理學、審美（藝術）社會學等方面，文學是人的創作心靈運用所產生的語言藝術，王維「水墨為上」的輞川詩畫，詩在當時已有相當認同；畫則尚屬草創階段，在眾多青綠山水中雖能夠異軍突起，卻少人響應，至中晚唐，才見張璪、王洽呼應，不可否認是王維為往後千餘年的詩畫美學作了開路先鋒。

第一節　研究動機與目的

美女人人仰慕，美事人人關懷，美意人人感激，美景人人心動。

東西藝術都一樣，可分兩大派別：一為人生派，一為唯美派。為人生而藝術，為人生派，亦可稱為自然派；為藝術而藝術，為唯美派，亦可謂之形式派。人生派不重工巧，不重形式美觀，但

---

13 見宗白華著：《美學與意境》（臺北：淑馨出版社，民國78年4月）頁182。
14 同注4，劉勰著，王師更生注譯：《文心雕龍讀本》下篇，頁273。

求淡雅淳樸，合乎自然，吾國以人生派大師挺譽千秋者，前有陶潛，後有王維，[15]相距近三百年，始逢知音相惜。

整個唐朝（618～906）沒人能像王維這樣，既能詩又能畫，繪畫意境實為超然灑脫，靜逸清真，妙悟見性的藝境；他還擅長音樂。生前詩作已傳入日本，影響力廣及周邊許多國家，死了千餘年後的十九世紀，詩作還傳入英、法、德、義、葡、奧、瑞典、加拿大、俄、匈等西方國家[16]，唐宋兩代各文豪尚無人能像王維這樣，在詩畫當中，能讓人明顯感受到儒家的不朽、道家的長生以及釋家的無生，王維以下千餘年，無人能像他這樣集詩、文、樂、畫、園林建築設計五者綜合於一身，王維美學真是值得深入瞭解，盛唐王孟詩派在詩的「醇美」表現上成就非凡，對於詩歌意象的營造、音律的安排、結構布局，以及境界的呈現，無不符合美學的要求，使標舉「神韻」的王漁洋對之情有獨鍾。他的詩本色自然、樸實無華，能真實反映王維悲天憫人的人道思想和儒釋道屈四者合一的思想特色。王維詩畫美學的研究，就是從他的《輞川集》詩裏探討、分析、研究，呈現王維山水田園詩之美感經驗和美學生命層次，以及他作品中的文學生命力；從修辭現象的深層分析，可以精確而生動地表現出作者的意象；意象是中國美學的基本範疇，舉凡比興、興象、意境、境界、形神、情景、虛實、隱秀、文質、文道都是從不同層面來說明解釋意象，[17]再從美感經驗深入剖析，從音樂角度瞭解，王維作品內容確實豐富，可以知道其詩畫引起大家共鳴的原因所在。

---

15 見張師仁青著：《魏晉南北朝文學思想史》（臺北：文史哲出版社，民國 67年 12 月初版，民國 92 年 9 月出版），頁 68。
16 見王維研究會著：《王維研究第一輯》（西安：西安聯合大學書局出版，民國 80 年），頁 366。
17 見陳望衡著：《中國古典美學史》（臺北：華正書局，民國 90 年版），頁 559。

　　中國古典詩歌裡面，蘊藏豐厚之美，雖清淺幾筆，含意無窮，初次接觸王維的詩作，是童年時期朗誦〈鹿柴〉、〈竹里館〉、〈送別〉、〈相思〉、〈雜詩〉等王維選詩，琅琅上口，簡單有趣，囫圇吞棗，每首都簡單好背，四句五言二十字，先背再講，哪懂欣賞意境？接觸水墨畫也已多歷年所，中國大陸五零年代中期，爆發美學論爭，是大陸唯一未受政治嚴重干擾的真正學術論戰，歷時六年，發表文章超過百篇，將詩畫美學綜合研究，則是研究者首先嘗試，挑戰破解山水詩畫關係。如今年逾知命，再度深入瞭解王維的詩畫禪意，不同的年齡自有不同的思維模式，有了人生閱歷之後，對當年「小和尚念經，有口無心。」有了不同領悟，更想瞭解王維這些禪意詩及文人畫與山水詩配合的山水畫之美學境界，能令歷代無數文人雅士傾倒不已的可愛之處，究竟伊於胡底。

　　有感於近年學文學者迫於時勢、生活，不是隨波逐流，就是紙上談兵，未將歷代文學、思想蘊含的真理、哲理融入生活、生命、人格，不說身體力行，最起碼連得心應手都很難不逾矩，更令人緬懷堪稱「文人畫家典範」的蘇軾，追本溯源，遂從文人畫創始者王維著手，王維以下千餘年也無人能像王維這樣在詩、文、書、畫當中將儒釋道思想綜合完美呈現，博碩士論文當中尚無人研究詩畫美學或王維美學，其實王維的詩畫美學真是內容深厚，值得深入瞭解，是以做此研究。

第二節　研究範圍與方法

　　首先禪意入山水詩畫的王維，以《輞川集》與〈輞川圖〉創造出超過文本的傳奇，詩以語言為媒介，屬於時間縱的存在之時

間藝術；畫用顏色線條爲媒介，屬於平面橫的擴展之空間藝術，兩者很難同時存在，身居山水田園詩派領袖的王維，山水詩清幽淡遠，風神瀟灑，克服詩畫異質兩者不可能同時存在的矛盾，寫《輞川集》詩，畫〈輞川圖〉畫，還將魏晉盛行的山水詩與田園詩結合而成山水田園詩，使後來此種題材風靡千古，在詩畫題材的擴充上，他的貢獻宏偉，後人有目共睹。

由曹寅（1658～1712）任總主編所編的《全唐詩》，是清人收集唐詩最完備的總集，得詩四萬八千九百餘首，若依《全唐詩》，王維有詩 386 首，首創以禪意入山水詩，與《須溪本王右丞集》數目相同，依清朝趙殿成所箋註的《王右丞集箋注》，則有 432 首（＊至光緒三十年問世的《敦煌卷》，始有隱逸詩人寒山子三百餘首詩，將真空與妙有，理趣與情趣融攝於詩境中，他是唐代第一個以禪入詩者），《輞川集》爲具有豐富意涵及音樂性之文本，思想深刻、境界深廣，而其深刻是透過文學高度具象化與象徵表現，文字簡潔，文思交迸，如春塢花鳥，繽紛蕩漾，在歷史洪流中始終盛名不墜。王維因此被尊稱爲「詩佛」，是中國詩壇饒有風致的奇葩至寶。同時他以文人身份參與畫家行列，把山水畫推向成熟階段，董其昌在〈畫禪室隨筆〉中認爲他是南宗渲淡水墨畫或文人畫的始祖。但其書法、畫作因早已超過材質保存期限，幾乎無法見到真跡，其詩飽經安史之亂，「百不存一」，留傳至今仍有四百餘首，有許多膾炙人口、傳世不朽佳作，他能融匯各種藝術技巧於詩歌創作中，構思新穎，色調自然而別具一格，《王右丞集》是理解還原他的生活與在自然活動方面的最好資料。

中國山水畫是描繪山水林木的畫作，隱含了陰陽變化的律則、生命的躍動和棲息，是天地人共宇宙完成既寫實又抽象的作品。王維以描寫泉、竹、松三友著稱的詩畫並稱長達一千多年，

後人受其影響者不計其數，但因原作早已超過保存年限，近年罕
見真跡，所以近數十年來均少有人針對其詩與畫之間的關係加以
深入探討，研究者衷心期盼即使祇是後人仿作，能夠披沙瀝金流
傳至今，超過五六百年，亦有其一定的水準，足以對王維原作有
相當程度的認識，程頤曰：「前修未密，後出轉精。」理之必然，
但絕不可以因為不見真跡而否定前人的開創功績，王維畫由於年
深久遠，真跡無從覓得，是很大遺憾，但並不應該抹煞他對中國
文壇與畫壇的絕代貢獻，研究者期望用不同於以往的另一番欣賞
角度，由臺北故宮博物院現存傳郭忠恕仿王維的〈輞川圖〉來研
究其詩畫美學，畢竟已經數百年，無從挽回真跡，不能因此否定
對王維詩畫美學的研究。

「美學」這名詞是引用西方的名稱[18]，從西元 1750 年至今，
文學家、哲學家、神學家、美學家對美和美學的意義之看法就如
萬花筒一般千變萬化，德國哲學家康德（Immanuel Kant,
1724-1804）是近代第一位思想家將美學正式納入哲學範圍內作討
論者，馬丁‧海德格（1889～1976）強調「存在就是美。」給人
很大鼓舞，這些學者專家有些看法一致或調和，有些則形成強烈
對比，甚至針鋒相對。

中國古代雖然沒有美學之稱，但歷代哲學家、思想家、文學
家、畫家、藝術家的諸多著作當中，卻凝聚了豐贍濃厚的美學思
維，有中國自己的一套範疇，雖與西方美學大相逕庭，但研究的
對象東西方一致，「意境」是中國藝術美學的最高範疇，後人重視
的「妙」、「神」、「逸」、「能」、「麗」都由此而生發，「神」、「逸」

---

18 「美學」一詞係由英文 Aesthetics 翻譯而來，成為學科名稱 Aesthetica 則是
　最早由德國哲學家鮑姆加登（Alexander Baumgarten，1714-1762）1750 年
　發表《關於詩的沈思》之中，李醒塵：《西方美學史教程》，（臺北：淑馨出
　版社，民國 89 年元月二刷），頁 1。

尤爲中國詩畫的最高境界，孔子是儒家的開山祖師，他已有相當
完整的美學理論體系，強調中庸之道，中國美學範疇中受道家老
子主張的崇尚空靈、恬淡、陰柔、樸拙思維影響甚深，成爲中國
美學的奠基部分，中國的藝術歷來受此影響，將「淡」推爲最高
品第，由「淡」而通向「無」，像唐朝張彥遠將「自然」列爲無上
神品，特別是受老子「主靜說」影響甚大的陰柔美，一直在中國
藝術表現上佔有很重要的地位，審美心理的高峰體驗是「物我兩
忘」，這是「天人合一」哲學在美學上的集中體現，袁濟喜提出中
國古典審美理想的最高境界 —— 和，[19]不管是音樂、繪畫、書法、
建築、雕刻，中國美學始終強調「致中和」的中庸之道，中國許
多東西都是在「致中和」的文化環境中產生，「致中和」即「致力
於中正和平」之意。「中和」的哲學思想之理想世界是 —— 禮樂之
邦，要創造一個禮樂之邦。近代王國維說：「一切之美皆形式之美
也。」首開風氣加以倡導，蔡元培和魯迅接著又爲中國現代美學
發展作了初步貢獻，到二十世紀三零年代美學開拓者朱光潛（1897
～1986）認爲「美是心靈的創造。」傾其一生努力不懈，再加上
宗白華、李澤厚這些美學家努力研究經營，中國美學的研究終於
開花結果，各自開創出自己的一片天。

　　山水詩源遠流長，與山水畫或文人畫範圍都非常大，研究者
不揣簡陋，擬就最早將田園、山水詩寫成自然派的王維所最著稱
於世與裴迪唱和各二十首的詩集 ——《輞川集》爲研究範圍，對
故宮現存題爲宋朝郭忠恕仿王維的山水畫 ——〈輞川圖〉以及《輞
川集》加以分析介紹和探討其詩畫美學內容，並就教於方家。王
維詩的其它部分，如版本考証、作者考証、語言藝術、對周邊國

---

19 見袁濟喜著：《和 —— 中國古典審美理想》（北京：中國人民大學出版社，
　 民國 78 年）

家文壇的影響……等，歷史典籍上雖曾記載王維工隸書、篆字，可惜正式在畫面上題詩的美譽要過三百年才歸諸宋徽宗，唐朝未有畫家在畫面上題跋的紀錄，無法了解王維的書法與畫的對應關係，故王維的書法部分也不詳細在本文之內加以探討。

　　本文所引《輞川集》原文，以清朝趙殿成所箋註的《王右丞集箋注》爲臺北河洛圖書出版社於民國 64 年出版，上海商務印書館縮印元刊本《須溪先生校本唐王右丞集》，以及皮師述民《王維探論》爲臺北聯經出版事業股份有限公司於民國 88 年 8 月出版書籍爲主；陶文鵬選析開今文化圖書公司於民國 82 年出版的《明月松間照詩佛 ── 王維詩歌賞析》、柳晟俊由臺北黎明文化事業股份有限公司，民國 76 年七月出版《王維詩研究》、王國瓔著的《中國山水詩研究》由臺北聯經出版事業股份有限公司於民國 81 年三版，以及朱玄著的《中國山水畫美學研究》爲臺北臺灣學生書局於民國 86 年八月初版書籍爲輔，美學部分以陳望衡所著《中國古典美學史》，爲臺北華正書局於民國 90 年出版，含括全部中國古典美學的著作爲主要書目，並多方參考各大博物館館藏、以及多本美術史專著，希望不要太偏離題旨，也不能太過於膚淺。

　　本論文所採取的研究方法主要是文獻分析法和主題文學分

析法，並且兼採中國古典美學的品味論與西洋接受美學分析法，由於西洋接受美學以讀者爲主，而中國古典美學的品味論則是作者與讀者並重，也就是將王維的《輞川集》與故宮現存題爲宋朝郭忠恕仿王維的〈輞川圖〉等與文人畫相關的資料以科學研究法加以歸納、演繹、比較、分析，並以歷史研究法徵引前賢的研究結晶，整理、修改研究，還兼採圖像學之分析法，去更深入明白王維的《輞川集》與〈輞川圖〉之間的美學關係。

第三節　歷代研究成果

　　王維作品歷代均有方家研究，原本不容研究者置喙，唯歷來探討者多將功力置諸王維詩文，少對其詩畫風格著力，史料以清趙殿成《王右丞集箋注》考釋最爲詳盡，將宋朝以來筆記、畫論、畫記、詩論提到王維的詩畫記事蒐集非常詳盡，遺事 26 則，詩評 52 則，畫錄 119 則；近代學者專書方面：莊申的《根源之美》對王維隻字未提，而其《王維研究上集》略有論述詩畫，但失之偏頗，且距今早已超過三十年，值得再論，劉維崇《王維評傳》、葉維廉《王維研究》、柳晟俊《王維詩研究》、楊文雄《詩佛王維研究》、陳鐵民《王維新論》等書幾乎全集中在王維詩的方面加以研究，對其掀起後世臨摹千餘年不衰的繪畫，卻都乏人問津，王維開創「所繪即所思」、「所思即所想」的水墨畫，成於五代，盛於宋元，明清及近代以來續有發展，係以筆法爲主導，充分發揮墨的功能，「墨即是色」以墨的濃淡變化產生色的層次變化，「墨分五彩」將原本色彩繽紛的物品以多層次的水墨色度取代，達到更難得的效果，在中國繪畫史上佔著重要地位。歷來許多水墨畫大

師，如：五代荊浩、關仝、董源、巨然；北宋李成（？～967）、范寬與董源齊名，有「北宋三大家」之稱，范寬「所作雪山，全師王維，冒雪出雲之勢，尤有氣骨。」[20]加上米芾、郭忠恕、郭熙、李公麟（1049～1106）、燕文貴、許道寧；元朝黃公望等人的嫡傳畫作，他們的水墨山水畫風都受到王維非常明顯的影響，柳晟俊《王維詩研究》雖有一章節提到王維的畫，但也未能與相關的圖畫作一番比較印證，因為中國人的習慣，家有珍寶，哪會輕易示人，再說王維的作品歷來評價雖高，但均難得一見，不是藏諸名山，就是珍藏在深宮大內，五零年代大陸學界曾經長達二十年對山水詩做嚴厲批判否定，唯獨皮師述民所著《王維探論》不僅貼近王維心靈，且立論新穎，筆觸生動，考證更是旁徵博引，小心翼翼，因此本文多處地方引用皮師觀點與資料進行論述，或根據皮師觀點加以補強。

　　機緣巧合的是民國 93 年 7 月以後，臺北故宮博物院正好陸續展出宋朝郭忠恕（實際應為明朝人仿作）、清朝王翬、王原祁、姚文瀚等人模仿王維的繪畫作品，這些作品一向不為方家所重視，但當王維真跡早已超過保存年限（因為不管是紙張、絹帛都很難保存超過一千年），而臨摹王維的這些後代畫作，理論上都是臨摹王維真跡或至少是臨摹王維的畫意，縱使與原跡有別，總是比透過畫史或畫論，只能用文字來憑空揣摩想像王維的畫作，要來得更具體且有直接成效，而且不能因為看不到真蹟，就否定王維的努力或否定其存在的意義。

　　近代碩博士論文以王維為主題研究的有國立臺灣大學中國文學研究所 62 級劉旨溪碩士的《王維李白與杜甫之比較研究》；

---

20 見朱玄著：《中國山水畫美學研究》（臺北：臺灣學生書局，民國 86 年八月初版），頁 75。

國立臺灣師範大學國文學系 66 級柳晟俊博士的《王維詩與李朝申緯詩之比較研究》；國立政治大學中國文學研究所 71 級林桂香碩士的《詩佛王維之研究》；中國文化大學中國文學研究所 73 級金億珠博士的《王維研究 —— 宗教、藝術與自然之融合》；東海大學中國文學研究所 76 級碩士朱我芯的《王維詩歌的抒情藝術研究 》；輔仁大學中國文學研究所 81 級杜昭瑩碩士的《王維禪詩研究》； 逢甲大學建築及都市計畫研究所 82 級許富居碩士的《論園林詩畫意境與詩意空間之塑造—以王維輞川園為例》；國立台灣大學中國文學系研究所 86 級王詠雪碩士的《王維詩中禪意境之研究》；玄奘人文社會學院中國語文研究所 89 級彭政德碩士的《王維禪詩創作技巧與藝術風格之研究》；輔仁大學西班牙語文學系 89 級王榕碩士的《安東尼・馬洽多與王維詩中對景物詮釋之概述 》；玄奘人文社會學院中國語文研究所 92 級陳昭伶碩士的《王維詩中的終極關懷類型》，這些論文竟無一篇論及王維畫作，殊為可惜，無論贊成與否，董其昌將王維視為文人畫始祖之後，美術史學家無不認同此一觀感，而博碩士論文可能因為王維真跡久已不再出現，是以不論，或因前修未密，後出轉精，而疏忽了這位炙手可熱的文人畫家，我輩號稱文人者竟然如此疏忽文人畫始祖的王維畫作，實在讓人汗顏之至。

最近正巧看到皮師述民指導的陳振盛的博士論文初稿，陳振盛博士對王維畫作「上窮碧落下黃泉」，耗費十年功夫，海內外各地奔波，蒐集到二十八幅有關王維或署名王維的畫作，不管其真假與否，每幅都傳世超過五六百年，絕對具有歷史價值，是非常難能可貴的佳作，研究者深覺欽服，唯陳博士對畫與詩及美學部分，還有些加強的空間，故研究者提出個人看法加以補強。

第二章　唐代山水詩畫源流

第一節　詩畫早已有類比

　　在中國文學滔滔滾滾的長河中，流淌著豐富多彩的各種各式文學樣式，即使是各種樣式裡頭又各自蘊含著不同的體制，真是多得不勝枚舉。中國傳統藝術各有其獨特之體系，如詩詞、散文、繪畫、戲劇、音樂、書法、建築等，各依不同的語言和方法來表示著作人的心中感受。詩人用文字來表達心中的感受，正如《詩‧毛序》上所說：「在心爲志，發言爲詩，情動於中而形於言。」劉勰在《文心雕龍‧明詩》也提到：「人秉七情，應物斯感，感物吟志，莫非自然。」[1]在《文心雕龍‧物色》上亦說：「歲有其物，物有其容，情以物遷，辭以情發。」[2]中國傳統的詩是世界公認最美妙的文字組合，《詩經》裡面許多好詩，作者是誰都弄不清楚，但這北方文學代表，迄今已超過兩千五百年以上，其中的許多優秀作品仍然如無聲之畫，活在紙上，活在人們心中。文學領域裡面，用簡練的文字可以傳達多層意象以及情性的最佳利器，非詩莫屬，尤其是絕句，以詩情融入畫境，交織迴盪沁人心脾，實爲

1　見（梁）劉勰著，王師更生注譯：《文心雕龍讀本》（臺北：文史哲出版社，民國 88 年初版七刷，頁 83。
2　同注 1，劉勰：《文心雕龍讀本》，頁 302。

無聲之畫,最受世人稱道。但是不認識中國字的人,想要憑藉難以全盤表達真義的翻譯,去真正理解詩中的意義卻是極其困難的一件事情;中國畫家用顏色和形狀以及線條來描繪自己的感受,透過繪畫這種表象藝術,何嘗不語之詩,卻很容易讓東西方各個不同文化層面的人士,充分明白畫家所要表達的意識或情感。

傳　王維〈江山雪霽圖〉右半↓

在中國「志於道,據於德,依於仁,遊於藝。[3]」的價值系統當中,遠在六七千年前,我們的祖先已經在當時使用的陶器上面留下美麗的圖畫與花樣,安陽小屯殷墟遺址的白陶殘片上面,已經出現毛筆蘸墨寫成的「祀」字;臺北故宮博物院展示的仰韶彩陶罐上有清楚的墨流痕跡,可知毛筆的發明必定早於蒙恬數千年,蒙恬只是對以竹片夾毛的原始毛筆做過改良;繪畫作品則因為絲織品保留期限不過千年,夏朝黼黻衣冠旌旗早已蕩然無存,

---

3 見《十三經注疏・論語・述而》(臺北:藝文印書館,民國 90 年),頁 60。

但是三代留下近代出土的大量青銅鐘鼎彝壺以及陶、玉、石器之上，證實商朝以前已有不少裝飾圖案畫。周朝開始皇宮設有專門畫家，制度由來已久，畫工必須服從帝王命令，全依帝王旨意來畫圖施工，《周禮・冬官・考工記》記載畫繢之事：

> 雜五色，東方謂之青，南方謂之赤，西方謂之白，北方謂之黑，天謂之玄，地謂之黃，赤與黑相次也，玄與黃相次也，青與赤謂之文，赤與白謂之章，白與黑謂之黼，黑與青謂之黻，五彩備謂之繡。[4]

是即為周朝官制已有掌管繪畫刺繡的官員，青赤白黑黃五色俱全為繡，文章黼黻，屬於百工之一，周天子曾在宮門上畫虎以示威嚴；明堂的門牆上畫堯舜和桀紂的肖像，一則意涵效法，一則要人警惕；周公還幫成王畫一幅背著斧扆的畫，足見三代已有相當引人入勝的壁畫，至聖先師孔子曾經參觀過這些壁畫，久久不忍離去，還跟身旁跟隨的學生說：「此周之所以隆盛也。」[5]至聖先師孔子很早就肯定繪畫和詩歌有足以影響人心的功效，兩者功效相近，《論語・八佾》上記載：「子夏問曰：『巧笑倩兮，美目盼兮，素以為絢兮，何謂也？』子曰：『繪事後素。』曰：『禮後乎？』子曰：『起予者商也，始可與言《詩》已矣。』」[6]子夏問孔子《詩經》的詩意，孔子以繪畫創作的「繪事後素」原則加以詮釋《詩經》文字的深層內涵，因為繪畫應當先以粉地為質，再施以五采，如此容易襯托突顯繪畫彩色的內容更清楚明顯，子夏詢問是否就像人已有美質再加上禮節文飾，才是文質彬彬的君子，足以證明

---

4 見《周禮》（漢）鄭玄注（唐）賈公彥疏（臺北：藝文印書館《十三經注疏本》影清嘉慶二十年（1815）阮元校刊本　民國91年12月初版14刷），頁622-623。

5 見何恭上主編：《中國美術史》馮振凱撰述（臺北：藝術圖書公司，民國69年再版），頁11。

6 《十三經注疏・論語・八佾》（臺北：藝文印書館，民國90年），頁27。

兩千五百多年前孔子這樣以繪畫創作的「繪事後素」原則解釋，這已是詩畫類比的開始，此時中國已經出現山水畫藝術，王伯敏先生在《中國繪畫史》指出：「中國的山水畫，出現於戰國之前，漢代見其雛形，但滋育於東晉，確立於南北朝，興盛於隋唐。」[7]因為西周帝王冕服有山形裝飾紋，玉器有山川雲氣紋，山川做為人物畫背景的時間很長。

當時中國畫的內容均以人物為主，注重教化，因為文字傳記只能敘其事，無法載其形；詩歌詠嘆只能誦其美，無法備其象；惟獨圖畫足以三者兼容並蓄，使得後世人見圖而產生「見善足以戒惡，見惡足以思賢。」的作用，是以古人認為：「圖畫者，有國之鴻寶，理亂之紀綱。」此種根源於儒家思想的教化觀念，在繪畫上最能清楚展示，是以秦漢以前的繪畫大都畫在宮殿、廟宇、祠堂、墓室牆壁等建築物上，或刻於石上，或鑄於鐘鼎彝壺之上，意圖傳之久遠，種種圖畫「無不含有教忠孝、示功勳、頌義烈、重典範的作用與意義。」[8]最晚於春秋時代已在青銅器皿或墓室牆壁上面留下狩獵、祭祀、採桑、宴饗等內容各異、動作豐富、生動有趣的繪畫，《韓非子》書中還記載一則故事：齊王的一位宮廷畫家回答齊王的詢問說：「畫鬼魅易，畫狗馬難。」因鬼魅憑想象，天馬行空，畫來容易，無「像或不像」的問題存在；實物寫生卻因畫得「像或不像」的問題，產生許多困擾，是為中國「畫論之始」。

含有道德意念的勸誡畫具有教化的觀念，在漢朝特別受到重視，不只有「麒麟閣列士」、「雲臺二十八將」繪圖，漢武帝還創

---

7 見王伯敏著：《中國繪畫通史》（臺北：東大圖書公司，民國 86 年），頁 145。
8 見朱玄著：《中國山水畫美學研究》（臺北：臺灣學生書局，民國 86 年 8 月初版），頁 4。

置祕閣，以聚圖書；東漢明帝雅好丹青、開闢畫室，創鴻都學，集天下藝人於一堂。書畫題材的不同 —— 這正巧可以說明東西方藝術發展開始的起源差異之所在，中國文學也像希臘、羅馬、西亞地方的藝術、文學一樣，都是源諸神話，神話演進，舖張人性，形成傳說，神話與傳說兩者正是世界各國小說、繪畫共同載錄的最早內容，古代希臘、羅馬、西亞多半以關乎宗教信仰的神話為藝術、文學的主要題材；但是，在中國文學史上，神話、傳說左右中國文壇、藝壇的時間並不長；中國古代藝術跟文學進展一樣，很早就脫離神話，從神話落實到現世的人身上，而以道德教化為藝術的主要題材與內容。儒家因為受到「內聖外王」的傳統學說使命感影響，往往由務實角度來觀照、體悟人生，抱持「內聖外王」的人生態度，所以孔老夫子將詩畫加以類比的看法並不是立即得到後世士人的普遍認同，像東漢王充在《論衡·別通》就有不同的主張，他認為「古賢之遺文，竹帛之所載粲然，豈徒牆壁之畫哉？」王充強調「人好觀圖畫者，圖上所畫，古之列人也。見列人之面，孰與觀其言行？置之空壁，形容具存。人不激勸者，不見言行也。」[9]王充認為詩歌文字的功效，比徒具形貌的政教圖畫傳達的效果更佳，但因為王充跟孔子時代不同，處境不同，看法當然南轅北轍，孔子身當春秋戰國時代，各國語言、文字不同，沒有統一語言、文字，圖像反而比令人莫衷一是的語言文字容易溝通彼此意象；王充身在中國文字、度量衡統一之後的漢朝，當然無法想像彼此語言隔閡，需靠雅言溝通，各國需要《詩經》促進互相瞭解的時代背景，王充忽略了具象的圖繪比起抽象的文字作用更大，特別在彼此文字不通時，圖像是唯一彼此立即可以產

9　見（東漢）王充著：《論衡》（臺北：新興書局　民國 57 年新一版），頁 151下。

生作用的工具，就好比美國發射入太空軌道，具有連絡外太空生物意義的太空船上，所攜帶的聯絡工具便繪有圖示表明「本太空船是從銀河太陽系的地球來的」，五花八門的文字在浩瀚太空的另一世界，無從發揮聯絡表意的功效。

幸好時代的腳步沒有因為王充持相反意見而停歇或倒退，到了西晉陸機又持進步的態度，他說：「丹青之興，比雅頌之述作，美大業之馨香。」他甚至將繪畫地位提高到跟《詩經》雅頌齊平的地位，這種看法真是先進，可他仍認為：「宣物莫大於言，存形莫善於畫。」[10]但由王充所說：「畫不如詩文」躍升到陸機的「詩畫相等」，其間進步差距甚大，真令人振奮，後來的文人也有人承襲陸機之見，陸續比較詩畫等級的高下，王維就持著跟王充相反的看法，而有：

> 臣奉詔旨，令寫功臣。運偶鳳翔之初，無非鷹揚之士。……骨風猛毅，眸子分明，皆就筆端，別生身外，傳神寫照，雖非巧心，審象求形，或皆暗識，妍媸無枉，敢顧黃金，取舍惟精，時憑白粉，且如日磾下泣，知其孝思，于禁懷慚，媿此忠節，乃無聲之箴頌，亦何賤於丹青。[11]

王維肯定圖寫功臣將相於凌煙閣、麒麟閣的這種褒揚舉動，他認為傳神寫照和審象求形只要把握妍媸無枉的原則，他還特別提出「漢朝有名的金日磾見漢武帝命人畫的母親遺像便哭泣；三國于禁投降後，有見到描繪他投降圖而懷慚病薨」的典故，王維認為繪畫功效甚大，必定能夠達成傳達忠孝節義的勸懲目的，所持的態度是完全反對東漢王充的看法，他傾向認同陸機的見解，甚至

---

10 見（唐）張彥遠：《歷代名畫記》，卷一，收錄於《畫史叢書》（臺北：文史哲出版社，1974 年）。
11 見趙殿成箋註：《王右丞集箋註》（臺北：河洛圖書出版　民國 64 年），卷十七，〈為畫人謝賜表〉頁 305。

更肯定地說繪畫功臣「乃無聲之箴頌」，絕不能夠鄙薄輕視丹青的力量，詩畫藝術因此在這些社會聞人正面肯定的情況下，逐漸成為文人用來表達文化美感的重要理想內涵，唐代繪畫的主流因此首推道釋畫、人物畫、肖像畫這些對一般平民大眾具有強烈感化力的勸誡畫，所以《中國美術史》上這樣說：

> 唐朝的一般佛畫和肖像人物畫，幾乎全是為了配合政教措施所作，可是與此相又（反）的，王維卻領悟到繪畫對人們所產生的感化力是空虛的，因此他才避居山莊，沈潛於自己的出世詩人畫，並且暗暗地在為中國繪畫的未來動向努力。[12]

王維發現詩書畫三者的結合，才是中國人生活上特有的藝術表現，所以他不僅寫日常生活所居的地方景色而成《輞川集》，也畫依詩而成的〈輞川圖〉，一圖一詩加以配合，並且成為他震爍古今的作品，就是出於這種生活寫真心態，而且他畫的還是當時剛剛才開始走紅的山水畫，並且逐漸畫得比他原本擅長的人物畫還勤快認真，後世他畫人物畫的名聲竟然因此而被山水畫掩蓋過[13]，想來也是出乎他的意料之外吧！晚唐張彥遠寫《歷代名畫記》時，更開宗明義說：

> 夫畫者，成教化，助人倫，窮神變，測幽微，與六籍同功，四時並運，發於天然，非繇述作。

張彥遠較前人看法更強烈，認為繪畫圖像若能有效地傳達天地聖人「成教化，助人倫，窮神變，測幽微」之意，則繪畫力量與經

---

12 同注 5，見何恭上主編：《中國美術史》馮振凱撰述，頁 59-60。
13 見《宣和畫譜》上記錄宋徽宗朝御府收藏尚有 126 幅王維作品，其中太上像二、維摩詰圖二、高僧圖九、淨名居士像三、渡水羅漢圖一、寫須菩提像一、寫孟浩然偵二、寫濟南伏生向一、十六羅漢圖四十八，人物畫凡六十八幅。

典六籍功效相同，他已能充分明白圖像學表象的道理，他還接著
繼續說：

> 以忠以孝，盡在於雲台，有烈有勳，皆登於麟閣，見善足
> 以戒惡，見惡足以思賢，留乎形容，式昭盛德之士，具其
> 成敗，以傳既往之蹤。紀傳所以敘其事，不能載其形；賦
> 頌有以詠其美，不能備其象，圖畫之制所以兼之也。

張彥遠認為圖畫兼備了紀傳所擁有的「敘其事」和詩詞賦頌所具
有的「詠其美」功能之外，圖畫還具有紀傳賦頌所不能達成的「載
其形」和「備其象」特質，古代君王、名臣、聖賢或傳說人物的
事蹟，除了透過文字記載之外，也經常藉著圖畫再現的方式流傳
於世。以圖畫為媒介，觀者更容易從具體的形象中，掌握故事的
內容，接收畫家所要表達的的意念，並與史籍傳說的文字記載產
生共鳴。張彥遠認為透過視覺直接傳達教化功能的繪畫藝術，比
詩歌語言文字所得到的教化功能更直接也更大，特別是對於中國
歷代以來絕大多數都不認識文字的廣大農民來說，觀畫確實比較
容易貼切觀者心靈，和王充的保守觀念相距實不可以道里計，最
早的故事人物畫已不可考，相傳周朝宮廷的明堂已有史實壁畫，
現存西漢壁畫遺跡中，也有描述歷史故事的題材。漢代獨尊儒家，
隸屬於官府與宮廷的畫師，經常從事具有教化目的史傳故事畫的
繪製。魏晉南北朝時期，老莊思想流行，繪畫內容擺脫儒教的束
縛，增加許多想像的神仙佛道人物，或以文學創作為內容的故事
畫，不再只是圍繞著儒家的聖賢人物打轉。特別是到了唐代政治
統一，國勢強大，歷任帝王重視藝術的教化功能，宮廷藝術家往
往奉旨以圖繪的方式頌揚功臣，或紀錄重要的歷史事件。這應該
就是張彥遠為何要高瞻遠矚寫《歷代名畫記》的緣故吧！他不希
望具有直接教化功能的繪畫作品隨時間而湮滅消逝，他因此為他

們留下傳世非常重要的紀錄，像《漢書·藝文志》一樣，他首開畫錄風氣。五代及宋代以後，山水、林木、花鳥畫技巧成熟，融入敘事性的故事人物畫中，在人物造型、構圖設計、背景安排及氣氛的烘托上，畫家得以進行更爲精緻與複雜的描繪。不過早期秦漢繪畫取材經史典籍與民間故事，具有鑒戒或教化意義的題材，在後世重覆模擬當中，逐漸喪失本來的功能，成爲固定的格套，畫家與觀畫者均已不太留意故事情節與人物表情的再現，而是著重在畫家個人的風格特色上，有些故事人物畫放大山水背景的份量，轉變了畫面的重點；有些取材歷史名人軼事，畫中人物或格式化，或理想化，其目的在引人興起幽雅之思，故事的內容則是餘事，無怪乎何良俊會說：「畫人物則今不如古，畫山水則古不如今。」[14]

　　數千年來中國政治史上的動亂時期，往往就是藝術史上審美觀念和時代風格轉折的關鍵時期，這個關鍵時期總是促成藝術的轉型成功，西漢張騫通西域以後，中西文化有了交會融合之路，到南北朝時期的藝術思維呈現融合多樣中亞風貌的新形態，各種畫軸的形式如卷軸、扇面都已在南北朝時期出現；六朝開始，各種文論、書論、畫論大量出現，劉宋時的南陽宗炳有〈山水畫序〉是我國山水畫論的遠祖；相繼也有許多論畫人士與畫家興起討論形、神爲主的美學課題，畫壇上許多人付出了畢生時光，努力孳孳不絕，才高藝絕，能夠名垂千古的，卻寥若晨星。這少數繪畫名家中，同時兼具詩賦卓越、書法精湛的，更是鳳毛麟角；具有這三項絕藝，再加上識見不凡，風趣瀟灑，在中國藝術史上除他就找不到第二人了，他就是東晉最有名以"畫絕、才絕、癡絕"

---

14 見《中國畫論類編》，《四友齋畫說》，（臺北：世界書局，民國 59 年），頁112。

而馳名於世的人物畫家 —— 顧愷之，他流傳下來的畫以〈女史箴圖〉最有名，該圖全長十一尺四寸四分，寬九寸三分，是畫在縑素上面的。乾隆皇帝視若珍寶，不幸於八國聯軍之役被英軍奪走；一九三〇年，賣給大英博物館。這藝術史上最著名之畫是顧愷之根據張華的「女史箴」分十二節繪成，圖旁有張華的婦女修養格言，他不僅是迄今留有作品的中國最早畫家，也是最早對繪畫原理有深入研究的藝術理論家，他所寫的〈魏晉勝流畫贊〉、〈畫雲台山記〉、〈論畫〉等文章，都很幸運地存留下來。他極力主張，畫圖在於傳達作者內心的感覺，不能只注重外形的美麗；創作必須先寫實練習，當融會貫通之後，才能順利揮灑。在中國的繪畫史上，他具有不朽的地位，對於後代的中國藝術，有無可倫比的影響力。

在顧愷之、王微、梁元帝、蕭賁等人和宗炳的一番努力之下，山水畫在六朝時出現由人物畫附屬逐漸轉變成為主題的生機，下迄唐朝承繼這個文化傳統，繪畫方面有了比前代更美好的發展，初唐以閻立本為首的唐代人物畫家將六朝以來的肖像畫、人物畫，發揮到了登峰造極的階段，曾在南京藝術學院任教的教育家俞劍華在《中國繪畫史》上說：

> 對於人物畫能承先代之長加以變化，對於山水畫能應當代之運而加以光大，對於花鳥畫能發育滋長而加以培植。

俞劍華對我國繪畫發展史上文化燦爛的唐朝，在人物、山水、花鳥繪畫三科的看法、進展與貢獻的確是講得非常正確，講法也很扼要，唐朝對三科繪畫承先啟後，居功至偉。

公元 618 年建立的唐朝，揭開中國古代最輝煌燦爛的歷史篇章，不管是對於畫論的設立、畫風的變革以及繪畫素材的獨立都有非常明顯的成績與表現，呈現出百花齊放，爭妍競豔的繁榮局

面。

　　統一全國的唐朝，經太宗銳意革新，高宗、武后兩代經營，社會統一安定，經濟普遍繁榮，政通人和，百廢具興，邁入盛唐，文人藝術家才將漢魏以來受外來文化帶來的紛亂、衝擊，完全統整內化成功，表達出更璀璨的文化藝術，克竟全功，獲得全面繁榮，各方面表現均達前所未有的巔峰，形成盛唐文明的輝煌燦爛，詩歌在盛唐達全盛顛峰，成爲藝海的黃金盛世，追溯六朝，原由陶淵明、謝靈運努力耕耘開拓的山水、田園詩卻因齊梁宮體文學流行而暫時荒蕪的土地，休養生息了數百年，到盛唐，因爲得到最適宜的氣候和最恰當的耕耘者，再度蓬勃發展，欣欣向榮，開出繁花似錦，且兩者慨然結合成爲自然詩派，盛況空前，蔚然可觀。唐朝不只是在繪畫上發展蓬勃，盛唐也是詩歌發展的頂峰，各種內容與型式的詩歌都在盛唐仙聖佛時期蓬勃發展。

　　唐人不但開創了近體詩，同時也發展古體詩和樂府詩，由於唐詩兼備各體同時發展，造成唐詩的博大鼎盛，爲其他各代所不如，使唐詩成爲唐代文學的主流。山水詩創作也繼東晉、南朝宋之後至此又重現高潮，今人多依明朝高棅《唐詩品彙》的分法，將唐詩分成初、盛、中、晚四期，盛唐指的是唐玄宗開元年間（712～）至代宗大曆（～779）六十餘年間，但中國繪畫史與中國文學史對唐朝的分法略有出入，繪畫史分成初期、中期和後期，所謂的「中唐」相當於玄宗和肅宗兩個朝代（712～762）的半個世紀與文學史、詩學史對唐朝的分類「盛唐時期」相當；繪畫史的後期，在文學史上還分了中唐、晚唐兩期。因爲這個時期士人思想中的自然主義勃興、個人意識擡頭以及生命價值觀改變，安頓人生的取向與經常接觸山水等客觀條件在在配合，成爲盛唐山水詩普遍創作的主要因素，六朝至盛唐之間，詩歌形式藝術的發展、

詩歌與繪畫相互的影響、詩學理論等建樹，造就盛唐山水詩情景合一、境界渾融的獨特藝術風格，這些成果實在不是一蹴可幾之事。

初唐以降，至盛唐有百年，因詩人族群的更新，引發的江湖山林體驗，配合富庶繁榮的時代背景和遼闊的疆域，提供詩人四方闊遊的天地，因爲江山之助，山水詩的創作，繼晉宋之後重開新境，有承接陶淵明田園派與謝靈運山水派詩風的自然詩派，全力吟詠山水風光、田園景色的詩，中國文人在人心品格的遊藝指向當中，詩書畫藝術富有獨特的審美內涵及表現方式，其理論結構及批評規範和中國繪畫一樣，也在世界藝壇當中，自成獨特體系。

唐朝文人、畫家明白掌握了「以形寫神」及「意境」的特色，更從六朝以來的形、神爲主的美學理論課題出發，點出外在形色與內在神采相互兼重兼列的美學主題，即是張璪所謂：「外師造化，中得心源。」強調畫家的創作態度必須以作者的心靈來深入體悟物像自然，進而表現出物像的天然神采與儀態，這個理論對於宋元山水畫影響至巨，唐代畫風也受到許多相繼出現的繪畫理論影響而有了顯著的改變，工緻精細的畫風逐漸被寫意水墨渲染作風取代。

王維是盛唐自然派詩人當中的佼佼者，王維集結他和裴迪各有二十首輞川詩成爲《輞川集》，又延續中國自古圖、書並稱，詩、歌兼善，並融詩畫於一爐，綿延悠久的歷史傳承，依詩畫成〈輞川圖〉，讓詩畫意境互相結合，開始有文人品味的導向；重視文人內心思維，不再單純圖像表示而已，繪畫內涵也開始注重意境、品味的提升。是非常難得的經驗，當時還認爲畫家是畫工、畫匠，屬百工之流，唐宋八大家之首的韓愈，在其名著〈師說〉當中有

「巫、醫、樂師、百工之人，不恥相師。」可爲最好的證明，當時畫家地位並不高，王維才會自題詩：「夙世謬詞客，前身應畫師。」（又作「當世謬詞客」、「宿世謬詞客」）[15]，足見他並不以身爲畫師爲恥。

和王維相距不遠，同樣兼具詩人畫家身分的白居易在《御定歷代題畫詩類》（十一）卷九十有〈畫木蓮花圖〉詩云：「花房膩似紅蓮朵，艷色鮮如紫牡丹。唯有詩人能解愛，丹青寫出與君看。」因具有相同的詩畫背景，他很能體悟詩人與繪畫在創作上的相互依存關係，詩人瞭解花的美好，光作詩以文字形容，尚無法淋漓盡致表達花的美麗高雅，因此以丹青彩筆題詩、作畫，盡善盡美描繪形容出花的外形、精神與內涵，也是對王維不惜以文人身分取代工匠繪畫的良好呼應。

到北宋，宋代是以「鬱鬱乎文哉」而著稱的朝代，爲中國歷史上重視文化發展，文化最爲發達的時期之一，文風鼎盛，孕育許多學者型的文人，培養出極特殊崇尙博學廣識的風氣。中華向來博大精深的道統，與其所具有豐厚根柢的文化資產，在在都引導宋人偏愛哲思理趣，上自皇帝官僚，下到各級官吏士紳，形成一個極具文化教養且牢不可破的文化階層。宋人特愛沈思默想、論古鑑今，孜孜矻矻地探討宇宙、自然、社會、歷史和人生的大道理，因此形成宋朝的質樸篤實特質，從而有別於兩漢及盛唐，推展到藝術方面，以山水畫、宋瓷爲此特質發展出來的具體代表，兩者也都跟宋朝的文學主張一樣，具有平淡、平實、平易近人的特色。

由於宋朝人對大自然的研究和科技的運用都較前朝發展精

---

15 同注 11，趙殿成箋註：《王右丞集箋註》，頁 75。

進，新獨立畫科不久的山水、花鳥因此大大興盛於宋，山水、花鳥往往均能窮天地四時之奧理，便是宋朝人質樸篤實特質的具體表現，原本是畫壇主流的道釋畫、人物畫，至此不得不與山水、花鳥成為三分天下之勢，而三者同樣均反映宋人新的豐厚寫實能力，宋朝人處處地方都爭強好勝，不肯輕易讓唐朝專美於前。

以詩情入畫雖並非自北宋開始，但作為一種更高的審美理想與藝術趣味的自覺提倡，以及對畫品的提昇，卻要從此算起，宋朝皇帝們熱心獎勵繪畫，皇宮特別設有「翰林圖畫院」，簡稱就是「畫院」，這種制度早在上古的周朝已經具備，唐朝已有吳道子為唐玄宗的御用畫家，也設有待詔、供奉等官職，五代時，南唐、西蜀設有畫院，宋朝繼續這種制度，而成為歷史上最完善的時期，畫家分成「待詔、祗侯、藝學、畫學正、學生、供奉」六種職位，簡直就是美術學校。對宋代畫院影響最大的皇帝則為本身也是藝術家的宋徽宗趙佶，他要求畫院的畫家作畫必須寫生，用筆設色工整細緻，構圖嚴謹，色彩燦爛，表現出來的是富麗堂皇的「黃家富貴」，富有極大的裝飾性；但也會與「徐熙野逸」兩種風格互相影響，鮮豔光彩、耀目生輝，專門陳設在皇宮當中的花鳥畫，當時稱為「鋪殿花」，這一派畫家畫的幾乎全是屬於工筆細圖，精緻華麗，這類畫就叫做「院體畫」。

兩宋書畫俱趨發達，書家、畫家輩出，兼為朝廷官員、詩人、文人與藝術鑑賞者、創作者多重身份的蘇東坡與黃庭堅、米芾、蔡襄等在書法方面各具風貌，光照後世，號稱蘇、黃、米、蔡「北宋四大書法家」，其中以蘇東坡對院體工麗風格特別反感，他與李公麟、米芾、黃庭堅等文士畫派，呼應三百年前唐朝王維首創的水墨山水畫風，評論書畫時，講究的是筆墨、氣韻、意境、格調、傳統這幾大方面的注重高雅，從郭熙、郭思父子所撰《林泉高致

集‧畫意》有云：

> 更如前人言：「詩是無形畫，畫是有形詩。」哲人多談此言，
> 吾人所師。余因暇日，閱晉唐古今詩什，其中佳句有道盡
> 人腹中之事，有裝出目前之景。

北宋郭熙首先提起後，所謂「詩是無形畫，畫是有形詩。」這樣
的意思在宋人的筆記、詩文集中不止一次談到，似乎成為當時的
時代共識，著名留法學者、學貫中西有「民國第一才子」之稱的
錢鍾書（1910～民國88）亦在其〈中國詩與中國畫〉文中說到：

> 詩跟畫是姊妹藝術，有些人進一步以為詩畫不但是姊妹，
> 張浮休《畫墁集》卷一〈跋百之詩〉云：「詩是無形畫，畫
> 是有形詩。」《宋詩記事》卷五引《全蜀藝文志》載〈錢鏊
> 次袁尚書巫山詩〉云：「終朝頌今有聲畫，卻來看此無聲詩。」

蘇軾也在其題畫詩〈韓幹馬〉中謂詩是「無形畫」；畫是「不語詩」
[16]，其他還有黃山谷、惠洪和尚等人均屢次在詩中一再提及這個
意念，當蘇東坡讚賞王維「詩中有畫」、「畫中有詩」以後，詩畫
的內涵互動更為複雜，他們這一批文人提倡高雅自然的文人畫
風，講求詩書畫的統一，成就了文人藝術的典型，與官辦畫院、
專業畫家及畫匠相抗衡，因為富有生命力而成為鮮明的對比。詩
與畫之間一方面存在著文學與藝術本質上的差異；另一方面，詩
與畫在意境上又有其融通之處。

　　宋末元初，詩、文、書、畫、樂律俱精的趙孟頫不得已仕元，
他的畫風捨棄宋朝院畫風格，綜合唐人王維和五代董源、巨然、
北宋李成、郭熙等人不同的作風，以「闊遠」代替「深遠」，其他

---

16 見（宋）蘇軾著：《蘇軾文集》，孔凡禮點校〈韓幹馬〉：「少陵翰墨無形畫，
　　韓幹丹青不語詩。此畫此詩今已矣，人間駑驥漫爭馳。」（北京：中華書局
　　民國79年），卷七十，頁2209。

大批不願意屈服於蒙古人的統治之下的文人，深受趙孟頫畫風影響，但不受他爲官左右的元末四大家王蒙、吳鎮、黃公望、倪瓚等遂起而效法，大量創作筆墨鬆秀「畫，意思而已。」[17]表現風骨節操的眾多作品，詩畫書法結合的文人畫大爲發展，正式結果成熟，可以說在元代以後，水墨寫意少有一幅作品不是書畫詩文交映生輝。

　　到明朝，有明四家沈周、文徵明、唐寅、仇英等畫家輩出，除了仇英是畫工出身，其餘全屬文人畫家，明末，以大書法家與繪畫家並爲畫論家著稱的董其昌，在其《容臺集》中正式提出「文人之畫」的說法：

> 文人之畫，自王右丞始，其後董源、巨然、李成、范寬為嫡子，李龍眠、王晉卿、米南宮及虎兒，皆從董、巨得來，至元四大家黃子久、王叔明、倪元鎮、吳仲圭，皆其正傳，吾朝文、沈，則又遠接衣鉢，若馬、夏及李唐、劉松年，又是大李將軍派，非吾曹當學也。

董氏正式拈出「文人畫」的名詞，此說一出，有如大石落井，掀起軒然巨波，後人據此正反討論不已，時間長達數百年，至今仍未塵埃落定，他又說：

> 禪宗有南北二宗，唐時始分，畫之南北二宗，亦唐時分也，但其人非南北耳。北宗則李思訓父子著色山水，流傳而為宋之趙幹、趙伯駒、伯驌以致馬、夏輩。

董氏從禪宗南北二宗得來靈感，而將畫也依勾勒、渲染分南北，但他並非以籍貫南北來劃分，確實頗有見地，能發前人之所未發，也算是有其獨到之處。他接著又對南宗有所說明：

---

17 同注8，黃公望（字子久）說法，見朱玄：《中國山水畫美學研究》，頁89。

> 南宗則王摩詰始用渲染，一變拗研之法，其傳為張璪、荊、
> 關、董、巨、郭忠恕、米氏父子，以至元之四大家。

董氏確立正名以及「南北分宗」說而塵埃落定，董氏還說王維始
用渲染，他並非以籍貫來做為南北分宗的主要依據，而是純粹從
畫風來研討，他還特別強調：

> 要之摩詰所謂雲峰石迹，迴出天機，筆意縱橫，參乎造化
> 者，東坡贊吳道子、王維壁畫，亦云：「吾于維也無間言。」
> 知言哉！[18]

董氏這樣的說法一出，後人嘩然，歷來引起廣泛討論，但不可諱
言的是他這樣是正式確立了兩個藝術之間分與合的微妙辨證關
係，而且文人山水或文人畫從此無法各自獨立，彼此關係密切無
比，分則兩害，合則兩利，就像文有文眼，詩有詩眼，畫中也有
畫眼，而且畫還很強調有筆有墨，黃山谷說：「禪中有眼，字中有
筆。」不能筆墨不分，成為墨豬，即使張大千潑墨還要加以勾勒
一番，才有筆，不會予人笑柄。

一、山水詩篇發源早

　　田園山水詩是詩歌門類中重要的一環，這類詩歌以吟詠自然
的景色、事物和田園生活以及山水景物、山林生活為主題，彰顯
了田園生活的情趣以及作者的歸隱心態，同時描繪了山谷水泉的
情狀，把自然景物的美麗一一呈現在讀者的面前，劉勰在《文心
雕龍・原道》第一章上對自然講得非常清楚：

> 文之為德者，大矣！與天地並生者，何哉？夫玄黃色雜，
> 方圓體分，日月疊璧，以垂麗天之象；山川煥綺，以鋪理

---

18 同注 11，趙殿成箋註：《王右丞集箋註》，頁 520。

> 地之形；此蓋道之文也。仰觀吐曜，俯察含章，高卑定位，
> 故兩儀相生矣。

彥和講文章源於天地之道，此「兩儀」意思指的是天地，天地之間有日月山川，這些麗天理地往往可以陶冶性靈、啟發幽思，具有淨化人心的功能：

> 惟人參之，性靈所鍾，是為三才。為五行之秀氣，實天地
> 之心生，心生而言立，言立而文明，自然之道也。旁及萬
> 品，動植皆文：龍鳳以藻繪呈瑞，虎豹以炳蔚凝姿；雲霞
> 雕色，有踰畫工之妙；草木賁華，無待錦匠之奇；夫豈外
> 飾，蓋自然耳。

自然東西最為美妙，雲霞草木不需要畫工錦匠，即可以鋪陳出美麗佳作，謳歌寫成文章詩歌，是我國隱逸文學當中最具文學價值的作品，但是假如單純祇是將優美的山水景物入詩，而缺乏抒情成分，那呈現出來的景象往往祇是像攝影技巧裡面的「特寫鏡頭」、一幅幅不具名的美麗圖畫而已，算不得是好的山水詩：

> 至於林籟結響，調如竽瑟；泉石激韻，和若球鍠；故形立
> 而文生矣，聲發而章成矣。夫以無識之物，鬱然有采；有
> 心之器，其無文歟？[19]

唯有經過詩人選擇、剪裁，在心裡形成一種意象，再用語言表達，將情與景融合為一，將詩人審美之趣或賞美之情加以結合為一，再用優美文字譜寫成篇，務需情景交融，才算是一首好的山水自然景色作品。

　　我國田園詩的鼻祖是《詩經·豳風·七月》，那是豳地農夫四時農事與生活之真實寫照，詩共八章，章十一句，為《詩經·

---

19 同注 1，（梁）劉勰著，王師更生注譯：《文心雕龍讀本》，頁 2-3。

《國風》最長敘事詩[20]；山水詩淵源於屈原的〈涉江〉、〈悲回風〉，但是詩經、楚辭當中對於山水景物的描寫，都只是爲了表達詩人情志的手段而已，當中山水部分都還只能算是襯托主題的背景，主要反映的都是詩人的自我形象。

　　漢賦介於韻文與非韻文之間，是半詩半文的混合體，作家以寫物圖貌爲手段，以達諷諭勸誡或炫耀詞章、才智的目的，當中有許多描寫山水景物之處，甚至全篇歌詠某物，但都屬於自然山水的描繪，缺少人文，祇是山水景物在漢賦中已從陪襯、附屬的地位有了起步走向主位的趨勢，而且漢賦作者對於山水景物的刻意描繪，對於後世山水詩人想要摹山狀水的藝術技巧奠定了堅實的基礎，且漢賦作者對自然山水景物的體認，與後世山水詩人登山臨水，以求心神自由與追尋美感經驗的情緒遙遙呼應，雖然漢賦並不純然是詩，卻是探索山水詩時必須涉及的重要領域。有些論文與專著認定曹操的〈觀滄海〉是我國最早的一首山水詩，也有人認爲那祇是曹操〈步出夏門行〉這首樂府詩裡的第一解而已，其實還不算是一首完整的山水詩。[21]

　　在歷經東漢末年以來，數百年朝野受到五胡亂華影響，兵禍連年，在各方面的動盪不安之後，儒家忠孝思想頓時失去安定社會的功能，魏晉南北朝文士以及之後的許多儒生每當從人生道路上挫敗下來，爲了遠離人事的各種是非帶來的紛紛擾擾，常會隱居山林，避禍上身，親近自然，冥合萬物，興致一來，提筆寫下眼前景物，於是有了許多詩文書畫作品，因爲環境使然，均是摹

20　《十三經注疏・詩經》（臺北：藝文印書館，民國 91 年 12 月），頁 280-288。
21　見丁成泉著：《中國山水詩史》（臺北：文津出版社，民國 84 年 8 月）頁 5，「不算是一首完整的山水詩」的看法與李亮著：《詩畫同源與山水文化》（北京：中華書局，民國 93 年 12 月北京第一版）頁 81，見解同；而與王國瓔著：《中國山水詩研究》頁 125 的認定「曹操的〈觀滄海〉是我國最早的一首山水詩」見解有所不同，研究者比較贊同王國瓔的看法。

山狀水的詠物作品，且當時有「巧構形似之言」的思潮風起雲湧，所謂「巧構形似之言」簡單來說就是運用辭賦誇飾、比喻等寫物技巧去描寫自然物象，以吟詠情志。「詠物」強調「密附」「曲寫其狀」，以體物爲工，在這種文學思潮影響之下，六朝人士將辭賦技巧運用到詩歌寫作方面，劉勰《文心雕龍‧明詩篇》通論晉宋詩風所云，由「玄言」、「遊仙」、「山水」，及梁陳的「宮體」等諸種詩類，六朝詩韻之開展比劉勰所論更加錯縱複雜，行旅詩是六朝文人以「仕宦經歷」爲主題所抒詠的詩篇，行旅詩緣於詩人行旅往來於山川水脈之間，大量地以山水爲素材，但山水的意象和意境所凝塑出的美感風格，卻是與詩人的情志共馳，凸顯人文精神與文化內涵。早在《文選》編撰時，昭明太子即將之劃歸爲「行旅」一類，這是研究六朝詩歌時不容忽視的事實，在《文選》的分類基礎上，可以分別以「情志內容」與「美感風格」對六朝行旅詩作全面探究，並爲行旅詩在六朝詩運的開展中尋其合宜的定位。行旅詩的情志內容不外是文士窮通出處的吟詠，如是之作，一方面可以抒吐文士面對此一困頓的心情鬱結，一方面也是詩人自我的慰藉。行旅詩如實記錄詩人仕宦歷程，也真切反映詩人生命的憂思遠志，且更加注意運用藝術技巧，以達生動凝鍊的形象，又注意到拓展詩歌題材，進而打開詩歌僵硬的藩籬，無論在題材、內容方面都注入了新生命、新空間、新境界，使得描繪田園、山水等自然景物的詩文書畫在六朝時代能各個獨立興盛，蓬勃發展，因爲藝術講究不斷創新，就像漢賦、唐詩、宋詞、元曲、明清小說的流變一樣，人們的審美趣味與藝術標準和美學觀念也跟著不斷改變。

　　真正大量創作田園及山水詩，爲我國的田園、山水文學大放異彩，應該是到東晉陶淵明和南朝謝靈運、謝朓（464～499）數

位。陶淵明歸隱田園之後，漁樵耕讀於鄉間，以生動的文筆表達出日日躬耕田園的苦樂；謝靈運、謝朓這些謝家子弟，到東晉被劉裕篡位之後，王謝家族已無昔日風光，不想跟政治多所牽扯，寧願當「山中宰相」，鎮日悠遊山中，大量而客觀寫山水景物入詩，不過眾家看法不一，北京大學中研所編纂的《魏晉南北朝文學史參考資料》認為謝詩反映了自然美，予人清新開朗之感，卻因缺乏社會內容，流露較重的沒落頹廢感情；而華正書局所校訂的《中國文學發展史》則認為謝詩詩風樸實，全無淫靡之氣，消滅了兩晉以來盛極一時的遊仙文學，初步打破了玄言詩風；至若張健老師在《中國文學與文學家》一書中，更嚴厲的批判謝詩近乎唯美的文學，只得到形象刻畫的細微真實，卻缺少更重要的自然界生命與情趣，眾說紛紜，見仁見智，因此與其說山水詩是謝靈運心靈的體現，不如說是鑑賞家個人情意的轉化表現，不過，大多數文學史作者都認為我國的山水文學真正開拓出來是在這個時期完成的。

　　但是在陶淵明、謝靈運、謝朓他們兩三人之後，接續又受到時代風潮影響，南朝梁家皇帝蕭氏父子四人身處深宮，日日所見唯宮女而已，詠物風氣使然，巧構形似之言，描寫宮女亦為形象描寫，「密附」「曲寫」宮女其狀，宮體詩盛行一時，大家逐競相搶作齊、梁、陳宮體詩，此一衝擊，而使得山水田園詩幾成絕響，由於六朝開始，自然主義勃興、個人意識擡頭與生命價值觀改變，再加上安頓人生的取向以及經常接觸山水等客觀條件，直到初唐，王績再寫自然景色的詩作，才算存亡繼絕，上接陶謝詩路線，使沈寂已久的田園詩、山水詩繼續發展，成為盛唐山水詩普遍創作的主要因素，有王維、孟浩然、儲光羲、劉長卿、常建、丘為、裴迪、祖詠等人大量寫作山水、田園作品，山水、田園詩於是合

稱「自然詩派」，經歷千餘年醞釀，山水、田園詩終於達到開花結果的地步，[22]唐代詩歌本來就是我國古典詩歌藝術備極絢爛的高峰，派別、花樣、種類繁多，有如奇花異卉，畢羅瑤圃；又如諸星羅列，溢彩流光，蔚爲大觀，唐朝也是山水詩藝術的高峰時期，不管是作者之多、作品之富、形式之完備、質量之精美，均屬空前絕後。

二、中國傳統詩畫合

　　琴棋書畫向有「文人四好」的美稱，晉唐時代繪畫帶來的生活情趣逐漸成爲文人生活中不可或缺的環節之一。其實我國自來就是「圖書」二者並稱，足以見得古代是「圖」「書」並重，劉師兆祐在其書中即云：

> 《漢書·藝文志》裡有《孔子徒人圖法》（二卷）一書，就是畫孔子七十二弟子的圖像，這本書雖然已亡佚不傳了，清代的葉德輝認爲漢代武梁祠的石刻畫像〈曾子母投杼圖〉、〈閔子御後母車圖〉等，可能就是這本書的圖像演變而來的。又如《漢書·藝文志》所在有關兵法的書，共有四十三卷的插圖。[23]

由上述可知，古書確實注重插圖，古人認爲插圖不是僅供欣賞，對讀書很有助益，圖文並茂是常有的事，郭璞注《山海經》曾緣圖立贊，畫記有關山川、草木、蟲魚、鳥獸及奇方異物之類凡二百二十六事，[24]此與後世的插圖或附圖表以助明瞭，實無任何差

---

22 見邱師燮友、皮師述民、左師松超等八人合著：《中國文學史初稿》，（臺北：萬卷樓圖書股份有限公司，民國 91 年出版），頁 491。
23 見劉師兆祐著：《認識古籍版刻與藏書家》（臺北：臺灣書店，民國 86 年 6月），頁 42。
24 見嚴可均輯：《全晉文》，卷 122、123。

異，陶淵明詠《山海經》詩時仍可見經圖，在古代書籍的分類上，這種書籍都歸類在「圖經部」，《陶淵明詩集》有「泛覽周王傳，流觀山海圖。」之句可證，秦漢以後，我國繪畫風格逐漸由敬畏鬼神解放到人身上，現存英國大英博物館的唐人模仿顧愷之的〈女史箴圖〉便是依照太康詩人張華〈女史箴〉畫成的畫，是為以圖文並存方式存在最有名的圖卷。但因中國古代書籍傳播方式多需傳抄，而繪事則非人人都能專精、傳神，到後來一些不通繪事的抄錄者便往往捨棄圖畫，僅抄錄文字，是以圖文並茂的古典書籍便逐漸在中國歷史裡中衰凋零，直至隋唐雕版印刷術發達之後，書籍附插圖之情況才又逐漸流行，宋代的鄭樵著《通志》即看出此一圖解法幫助瞭解的好處，有〈圖譜略〉一篇，對圖、文相輔相成著墨極多：

> 圖，經也；書，緯也；一經一緯，相錯而成文。圖，植物也；書，動物也；一動一植，相須而成變化。見書不見圖，聞其聲不見其形；見圖不見書，見其人不聞其語。圖，至約也；書，至博也；即圖而求易，即書而求難；古之學者為學有要，製圖於左，置書於右；索象於圖，索理於書；故人亦易為學，學亦易為功。[25]

目前國民小學的教科書有專家教小朋友「看圖說話」、「看圖作文」、「看圖學英文」，就連數學課本也都畫圖輔助講解，鄭樵比這些中外專家早了八百多年，已將這些道理講得非常透徹，隋唐雕版插圖多為佛經，宋代以後，插圖逐漸普及，天文、地理、建築、器物、醫學、小說、戲曲、畫譜、印譜乃至人物傳記等書集，均富插圖，圖文間不能說關係不密切。

---

25 見（宋）鄭樵著：《通志二十略》，（北京：中華書局，民國 84 年）頁 1825。

　　自從西漢張騫通西域以後，正式打通西域絲路，中西文化有
了日漸交會融合之路，印度的佛教文化藉著絲路傳入中國，南北
朝以後，更由絲路源源不絕引進了印度文化、中亞薩珊王朝的希
臘化文化，以及從西歐傳來的羅馬文化全部薈萃中土，敦煌地處
絲綢之路的要衝，自古，即是中國文化、印度文化、伊斯蘭文化
以及希臘文化這世界四大文明文化交會的交彙點，舞蹈與音樂深
深蘊含著世界四大文明的元素，尤其莫高窟千年壁畫上的舞姿千
嬌百媚、栩栩如生，使得南北朝時期的藝術思維一時之間呈現了
多樣化的風貌。[26]

　　古今中外的學者專家們一向都認為繪畫、書法、詩文三者是
中華文化的核心，較諸世界上其他的文明而言，中華文化由於先
秦孔、老、莊幾位大思想家對於人類大方向的指引絕對正確，配
合上中國獨特的自然景觀與得自儒、釋、道三家思想綜合後所產
生出來的豐富內省精神，而呈現出難以取代的價值；作為這種文
化的結晶，繪畫、書法、詩文藝術中所涵蘊的內在意義，可以說
充分體現了人與造化的和諧關係，以及積極追求超越現實的人文
精神。

　　繪畫的存在，不僅意謂著藝術家個人才華的凝聚表現，而且
記錄著民族對此和諧超越的人文理想，所努力進行不停探索的心
靈軌跡，而繪畫會成為很多國人畢生努力不斷追求的收藏對象，
其最重要的理由也盡在於此。中國畫家的繪畫題材一向也極為廣
泛，不管是歷史、神話、傳說、風俗、民情、釋道、花卉、鳥獸、
宮室、人物、生活百態，無一不可入畫，其種類極廣，前人稱達
十三科之多，以人物為首，山水次之，其他花卉、翎毛、走獸、

26　見高木森：《中國繪畫思想史》（臺北：東大圖書公司，民國 81 年 6 月版），
　　頁 7。

仙佛、鬼神、宮室、鞍馬更次之,明朝開國文臣之首的宋濂在其所著《畫原》有云:

> 古之善繪者,或圖《詩》,或圖《孝經》,或貌《爾雅》,或象《論語》暨《春秋》,或著《易》象,皆附經而行,猶未失其初意也。下逮漢魏、晉梁之間,講學之有圖……列女仁智之有圖,致使圖史並傳,助名教而翼群倫,亦有可觀者焉。世道日降,人心寖不古若,往往汨志於車馬士女之華,怡神於花鳥魚蟲之麗,游情於山林水石之幽,而古之意益衰矣。[27]

宋濂之語確實一語中的,古代善繪圖者注重繪畫的教化功能,所以往往附經而行,圖史並傳,人物爲主,真正才高藝絕,能夠名垂千古的,卻寥若晨星。這少數繪畫名家中,又同時詩賦卓越、書法精湛的,更是鳳毛麟角;具有這三項絕藝,再加上識見不凡,風趣瀟灑的,在中國六朝藝術史上就找不到第二人了,他就是東晉最有名的人物畫家 —— 顧愷之,當時山水、花鳥等僅爲點綴、陪襯,後來因內容僵化、格式板滯,山水、花鳥獨立成科,所以簡化成爲人物、山水、花鳥三科。

然而從唐朝以後,多少世紀以來,吸引許許多多偉大藝術家不斷創作的卻是從人物、臺閣附屬品脫離,獨立成科,題材取之不盡的山水風景畫,山水風景畫簡稱「山水畫」,士大夫們們充分響應至聖先師孔老夫子「仁者樂山,智者樂水。」[28]的精神感召;道家的老子、莊子又一向提倡親近自然,就像柳宗元〈始得西山宴遊記〉說「與萬化冥和」;從印度傳進來的佛教,建立寺廟也必然選擇風景優美的山林,所謂「天下名山僧佔盡」,影響中國人最

---

27 見(明)宋濂:《畫原》。
28 見《十三經注疏‧論語‧雍也》(臺北:藝文印書館,民國 91 年),頁 54。

重要的儒道釋三家都嚮往優美的自然。

　　魏晉以迄南北朝三百餘年間，兵連禍結，動盪不安，政治失道，經濟破產，儒學倡導的群體觀念衰退，社會混亂，佛老思想昌盛，道家對個人身心自由與安適的重視，吸引慌亂無所適從的人心，退隱歸田、避世隱居的士大夫日日接觸大自然，在山林水邊悠遊自得，和大自然結爲一體，目之所視，耳之所聞，均屬自然，偶有所感，無非天機，信筆入詩，便爲山水詩；隨手塗抹，則爲山水畫，可是早期山水畫並不成熟，多數祇能算是人物的配景陪襯而已，還算不上正式的山水畫，直到六朝，有陸探微、宗炳、王微、張僧繇、展子虔等輩，才有專門寫山水景物的跡象，有關山水畫的論述相繼出現，最著名的莫過於顧愷之《畫雲臺山記》，宗炳的《畫山水序》、王微的《敍畫》等都直接證明山水畫已有卓越的發展與成就。

三、宗炳畫論劃時代

　　劉宋時代的宗炳（375～443）最喜遊山玩水，宗炳字少文，南陽人，善書畫，江夏王劉義恭嘗推薦宗炳於宰相，前後辟召皆不就，善琴書，好山水，遊後必將其風景畫在壁上，以資臥遊，他非常明白老子所謂的：「道法自然」的道理。宗炳有〈畫山水序〉，是爲我國山水畫論之祖，更是我國素來爲人稱道的山水畫劃時代的里程碑，他從「形而上」和「形而下」的角度來看山水畫：「聖人含道應物，賢者澄懷味象，至於山川，質有而趣靈」、「夫聖人以神法道，而賢者通，山水以形媚道，而仁者樂，不亦幾乎。」宗炳既是畫壇百代知名巨匠，又深知「自然即道」，是人生寄託之所在，他平生又躭於遊山玩水，他說出中國人內心最深處的東西，就是這個「道」字，「道」其實就是人類內在的性情，他也首先揭

示孔子所云「樂山樂水」的意義。

　　以儒家思想來說，此道即是孔子所強調的「仁」，仁者愛人，在愛的活動中，人們有了意識、自覺、溝通，進而瞭解、觀察、認識、發覺周遭的事事物物，於是，仁者樂山、樂水，意思是說仁者喜歡像山一樣安固而萬物滋生；智者則樂於治世，如流水一樣不知窮盡，這些樂山樂水的意義，都屬於抽象的部分，用的都是象徵和比擬的手法，屬於山水「形而上」的部分；以道家思想來說，「道」亦是指「天道」、「地道」、「宇宙」、「大自然」的整體部分，此種思想根源來自於莊子、老子，莊子以《莊子・逍遙遊》中的大鵬鳥衝開序幕，讓人開始意識到時空的無限性，將空間做了無限的擴大，讓人知覺到宇宙是立體、流動的，萬物在此無限的空間及大氣當中，會意識到無限時間的流轉，老子擴大了「道」的涵融性，《老子・第二十五章》說：「人法地，地法天，天法道，道法自然。」表示道包含了「有」和「無」，意即「存在」與「非存在」兩個巨大且無限的部分，就像周敦頤繪下「太極圖」展現的無極生太極，宇宙就在這兩者相互交融、參透、並存的狀態下，運轉化生出天地萬物，由「無」而生「有」，再由「有」轉消入「無」的多重宇宙空間。

　　莊子哲學中，「美」具有核心地位，爲了明白全體存在之真理，莊子哲學認爲要先透過一種美的評價，始能達成，但是一般所謂「評價」只具有以某一存有物體爲對象而賦予主觀的價值衡量，莊子對整體存在的美學評價超越了此種物體形器和主觀的層面，而直指存有的層面，直接就切入道的懷抱，在《莊子・知北遊》中表明：

　　　　天地有大美而不言；四時有明法而不議；萬物有成理而不
　　　　說。聖人者，原天地之美，而達萬物之理。

因為莊子認為聖人要能原天地之美，始能達萬物之理，所以「美」在莊子哲理中具有核心地位；對莊子而言，「美」可以說是智慧之鑰。不過，對於美的一切論說終須受到解構，這是因為天地有大美而不言，以是任何關於美的言論皆無法相稱於天地大美，天地（即自然）之美雖然真實無妄，但卻不可言喻，唯有透過對於自然之美的心領神會，始達致真理，而真理即是道在萬物中之表現。對於莊子而言，美可以存有論；藝術品的存有論，則大可不必。因為莊子認為藝術作品皆是出自人為，任何僅滿足於藝術品的思想，皆是太過以人為中心，難以提昇至存有論層面。整體存在之真理實在是浩偉繁富，難以透過有限的人類藝術作品來予以展現，即使哲學家能在藝術作品中解讀出某些存有論意涵，仍然難以免除其中感性的、形器的與主觀的因素。

　　所以經過老子、莊子的引導，中國人早在兩、三千年前就從「無」的立場看到萬物由「無」而生「有」的奧妙歷程；從「有」即是「存在」的立場，體驗到和見到千差萬別的各種現象。道就這樣從無──＞有，從有──＞無，永無休止，永恆流轉，永遠變動，宇宙時間瞬息萬變，老子稱此永恆不變的變動為恆「靜」，是包含著「恆動」的恆靜，中國美學就是源自這種太極原理 ──「分而一體，合而萬殊」，一體所謂體用不二，到了後來，陰陽家更具體以陰陽二炁來說明宇宙萬物的消長變化過程，《易經》就是這種學說建立的宇宙生成法式。

　　山水畫中常見層層的山峰、綿延的山脈，有遠景、中景、近景三層景致的區分，代表著這多重宇宙的空間，高山凸出聳立，也象徵著天地間陽剛、開創、上騰的力量；下端淊淊的流水，誠如《老子·第七十八章》所云：「天下莫柔弱於水」，水則象徵著天地間陰柔、凝聚、完成的力量，如此上下的力量相摻揉，再隨

著中國畫特有的散點透視移轉，兩股力量剎時有如太極圖的陰陽兩力開始緩緩旋轉，於是畫面由靜而動，由平面而立體，天地間因此而瞬間生機盎然。

　　宗炳的〈畫山水序〉也是對中國山水畫與畫有山水而為人物配景畫之間界定清楚的一部重要畫論文獻，為求合乎「理絕於中古以上者，可意求於千載以下；旨微於言象之外者，可心取於書策之內。」之宗旨，他將理旨與意象以畫為之，他還有許多關於山水「形而下」的論述：「況夫身所盤桓，目所綢繆，以形寫形，以色貌色也。」畫山水不能太過離題，要形貌不離，由於他曾經親身遊歷山水，在山水美景當中有盤桓綢繆長久時間的經驗，故他能提出：「豎畫三寸，當千仞之高；橫墨數尺，體百里之迴。」有了切身經驗，則又與寫生何異？這樣將大移小，濃縮寫景，描寫真景實色，讓山水的形、色能在方寸間具體描畫，容納萬仞之山、千頃之水，他創造提出前所未見的新描繪方式，這些「形而下」的要求，必能達到山水畫「體道」和「暢神」的「形而上」目的，因此山水畫的功能就是要藉著「聖賢映於絕代，萬趣融於神思。」的畫意，達到「暢神而已」的宗旨，作畫能神超理得，「神之所暢，孰有先焉。」當然樂在其中，在畫中得到徜徉山水的樂趣，便達到作畫的目的，就是「閒居理氣，拂觴鳴琴，披圖幽對，坐究四荒，不違天勵之藂，獨應無人之野，峰岫嶢嶷，雲林森渺。」宗炳之前尚無人像他這樣論及山水畫的絕妙，山水畫的絕妙，非胸襟高超、適性山水者道不出，而高士宗炳能舉出閒居時喝酒、彈琴、批圖、幽對，以普通人看法為「四荒」的山水為樂，樂此不疲，遂以之入畫，而作畫目的無他：「暢神而已」，自暢其神，多麼有見地，在山水畫中便能達到遊山玩水樂而忘返之趣，達成作畫、賞畫的最高目的，真是「畫寫山水之樂，樂無窮」啊！

　　宗炳當時，每遊山水，往輒忘歸，他到過許多名山大川，荆楚衡嶽一帶均曾登臨，後結廬南嶽衡山，因疾還江陵，嘆息曰：「老疾俱至，名山恐難遊，當澄懷觀道，臥以遊之。」他所遊歷之處均在腦中留下印象，圖之於室，「栖形感美，理入影蹟。」於是深感「誠能妙寫，亦誠盡矣。」如此一來，使得中國山水畫在草創之初，已與人物畫、花鳥畫講究的寫實畫法有所極大區別，內容已是寫實與抽象的印象結合，因此中國山水畫初創便與便與西方風景畫分道揚鑣，從此千餘年都不曾殊途同歸。宗炳畫成之後，坐臥向之，並謂人曰：「撫琴動操，欲令眾山皆響。」他已深切領會音樂書畫融合之妙趣。祇可惜的是那個時代的山水畫尚未達完全成熟境界，所以宗炳可能還只是說得到卻畫不到，更遺憾的是宗炳的畫蹟傳世甚少，無從看出當時的癥結究竟在何處，但因有宗炳〈畫山水序〉的理論引導，必然對山水畫的演進有莫大幫助。

　　與宗炳同時代的另一位著名畫家王微，也有〈敘畫〉一文，他說出繪畫乃畫家的個性表現，並非實用物品，先加以澄清觀念：

　　　　夫言繪事者竟求容勢而已，且古人之作畫也，非以案城域，

　　　辨方州，標鎮阜，劃浸流，本乎形者容，靈而變動者心也。

他認為繪畫觀念先求「容勢」，繪畫不像畫地圖，要一絲不苟，不容出錯，畫畫全憑心靈思索，重在心靈的「靈變」，才能寫出宇宙繁集各類事物的狀態，心與物應，一管筆便能得畫之韻致，「擬太虛之體」畫成天地萬物，須「橫變縱畫而動生焉，前矩後規而靈出焉。」故言：「靈無所見，故所託不動，目有所極，故所見不周。」繪畫絕不能只靠所見不周的眼睛，須用心靈至情至性體會出之，才能筆筆有神，樂趣無窮，研讀宗炳與王微畫論，內藏無上真理，山水畫含人生修養之至理，故後人每謂：畫中唯山水義理深而意趣無窮，是以有「文人之筆山水常多」之說，而宗炳的論畫理論

尤其完善，論及有系統的山水畫的遠祖理論，大家公認宗炳〈畫山水序〉當爲代表。

　　現藏北京故宮博物院隋朝展子虔的〈遊春圖卷〉，一般認爲是現存近乎成熟之中國山水畫濫觴，也是隋朝傳世唯一畫作，以青綠勾塡法描寫貴族遊春，見到桃杏爭春情景的山水，勾、點、染技巧均有運用，僅無皴法，構圖爲俯瞰式平遠景色，山樹屋人的比例已較東晉顧愷之山水正確，構圖佈局不再出現「樹大於山，水不容泛」，山巒「若鈿飾犀櫛」，樹石「若伸臂佈指」，景致有很強的裝飾性，但型態仍相當儉樸，色彩絢爛多姿，還是草創期不太成熟的山水畫，宋朝《宣和畫譜》說：「寫江山遠近之勢尤工，咫尺有千里趣。」所謂「咫尺千里」就是後世常說的「三遠」[29]中的平遠之景。張彥遠在《歷代名畫記》評論說：「上古之畫，跡簡意澹而雅正，顧、陸之流是也；中古之畫，細密精緻而臻麗，展、鄭之流是也。」是可看出後人對展子虔評價，他具有鮮明的時代特色，也保留早期山水畫的特徵，很受後人肯定。

　　唐朝的閻立本、李思訓等人很多地方都是宗法展子虔，後世爲人所極度稱道，爲中國畫主流的中國山水畫，創始於畫聖吳道子，完成於大小李將軍父子，至王維而一變爲水墨渲染山水畫，後世竟從此新創派別，分爲工筆、寫意兩大系統。工筆與近代照相術差別不多，其實王維先道後佛，佛道雙修，其畫最可貴、最受後人讚嘆不絕的地方，在於他的畫作不只是畫而已，所謂「萬類由心」，「筆移造化」，他的畫中涵蘊豐富的詩趣，與中國詩畫並存、圖文並茂的傳統理念表現一致，重現中國舊日圖文並茂風華，這才是他真正可取所在。

---

29 郭熙《林泉高致・山川訓》云：「山有三遠：自山下而仰山巔，謂之高遠；自山前而窺山後，謂之深遠；自近山而望遠山，謂之平遠。」

第二節　唐代詩書畫輝煌

　　公元五八九年，隋朝滅陳，重新統一分裂兩百七十三年的中國，中國歷史上，長期分裂後，在群雄並起中統一的朝代存在時間往往不長，通常是爲隨之而來的繁榮盛世做準備，秦、隋都是如此，爲漢唐盛世打下厚實的基礎；六一八年，唐高祖李淵稱帝，建立兩百九十年的唐朝（618～907），是中國封建聲威遠播最輝煌的時期，唐太宗這位對建立唐朝具有殊勳的一代雄主，從南征北討打天下開始，就用了許多各路英雄好漢，幾乎都出身微賤，當時稱霸北方政壇多年的山東（此山東非今日山東省，而係秦漢所指崤山或華山以東地區）豪門崔、盧、李、鄭家族，實際已闇弱不堪，未曾對建國盡力，卻只想做官的那些大姓，他對他們簡直就要嗤之以鼻：

> 我與山東崔、盧、李、鄭，舊既無嫌，為其世代衰微，全無冠蓋，猶自云士大夫，婚姻之間，則多邀錢幣。才識凡下，而偃仰自高，販鬻松檟，依托富貴，我不解人間何為重之？……我平定四海，天下一家，凡在朝士，皆功效顯著，或忠孝可稱，或學藝通博，所以擢用。……我今特定族姓者，欲崇重今朝冠冕，何因崔幹猶為第一等？……不須論數世以前，止取今日官爵高下作等級。[30]

憑才用士，論功授爵的用人制度，對全國廣大知識份子是極大鼓舞，整個社會風氣也隨之改變，不再惶惶如驚弓之鳥，只要是英

---

30 見後晉・劉昫撰：《二十五史・舊唐書》臺北：新文豐出版股份有限公司，民國 64 年），頁 49。

雄，都可大顯身手、博取功名，不像許多六朝英雄，受困於門閥
士族的家世，無法嶄露頭角，繪畫、書法跟詩歌一樣，在唐代同
樣呈現百花齊放，爭妍競豔的繁榮局面，到處瀰漫朝氣蓬勃充滿
創造活力與開拓精神，為鞏固民心思想，打破這些舊日門閥士族
山東大姓對時代審美崇尚中心的壟斷，太宗首先從深入黃河流域
人心的道教著手，宣揚李氏皇家出自太上老君李耳，以道教為國
教，確立唐室李氏在唐人心目中的統治地位，像梁武帝一樣，政
教、文化、藝術各方面，他都不放手，都有興趣當皇帝，從太宗
到盛唐玄宗，對隱士、道士一直恩寵有加，道界強調三十六洞天，
七十二福地或「名山三百六十，福地七千二。」唐代社會於是掀
起了求道學仙、尊崇道士、崇尚隱者的美學風氣。

　　崇尚進取、注重創造成為盛唐精神的一個重要面向，尤其是
「盛唐」幾乎是中國傳統美學思想史的「黃金時代」代名詞，後
來的歷朝歷代，無論哪種思想或宗教流派，興盛足以左右當代者，
幾乎全以盛唐為其稱道、標榜、效法的楷模，因為盛唐美學思潮
匯聚了各種思想或宗教流派，讓這些後人都在盛唐找到該流派的
先驅影子。[31]

　　唐代經濟繁榮，局勢相對比六朝穩定，繪畫、詩歌等各類文
學、藝術隨之大大發展，不但有王維這樣詩畫音樂均通的大詩人
投身作畫，皇族大小李將軍一家，乃至官居宰相的閻立本、楊炎、
薛稷、韓晃等人均從事繪畫，唐太宗李世民、唐玄宗李隆基及其
他皇室貴族喜愛書法藝術者更是所在多有，作品一多，公私收藏
蔚為風氣，唐代書畫收藏家開始使用鑑藏印記，印記多種多樣，
或取郡望，或取官職，或重在審定，或旨在收藏，已具後代私家

---

31 見霍然著：《唐代美學思潮》（長春：長春出版社，民國 86 年 8 月初版），
　　頁 159-160。

鑒藏印的椎輪大略。[32]中國書畫裝裱不僅可爲作品生色，亦便於作品保養，唐朝書畫收藏家已十分重視裱褙裝軸。

　　各種詩畫書法均在唐朝有令人讚嘆的典範出現：全世界第一本有系統有規模的繪畫通史著作 —— 有「畫史之祖」稱呼的《歷代名畫記》於晚唐問世；人物畫的典範在六朝至唐代（約西元三到九世紀）間，經由晉朝顧愷之與唐朝「畫聖」吳道子等人逐步奠定，吳道子更完成「佛畫中國化」的大責巨任；山水畫的兩種典範約在盛唐大小李將軍與王維時分別誕生雛形萌芽，至晚唐五代（約西元十世紀左右）山水畫正式形成萬世不替的典範，而且像北方《詩經》、南方《楚辭》寓含著南北不同的地理區域特質的傳統一樣，荊浩、關仝畫出北方山水風貌，董源、巨然則有江南水鄉的山水特色；至於花卉翎毛方面，四川的黃荃與江南的徐熙也形成東西兩個不同區域的典範；山水詩、禪意詩有盛唐王維豎立千古不朽的典範；書法有初唐四大書法家歐陽詢、褚遂良、虞世南、薛稷完成楷書典範；草書有孫過庭、「草聖」張旭、懷素完成典範；篆書有李白的族叔李陽冰在李斯千年後再度稱霸篆壇；晚唐有顏真卿、柳公權像王羲之般以行、草、真書垂範後世，至今學書者當作楷模的「顏、柳、歐、趙」四大書法家有四分之三屬於唐朝，唐朝簡直是無美不備。

　　結束中國東漢末年以來近四百年的動盪，在政治方面呈現高度統一，連帶影響經濟富足，國力強大，社會安定，國民自信心強，行有餘力，從事文學、藝術創作，南北文化、中外文化不斷進行交流與融合，使唐代繪畫藝術展示出具有非凡氣魄的理性精神，無論在畫種、畫風、技術、表現力和繪畫理論方面都有長足

---

32 見楊仁愷主編：《中國書畫》，薛永年、楊心、楊臣彬、穆益琴、單國強等編撰，（上海：上海古籍出版社，民國 79 年出版），頁 139。

飛躍的發展：宗教繪畫隨著統治階層的大力提倡而得到空前發展，但加入世俗人間的因素，大量的著名畫家參與宗教繪畫創作，形成宗教繪畫的鼎盛；山水畫在此時亦得到突飛猛進的發展，表現技法，開始出現不同風格，促進了五代山水畫的全面成熟；社會的安定繁榮發展也造就了人物畫興盛，尤其是仕女畫的繁榮；人物畫在魏晉「傳神論」的基礎上進一步發揚光大，「畫聖」吳道子成爲一代宗師；花鳥畫在唐朝開始獨立出現，並逐漸形成獨立畫科，所以蘇東坡〈書吳道子畫後〉說：「君子之於學，百工之於藝，自三代歷漢，至唐而備矣。故詩至於杜子美，文至於韓退之，書至於顏魯公，畫至於吳道子；古今之變，天下之能事備矣。」[33]見解卓然正確，對於畫聖吳道子可謂推崇備至，繪畫的長足發展也促進了繪畫論著的更新發展，唐代的鑑評家對過去論著進行總結與整理，大大推進了美術理論的發展，釋彥悰的〈後畫品〉、李嗣真的〈畫後品〉、裴孝源的《貞觀公私畫史》等一系列著作，都是對畫家及作品的品評或著錄，形成了一定的體制，這些評著連續起來，就是評傳體史籍，也爲出現朱景玄的斷代史《唐朝名畫錄》張彥遠的通史《歷代名畫記》等準備了充分條件，這些超越以前的美術論著，成爲唐代學術文化的重要組成部分。

　　唐代的統治者跟漢朝天子一樣，需要人物畫，作爲政治宣傳與表現社會富裕的工具，故人物畫發展達到鼎盛，其技法在魏晉南北朝的基礎上再向上突破發展，唐初，李世民先後下令畫〈秦府十八學士圖〉和〈淩煙閣功臣二十四人圖〉，這是漢朝以來皇室貴族將先賢「圖之屋壁」，垂訓後世傳統的發揚，過去用以表現歷史故事與文學的繪畫，到唐朝被轉而用以宣揚現實的重大政治事

---

33 見蘇軾著：《蘇東坡全集・書吳道子畫後》（臺北：河洛圖書出版社，民國64 年），頁 306。

件，如表彰功臣，或者直接反映貴族生活。

人物畫方面內容廣泛，宗教繪畫中的神靈形象，政治繪畫中的功臣形象，貴族生活中的鞍馬人物、綺羅仕女都成爲人物畫的題材，反映了當時的審美好尙與畫家的高超技藝，唐代繪畫生動地展示了現實的事件與人物，促使寫實技巧得到進一步發展，在多民族國家的形成過程中，以直接吸納、融合各族藝術成就的堅實基礎上，大大豐富了中國的藝術傳統，我們今天可以看到的人物題材出於卷軸畫、宮廷壁畫、寺觀壁畫以及墓室壁畫中，閻立本的〈步輦圖〉表現唐太宗李世民接見吐蕃和親使者，漢藏兩族友好關係的盛舉，也是唐代繁榮、富足、自信和多元文化交流的見證；章懷太子墓室壁畫〈狩獵出行〉、〈儀仗圖〉是唐代宮廷生活的歷史畫卷；張萱和周昉的仕女畫則是唐代貴族階層女性生活的寫照；首創中國佛畫的吳道子，雖然因爲唐代木造寺觀全毀，已不能見到其宏偉壁畫了，但是依然可以從現存的唐宋佛教圖卷中追尋到「吳家樣」的痕跡，進而明瞭吳道子的「畫之髣髴」。

唐代人物畫歷久不衰，成果十分輝煌，首都長安人才濟濟，初唐以閻立德、閻立本兄弟爲代表；盛唐以吳道子最爲出名；中唐則有張萱、周昉等人；晚唐的盧楞伽、孫位等皆名重一時。初唐時期幾乎可說全是人物畫家的天下。

後人尊稱爲「畫聖」的吳道子，是唐代人物畫之傑出代表，吳道子又名道玄，河南陽翟人（今河南禹縣），曾從張旭、賀知章學書法，後改習繪畫，師承張僧繇，但自行發展，青出於藍，人稱「鬼斧神工」，年未弱冠，已有大名，通曉丹青之妙，民間畫工尊爲祖師。唐玄宗聞其名聲，召入宮廷，成爲御用畫家。

吳道子一生作過無數佛教、道教壁畫，僅長安、洛陽兩京的寺觀壁畫就多達 300 餘幅，他所畫的〈地獄變相圖〉令人毛骨悚

然；至於現存日本的〈送子天王圖〉是宋人根據他的作品摹寫的白描手卷，畫中人物神態安詳自然，線條流暢飄舉，吳道子改變了東晉顧愷之以來那種粗細一律的「鐵線描」，首創「蘭葉描」的畫法，在運筆時有壓力輕重與速度變化，像蘭葉一般有粗細轉折力道不同，生動的暗示出衣褶的厚度及轉折的感覺，他又突破南北朝畫人物畫慣用的藝術形式，筆勢圓轉，衣服飄舉，盈盈若舞，號稱「吳帶當風」，是形容其表現人物善用遒勁奔放、變化豐富的蓴菜條線描，在描繪高低捲折的衣帶動勢時具有無窮的表現力，同時在焦墨中略施微染，取得天衣飛揚、滿壁風動的效果，他在宗教畫中所創造的風格樣式被稱為「吳家樣」，開創一代畫風。

除了擅畫佛教人物，吳道子也畫山水、神鬼、鳥獸、草木、臺殿，各個出神入化，畫山水、鳥獸也非常專精，「出新意於法度之中，寄妙理於豪放之外。」而為唐朝第一高手，能將西域、印度畫風與傳統中原畫風融合為一，開創中國佛畫風格，影響後世佛畫面目，實為他非常了不起的貢獻，其畫形象生動、千變萬化且極富感染力，是當時人們所能看到的最佳作品，人物畫衣紋飄舉，盈盈若舞，世稱：吳帶當風有「氣勢八面，生意活動」之感，在中國傳統盛行的鐵線描中略施淡彩，稱為「吳裝」；其宗教繪畫開創的新樣式即稱為「吳家樣」，從此印度風格不再囊括中國的佛畫世界，吳道子為中國佛畫開創嶄新廣闊天地，是他的偉大貢獻，繪畫史上和「吳帶當風」相後呼應的「曹衣出水」，是指北齊畫家曹仲達的畫格，曹仲達所繪人物宛如剛從水中出來那樣貼身，曲線畢露，吳道子畫的人物則是衣帶當風飄飄舉，「吳帶當風」和「曹衣出水」這兩個繪畫史上的專有名稱，生動且形象地概括了兩種不同線條的趣味：前者豪壯，後者文靜；前者放逸，後者嚴謹；前者疏朗，後者縝密；前者寬厚，後者瘦勁，這兩種畫法

呈現的不同，正表現出繪畫線條的活力，也是豪放陽剛美與婉約陰柔美的最佳對應，考察歷史，曹先吳後，這種發展軌跡清楚地顯示：繪畫由牆壁移到絹帛，由野而文，由粗而精，線條從不規則走向有秩序，吳道子是文帶野而見韻致的飄逸，精含粗而能得氣格的獷放。

　　玄宗天寶年間，吳道子奉玄宗之命，畫四川嘉陵江三百多里景色，他親自勘查，不用粉本僅憑記憶，一日便一氣呵成，一改隋朝、初唐以來通行的細密工致風格，趨於疏放，還有一定的立體感，也極其形象，「怪石崩灘，若可捫酌。」想像得到他絕對是重在神似而非形似；唐朝宗室官至右武衛大將軍，人稱「大李將軍」的李思訓（西元 651～716 年）也畫同樣畫題，卻因為賦彩豔麗，筆路緊細綿密，為所謂「金碧山水」（以泥金、石青、石綠三種顏料為主色的山水畫）或稱「青綠山水」（以石青、石綠為主色的山水畫，分大青綠、小青綠兩種），花費幾個月功夫他才交卷，大李將軍的雖然仍畫從展子虔以來的傳統青綠，卻能窮其形態，世界第一部繪畫斷代史《唐朝名畫錄》的作者朱景玄列其為神品下，並云：「明皇召思訓畫大同殿壁兼掩障，異日因對語思訓云：『卿所畫掩障，夜聞水聲，通神之佳筆也。』國朝山水第一。」吳道子與大李將軍這兩幅壁畫皆高妙至極，名聞遐邇，清朝唐岱《繪事發微‧皴法》有云：「李思訓用點攢簇而成皴，下筆首重尾輕，形似丁頭，為小斧斫皴也。」足見思訓既能創格，又精妙絕倫，無怪乎居北宗之祖，其子小李將軍李昭道據云其妙又超過其父，臺北故宮博物院藏有李昭道所繪之青綠山水〈明皇幸蜀圖〉，畫面有許多尖峻迫人的峭絕懸崖，十足像走在難於上青天的蜀道上面，巍峨高聳的崇山峻嶺之間有白雲繚繞，畫面分作三段描繪，最右一段彎彎曲曲的羊腸曲徑上，身穿紅袍的唐玄宗騎褐色宮廷

三花馬（馬鬃綁三個辮子、馬尾巴還打結裝飾），遇到小橋當道，馬兒舉足遲疑裹足不前，身後一群隨從、宮中貴婦匆匆趕路輾轉逃亡，前往四川行在避難，確實畫出一行人避難的狼狽相；中間第二段畫面為山中有一群商旅悠閒逍遙，在山澗旁取下馬匹鞍被行囊休憩場景；最左第三段又有早行人早已走入雲鎖霧橫、蜿蜒盤曲難如上青天的棧道，與倉皇逃難的明皇恰成強烈對比。一般中國山水畫中多數畫隱士騎驢子悠閒行走於山陰道上，少見騎馬奔馳，非逃命為何？有人懷疑其為宋人所臨，但不管如何，此畫仍忠實保留唐代青綠山水謹慎工麗風格。

右下角騎馬要過小橋者為唐玄宗↓

山水畫在南北朝時主要是做畫面背景，隋代，由於畫家在觀察與認識自然景象的能力提高，技巧也得到發展，把山水畫推向一個新的境界，隋代山水畫家展子虔的作品〈遊春圖〉，以青綠勾填法描繪山川、人物，樹木直接用粉點染，畫中山崗重疊，河水

平遠，山川中的遊樂士人，或安閒欣樂，或馳騁射獵，整個畫面中物象的形態，相互的關係，前後層次與空間關係，都得到比顧愷之〈洛神賦圖〉較高明進步的處理，隋代山水爲唐代山水畫發展奠立基礎，山水畫發展到隋唐，其著眼點已明顯不再只是故事內容，而更著意於表現山水的秀麗和春日的明媚，這一方面是因爲技法的完善，如青綠山水和破墨山水的表現；另一方面是山水畫理論的成熟，如畫家主張「外師造化，中得心源」理論的指導意義，李思訓和李昭道父子就是使青綠山水趨於成熟的畫家，如傳爲李思訓的〈江帆樓閣圖〉軸，便是一件工整富麗的金碧山水畫，在煙波浩淼、江天無盡的境界中漁舟輕蕩、遊人賞春，坡岸山崖中綠樹樓臺，令人如進入瑤池仙境一般賞心悅目，山水樓閣風骨峻峭，色彩秀麗典雅高貴，畫家比較真實地描繪山川景色，山勢突兀，白雲繚繞，通過精密的刻畫，展現了動人的意境，令人觸景生情，整個畫面全係青綠設色完成，山石有勾勒而無皴擦。

　　傳說李思訓與吳道子一起畫嘉陵江山水，「李用數月之功，而吳一日即成。」由此可見唐代的山水畫法，已不再只是依循精描細寫實景的方向發展，而產生了較寫意率真的繪畫技法，畫聖吳道子的畫業基礎主要建立在寺觀壁畫上面，據說他輝煌的一生畫了可觀的寺觀壁畫，雄偉壯觀，可惜的是寺觀比紙絹更難保存，隨便一盞燈燭倒下，一點不小心，一陣大風吹，更別說旱澇兵燹對寺觀的可怕摧殘，任何一種災劫，都能讓千年寺觀在瞬間毀於一旦，所以雖然吳道子成就如此眾多，真跡至今難得一見，實在可惜；另一個意義是山水畫從人物畫裡面的背景地位取得獨立的地位，從原本的概念山水畫轉變爲寫生的青綠山水畫，一派是風骨奇峭，注重筆墨謹細，崇尙側鋒，斧劈鉤砍形勢，入宋以後，這種畫法便爲院畫吸收，成爲講究工筆重彩的畫工畫，小斧劈皴、

大斧劈皴層出不窮；一派則至王維始用水墨渲淡技巧，注重氣韵生動，用中鋒來畫山水皴法，後來演變爲披麻皴。

朱景玄，唐翰林學士，武宗會昌年間〈841～846〉官至太子諭德，所著《唐朝名畫錄》又名《唐朝畫斷》或《名賢畫錄》，是世界第一部繪畫斷代史，評介唐代畫家百二十餘人，按神、妙、能、逸四品排列，前三者是分別優劣，逸品係指畫法特殊的，他敘述畫家生平、故事、畫蹟，也對其造詣和成就進行評價。

與《唐朝名畫錄》差不多同時，出現了世界第一部完整的繪畫通史——《歷代名畫記》，作者張彥遠，字愛賓，河東（今山西永濟）人，大約生於唐憲宗元和十年（815，白居易被貶官江州司馬時），卒於 875 年，他是以中國繪畫史上第一部（847 年）完整的繪畫通史著作《歷代名畫記》的作者而名留千古，他總結前人對畫史、畫論的研究成果，開創了百科全書式的編寫體例，彥遠出身宰相世家，高祖張嘉貞、曾祖張延賞、祖父張弘靖三人均做過唐朝宰相，擅長書法，家中原本就有既富且精的書畫收藏，包括鍾繇、索靖、王羲之父子及顧愷之、陸探微、張僧繇等諸多名家真跡，誰知唐穆宗長慶年間（白居易與元稹唱和時期，821～823年）張家因爲得罪閹宦，家產書畫幾乎全歸內府，形同抄家，跟清朝曹雪芹（約 1715～1763）一樣家道中落，收藏品流失絕大部分，「存者二三軸而已」，這位世家子弟張彥遠「恨不見家中所寶」的親身痛苦體驗，讓他興起撰寫名畫本末的念頭，爲歷史存證，促成一部重要的畫史出現，畫錄因此出現人間，保留許多古人珍貴的資料，開後世畫史風氣之先，尤其當晚唐以前的畫史論著多已不存之後，《歷代名畫記》更加難能可貴，民國的余紹宋甚且將該書比擬爲西漢司馬遷的《史記》，足見此書的重要，對於繪畫發展源流、理論見解該書均有清楚闡發，同時也開列自古至唐的鑑

識收藏押署印記裝裱市場價格狀況，以及當時尙有的壁畫與古代
名作品錄，並且還爲上古傳說時代以迄晚唐會昌元年（841）之間
的三一〇位著名畫家作傳，按自然（上品上）、神（上品中）、妙
（上品下）、精（中品上）、謹細（中品下）等五個等級予以評價。

　　《歷代名畫記》張彥遠對吳道子評爲「古今獨步」，「神假天
造，英靈不窮。」說明他確實對唐代繪畫表現傑出，蘇軾在〈書
吳道子畫後〉說：「畫至於吳道子，而古今之變，天下能事畢矣！」
足見其畫感人程度，確實傲視當世，垂範百代，影響深遠，無與
倫比。

　　王維的山水畫就是遠法展子虔，近師吳道子，起初他多少也
曾爲了賣畫維持家庭生活，需要適應市場需要，表現大唐富貴氣
象，先學習李思訓父子的青綠山水敷色豔麗畫風，但是當他家的
生活程度達到相當水平，家中經濟已不再需要他縈懷於心，而正
是吳道子的畫藝登峰造極，長安城內外職業畫家紛紛起而效尤競
畫青綠山水的時候，王維這位首先詩畫結合的詩人畫家卻遠離塵
俗，半官半隱於陝豫一帶之山間水畔，憑著自己寧靜的心情和敏
銳的觀察力，從事山水詩歌繪畫創作，努力將山水詩與山水畫結
合，畫出遠離塵世、超然物外、新人耳目的風景山水畫，最有名
的是〈輞川圖〉，自創破墨山水畫法，「把墨加水分破濃淡不同的
層次，用以渲染，代替青綠顏色，并能用水墨表現出山形的陰陽
向背。」[34]讓人感覺清新脫俗、與眾不同。

　　山水畫自李思訓父子以用筆爲主，注重青綠設色，創金碧工
整刻畫之法，至宋代畫院務求工巧形似，專注師法思訓輝煌巧麗
的風格，到此蔚爲北宗一大派，而王維一變畫風爲用筆墨書寫一

---

34 見陳傳席著：《中國山水畫史》（天津：天津人民美術出版社，民國90年），
　　頁45。

己意境的水墨渲淡破墨畫法，到宋朝也因爲蘇東坡等文人積極響應而自成體系，此兩派成於唐朝的不同表現方法已爲後世開工筆、寫意兩大系統，各有巧妙，難分軒輊。到宋朝山水畫不只有技巧高絕的畫面而已，還有與畫互相呼應的題畫詩，一般以爲王維自詩自畫，杜甫才係題畫詩的開山始祖，其實不管是杜甫還是王維，都不曾眞的題在畫面上面，他們頂多題在詩塘、裱綾、引首或是拖尾上，絕對沒在畫面上堂而皇之題字，以免破壞畫面的統整性和協調感，因爲正式題詩畫面始於宋徽宗。

　　宋徽宗首開風氣在畫面題詩之後，南宋士大夫和文人、僧侶喜歡繪畫的人不少，他們多將作畫視爲自己抒懷遣性和相互交流投贈求索之用，因爲不是以繪畫爲本，故能依自己的意願暢快畫境，常見水墨作畫的「墨戲」之作，著重書法筆趣的揮灑和秀逸天成的意境，簡單幾筆，意趣橫生，樸拙純眞，渾然恣肆。梅、蘭、竹、菊、石、水仙等六樣寓意高潔的題材，視爲「六瑞」，足以表示不與朝廷的腐敗奢靡風氣同流合污，南宋士夫文人作畫開始與詩、詞、書法結合一體，在畫上自己題詩作跋蔚爲風氣，題畫詩的種類繁雜，舉凡名勝、古蹟、行旅、佛像、神仙、梅、蘭、竹、菊、禽獸、花卉、蔬果等包羅萬象，而以山水、人物、花鳥爲三大主流，這與北宋職業畫家只在樹葉間隙或山石縫罅隱蔽之處藏匿署名的習慣，可說是截然不同。

　　以詩詞使畫境更爲豐碩充實，以書法使畫的氣勢更瀟灑流暢，使士夫文人畫的表現張力大大提升，形成了獨特的繪畫風貌，到南宋更是與職業畫家更是漸行漸遠，題畫詩進入畫面以後，已成繪畫章法的一部分，畫家對於畫面結構佈局、經營位置、題詩位置都要錙銖計較，詩句內容、書法技巧無不列入畫面整體考慮的一部份，沒有絲毫可以輕忽的所在，就連一向自認爲天下唯我

獨尊的十全老人清高宗乾隆皇帝,當要題詩畫面時分,落筆也不敢稍加大意,所以他的詩雖然作得平易近人非常淺顯,字卻越寫越覺工謹,越寫越沒有個人風格,越寫筆力越軟,生怕原本優美畫面因為自己一時疏忽而被破壞無遺,所以詩書畫三者的巧妙結合,確實構成了中國藝術的特殊幽雅傳統。

到了明朝以降,浙派、吳派畫山水者更是名家輩出,王肯堂對山水畫家嗜畫山水的風氣特別提出他的看法:

> 前輩畫山水,皆高人逸士,所謂泉石膏肓,煙霞痼癖,胸中丘壑,幽映迴繚,鬱鬱勃勃,不可終遏,而流於縑素之間,意誠不在畫也。[35]

王肯堂認為山水畫家都已經愛山水泉石,戀煙霞成痼癖,且已病入膏肓,無可療治。

中國畫一向在中國這塊土地發芽、生長、茁壯,畫裡當然也有些中國式的幽默,不是相同或近似文化的人士所能夠輕易感覺或體會得到的(其實有些文化近似者也不免對這些幽默難免會有些隔靴搔癢之味,那又另當別論),至少「既寫實又抽象的中國山水畫就像中國字一樣,是中國人對世界人類文化了不起的卓越貢獻。」這是東西方藝術界普遍認同的不爭事實。

一、書法詩畫本一家

書法、繪畫與詩歌在藝術發展史上原本分別為兩個不相聯屬的範圍,繪畫、書法是空間藝術,強調的是線條、構圖、設色,主要以筆墨渲染為表現之媒介;詩歌則是時間藝術,是透過語言文字的內在韻律,展現流動性、連續性的美感特質。

---

35 同注8,轉引自朱玄著:《中國山水畫美學研究》,頁7。

中國文字形音義俱全，有相當的歷史，據說倉頡「仰取法於天，俯察法於地，象山川形勢，觀鳥獸足跡。」[36]制定中國象形文，《說文解字·序》上說：

> 古者庖羲氏之王天下也，仰則觀象於天，俯則觀法於地，視鳥獸之文與地之宜，近取諸身，遠取諸物；於是始作《易》八卦，以垂憲象。……倉頡之初作書也，蓋依類象形，故謂之文。其後形聲相益，即謂之字。文者，物象之本；字者，言孳乳而寖多也。[37]

象形文字完全是模仿物體的形狀，寫形與寫生兼而有之，可說是已經具備繪畫的原始型態，文字是借自然萬物之形改造而成的，其實還有很重要的一點，就是「博采眾美」，在深刻觀察中，體現出他們的審美觀念，所以才能「合而為字」，藝術本來就是自然美和人類生活美的集中表現，文字不一定等於書法，文字是用線條構架出來的結構，不一定能引起視覺上美的悸動，寫字只是想傳達意思；看了字跡，開始覺得線條好漂亮，結構好完美，這時才叫書法，周朝周官教國子以六書，由象形進而產生指事、會意、形聲、轉注、假借，種類逐漸增加，周官教授六書第一步要學生「寫仿」，即讓學生練習描繪物形的方法，也就是後代學書法首先要「描紅」，其實等於是同時在教導學生書法與繪畫，可以說周朝已經開始書法繪畫教育，在看線條的美、點捺之間的美、空白的美時，書法的藝術性才顯現出來。經三代、周秦、兩漢、兩晉，書法已經普及到社會每一個角落，成為生活必需品，有人說：「書法是無聲的音樂」，也有人說：「音樂是有聲的書法」，到東晉的王

---

36 同注 5，何恭上主編：《中國美術史》馮振凱撰述，頁 7。
37 見（東漢）許慎著（清）段玉裁注：《說文解字注》（臺北：蘭臺書局 民國 60 年十月再版），頁 761。

羲之（303～361）〈蘭亭集序〉受人矚目以降，書法才從日常生活實用必需品逐漸走上藝術舞臺，不再只是單純的紀錄工具而已，當時佛教初入中國，經典罕爲人知，佛法藉書法抄寫經典普及流傳；書法也藉著佛法得以弘揚，兩者互補依存，同樣獲得各自揮灑旋轉的舞臺，書法固成爲一門獨立的藝術，佛經也藉由書法而弘揚光大，這是繼「文象列而結繩移，鳥跡明而書契作。」後的一大嘉猷，後來禪僧也須使用書法來修養心性，禪宗對中國繪畫影響極大，是千年文壇所綻放出的奇葩。元代學者劉因在他的《荊川裨編》中說：「字畫之工拙，先秦不以爲事……魏晉以來，其學始盛，自天子、大臣至處士，往往以能書爲名，變態百出，法度備具，遂爲專門之學。」降及現代，書法已經完全成爲藝術，依現代藝術家的看法，書法是造形藝術，是抽象藝術，是視覺藝術，絕對必須注重「墨量、線質、開合」三者，才合乎現代藝術家的看法，工工整整的楷書屬於唐朝楷書要求的「法」的規範，未必適合當前社會，書法遂成中國文化影響遠近諸國特有的藝術。

　　至於繪畫，屬於精神層次，原始以工藝實用爲主，物體實用之後必講究美觀，中國文化藝術之源遠流長，在仰韶文化的陶罐圖案中可以見到不少端倪。如由內而外的迴紋，演變至殷商銅器上極爲普遍之「雲雷紋」，迄今在中國現代設計圖案中仍屢見不鮮；還有在商朝銅器上常見的「獸面紋」，以兩個代表兩個眼睛的明顯圓點爲代表，這種以圓點作爲裝飾圖案，在仰韶文化的陶器中甚爲普遍。

　　1928 年，中央研究院考古隊於山東省龍山附近發現一個與仰韶文化全然不同的史前文化遺蹟，是爲「龍山文化」，以薄如蛋殼的黑色陶器爲代表，因此又稱爲「黑陶文化」，器皿以滾輪或車床製造，表面較光滑細緻，用火烤成而非自然日曬乾燥，表面沒有

花紋，卻有凹凸狀環繞帶紋。1974 年在山東膠縣發現有蓋器皿，後來演變成商代的有蓋銅器。安德遜教授及中國之考古學者，曾在甘肅省發現類似龍山文化系統之陶器，卻為灰陶製造，是為「中原龍山文化」。此外在山東省也發現屬於中原龍山風格之陶器，但卻有三角、圓形、捲曲等黑白色圖案，此種設計與仰韶文化的彩陶似有相連之處，證實這些中國新石器時代原始社會彩陶器物上的紋樣，是最早記錄人類文明開端的繪畫形式，質樸明快、絢麗多彩為特色的仰韶文化，以及馬家窯文化繽紛多色的彩陶圖案，是中國先民為世界藝術寶庫做出的偉大貢獻，從這些早期藝術出現開始，即已留下記錄人們對物質的加工與改造，並在當中意識到美的存在，《說文解字》上說：「繪，會五采繡也。」「采」字同「彩」，段玉裁注曰：「繪繡為二事，古者二事不分。」[38]據說中國繪畫的始祖是黃帝的大臣史皇，因黃帝時設有曆書、音樂、律、度、量、衡，並整備衣冠制度，[39]《尚書・益稷》有云：「日月星辰、山龍華蟲，作會宗彝，藻火粉米，黼黻絺繡，以五彩彰施于五色。作服，汝明。」[40]即是說古人以白、青、黑、赤、黃五種正色絲線繡畫出日月星辰、山龍華蟲、藻火粉米等十二種圖案施於天子、諸侯與士大夫的衣服冠冕之上，故舜帝時早有行之多年的繪畫，當時是在日常最實用的黼黻衣冠以及旌旗之上繪圖，也是屬於實用品，由是得知，早在五帝的上古末期，繪畫藝術已有極輝煌的成就，是以詩、書、畫三者均可上溯黃帝時期。

　　繪畫藝術，自黃帝起始以後，先秦即有極輝煌的展現，夏商

38　同注 37，（清）段玉裁注：《說文解字注》，頁 656。
39　見（漢）司馬遷等撰：《史記三家注》，（臺北：七略出版社影清乾隆武英殿本，民國 80 年 9 月二版），頁 458-497。
40　見《尚書》：（漢）孔安國傳，（唐）孔穎達等正義，（臺北：藝文印書館《十三經注疏本》影清嘉慶二十年（1815）阮元校刊本　民國 91 年 12 月初版 14 刷），頁 68。

周的青銅器，已經有不少鐘鼎彝壺，出現獸面紋等各種動物造型
或人物、生活、宗教、禮俗、狩獵、戰爭畫面，有種種裝飾性繪
畫存在，這些繪畫用來表達政教倫理意涵的歷史神話或文學故
事，秦漢之前的繪畫，題材多半以神仙巫術爲主，在衣服上要染
繪出很多不同的圖樣，後來才由紙張來替代，現存最早的帛畫是
戰國時代留下來的，地點在湖南長沙陳家大山楚墓，〈美女龍鳳圖〉
和〈人物御龍圖〉是全世界現存最早非裝飾性、有藝術性的中國
畫，爲絲織物繪畫，是附圖附書的繪書，都是墓裡的陪葬品，圖
上已運用熟練的線條與平圖渲染兼施的水墨技法，累積了相當豐
富的經驗，在在都顯示了中國畫以線條爲主要繪畫要素的特性；
漢朝的畫像磚和漢墓當中的壁畫，「常以拓片形式出現，既是圖
書，也是圖案，又是浮雕，加上了傳拓的面貌，別有一番異樣風
神，可以說是具備了四種不同的美於其一身。」[41]最有名的是創
建於東漢後期山東嘉祥武梁祠的石刻畫像，有許多歷史故事，像
「荊軻刺秦王」、「秦始皇泗水撈鼎」，是武梁祠最好的歷史畫，證
實中國早期果真是圖書並稱，書畫結合有極悠久的歷史傳統。

　　由於中國人比較特殊的思維方式，使得中國詩用毛筆書寫，
便與中國畫產生微妙的關係，自漢魏六朝以來，即表現出相互依
存甚至相互交流，就像庾肩吾〈書品〉（節錄）所云：

　　　　垂露似珠，芝英時車，飛白掩素，參差倒薤，既思種柳之
　　　　謠，長短懸針，復想定情之制，蚊腳俯低，鵠頭仰立，填
　　　　飄板上，謬起印中，波回墮鏡之鸞，楷顧雕陵之鵲，並以
　　　　篆籀重復，見重昔時，或巧能售酒，或妙令鬼哭，信無味
　　　　之奇珍，非趨時之急務，且具錄前訓，今不復兼論。……

---

41 見李霖燦著：《中國美術史稿》，（臺北：雄獅圖書股份有限公司　民國 89
　年二版），頁 14。

這些表達抽象造型藝術的書法作品，境界真是非常高超，在晉朝王羲之、王獻之二王父子將書法帶進藝術舞臺之後，唐代經歷了如顏真卿、柳公權、褚遂良、歐陽詢等名家暨立唐楷書法權威，號稱文藝復興的宋朝，在書法方面當然也不甘落後：有號稱宋代書法四大家的「蘇、黃、米、蔡」在此時書壇各領風騷，而藝術皇帝宋徽宗清新秀麗的「瘦金體」亦品味特殊，瘦勁有力，別樹一格，總而言之，宋代書法仍是中國書法史上的一個高峰期。蘇東坡說：「詩畫本一律，天工與清新。」同時代的鄧椿《畫繼》更有：「其爲人也多文，雖有不曉畫者，寡矣；其爲人也無文，雖有曉畫者，寡矣。」鄧氏之論特別強調畫與文的關係，此處之文當包括詩文二者，其爲北宋末期東坡等提倡文人畫思想洶湧澎湃之際的理論產物，當然與東坡的思想若合符節，就像《宣和畫譜》論墨竹亦說：「（墨竹）……往往不出于畫史，而多出于詞人墨卿之作。」黃庭堅（山谷）說：「禪中有眼，字中有筆。」強調畫畫不能疏忽書法用筆，趙孟頫更清楚明白提出「書畫同源」的看法，他還說：「用筆千古不易，結體因時而變。」說明字體變化多端，其後的文人畫家無不遵循此一原則繪畫、寫字，演變至今，即便是張大千的潑墨畫，也還要勾勒一番才有筆，詩書畫三者或變成兩者，便有藝術發展演變的張力存在。

　　梅蘭竹菊松石三友、四君子、五吉、六瑞，全用水墨，而且可以用與寫字相同的工具 —— 毛筆，以及中鋒運筆的方法以寫字之法寫之，不必另外準備花青、赭石、石青、石綠、泥金、硃砂之類的繪畫顏料，更不必準備金粉、藤黃之類昂貴畫材，因爲古人使用毛筆寫字，也使用毛筆畫圖，從小運用毛筆寫字，運筆技巧純熟，自然而然會將寫字之法運用到繪畫上來，想要畫出好中國畫，更需要講究使用毛筆的技巧，因爲線條很多的中國畫，非

常講究運用技巧純熟的毛筆,宋末元初的趙孟頫寫過一首詩:「石如飛白木如籀,寫竹還需八法通。若也有人能會此,須知書畫本來同。」意思就是要用寫書法的感覺來作畫,畫石頭的線條要像寫字時運筆運得飛快時會在紙上露出稀稀疏疏的空白,畫老樹則要採用寫篆字的方法,寫竹需要注意王羲之提倡的永字八法,利用墨色濃淡不同的技巧,注意墨分五色,有分濃、淡、乾、濕、焦五種深淺濃淡變化,計白當黑,自然而然讓人覺得畫中景象就像荒郊野外遇到的自然景象,絕對不可一體均黑,若然,與「墨豬」何異。

當時對這種水墨畫,北宋米芾、蘇東坡均稱這些為所謂「墨戲」之作,蘇東坡、米芾等許多書畫名家身份特殊,不是詩人就是文學家,又有學問,人品高尚,甚至都還曾經身為朝中重臣,並不用靠賣畫維生,墨戲式的山水、枯木、竹石、水仙、四君子,題材都具有道德象徵性,足以讓人一見即知,畫家不單純祇是表面意思的畫畫而已,其實都有託物以明志,高標品格的自我期許包含在內,以知性的手法來表現畫法,純粹憑自己意思作畫,不必遷就社會大眾買畫人的喜好,畫些牡丹花開富貴之類的俗豔作品來欺世媚俗。

如此自由發揮揮灑尚意的畫法,到元朝竟然蔚然成風,元朝的文人畫家比宋朝人更喜歡長篇累牘在畫面上題字,不只是像郭熙那樣寫上畫名、自己的名字、作畫時間,還要題詩,也不祇是像東坡那樣,僅題在拖尾、詩塘上面就滿足了,畫中有書法,又要表現自己的文學修養(詩),書法與畫已經結為密不可分的連體嬰,詩書成為繪畫構圖的一部份,加上畫,也就是通常人所說的「詩書畫」三絕。

詩與畫之間,彼此可以吸收有利的因素,去豐富自己的表現

效力，其間並沒有產生可以誰可以取代誰的問題，自然詩表現的一個特色是「詩中有畫」，是以詩為主體，吸取繪畫當中的一些要素，融入詩境當中，來表現一些一般詩作所難以表現的美感，詩的意境本來就比畫較抽象些，通過畫的具體指陳、鋪排、並置等種種技巧，讀者往往能夠更清楚明白地領受詩中真味，甚至味外之味，而產生無限遐思神往，常言說的「詩情畫意」，其實是以詩為虛，以畫為實，虛實相濟，產生絕妙靈動的藝術品，境界當然更高，集中西藝術之大成，參悟造化，展現神奇，而二十世紀以來極受海峽兩岸三地肯定的國寶級文人畫大師許海欽教授，便在2005 年中正紀念堂為他舉辦的「七十回顧展」上說：

> 畫家將詩當中的音樂感、節奏感均畫入畫中，才能夠畫得淋漓盡致，像唐朝懷素〈自序帖〉所謂：『枯瘦淋漓半無墨。』或白居易〈琵琶行〉的『此時無聲勝有聲。』音聲相和，詩畫音樂才會若合符節。

有為有守的品德高超文人將詩的音樂性都畫入畫中，這才是詩書畫結合之後的文人畫讓文人趨之若鶩的所在。

　　詩書畫結合的水墨風氣一開之後，元朝以降的讀書人，無不奮勇爭先，隱士、詩僧甚至於連娼妓、優伶，也都以此標榜個人風雅，在元朝此種水墨繪畫方式成為畫壇主流，特別是在元朝中期，受到文人畫觀念的影響，畫家非常講究用筆墨色的趣味，元朝文人畫家用筆鬆秀，很容易表現出與北宋早期山水畫「主山壯闊簪眼前」不同的趣味，元朝人強調的是「逸品」，在闊遠、悠遠、渺遠的元人畫中，時常在畫中出現天人合一的遼遠境界，所以有人說：「宋朝院畫家畫的是眼中的山水，元朝文人畫家畫的是胸中的山水。」真是頗有道理，這些都可謂始於王維。

二、文人畫作尚寫意

　　唐朝王維開創水墨以後，我國繪畫多以墨為主，以色為副，在畫家的筆下，不論寫生與寫意，均貴用墨，以濃淡乾濕簡單幾筆來表現畫的意境，特別是在文人加以大力提倡以後，水墨畫於是成為繪畫中的最高格調，蘇軾《書鄢陵王主簿折枝二首》當中提出：「詩畫本一律。」認為詩畫本出一源的主張，他明確地提出了「士人畫」的概念，認為高出畫工一味注重精美絕倫的創作，他強調繪畫要像詩一樣有意境，在《東坡題跋》卷五《書摩詰〈藍田煙雨圖〉》，東坡說：「味摩詰之詩，詩中有畫；觀摩詰之畫，畫中有詩。」在《鳳翔八觀‧王維吳道子畫》裡面說得更清楚：「摩詰本詩老，佩芷襲芳蓀，今觀此壁畫，亦若其詩清且敦。」他對詩境的追求是要表現出「蕭散簡淡」，東坡推出王維甚至顧愷之為這一系統的創始人，主張即興創作，注重傳神，是中國繪畫史上的一件大事，對後代中國繪畫發展產生了深遠影響。

　　文人想畫出胸中丘壑，並不在意畫得如何，蘇東坡有次當主考官，一時興來欲畫，考場僅有圈點考卷的朱（紅）墨，而無黑墨，他畫成一張朱（紅）竹，同考場的官員笑他：「天底下哪有紅色的竹子？」東坡反問：「那天底下又哪裡有黑色的竹子呢？」也不求其形似，也不講究寫生，更不論是何流派，完全是任意自由自在運筆，這種「有其實而無其名」的現象，主要是將畫作內容的特徵表達清楚即可，顏色、形狀如何則無關緊要，這便是文人畫的一大特色，也為職業畫家所深深詬病。

　　北宋畫竹名家文同（1018～1079），字與可，世稱「石室先生」，四川梓橦人，曾任湖州太守，善寫竹，筆法槎枒勁削，號為「文湖州墨竹派」之宗，為名輝千古的畫竹大家，與可不獨愛竹，

還自署其居所爲「墨君堂」，真是擬人到家，因爲自唐玄宗開始畫墨竹，不加丹青，竹子便稱「墨君」。當他心情不舒服時，便藉著竹子發洩出來，他只不過是發洩情緒罷了，其實意不在畫，因此把畫圖當作消遣轉化情緒，也是文人畫的一項特色。蘇東坡以降的文人到了元代，受了趙孟頫「書法入畫」理論的影響，先是寫墨竹，繼而寫墨梅、墨蘭，到明四家之首的沈周首開畫菊風氣而有墨菊，就出現了用水墨畫四君子梅、蘭、竹、菊的風氣，四種植物各代表一種君子美德，畫這四種植物的畫就叫作「四君子畫」。所謂「四君子畫」，加上松、石就是「六瑞」，在元代隱逸畫家之手這「六瑞」就大盛特盛起來。只畫墨竹一門的，據近人統計就佔了元代畫家總數的一半以上。石叔明在〈墨竹篇〉一文當中說得很好：

> 墨竹是以狀物寫神的獨特手法，講究用筆使墨技巧，要在「形似」基礎上，達到「傳神」爲目的。[42]

石叔明這樣說的確非常正確，狀物寫神非常需要將墨的韻味表現得恰到好處，但形似也是個必要的基礎，總不能牛頭不對馬嘴，差得太離譜，而最早提出「傳神」這種主張的是漢代《淮南子》一書：

> 畫西施之面，美而不可說（悅），規孟賁之目，大而不可畏，君形者亡焉。

「君形者」就是「神」的意思，沒有神，則畫中人物跟死魚有何兩樣，完全無法表現鮮活的生命，這也是中國魚藻畫和西方魚市場攤販魚寫生最大的不同，因爲中國魚藻畫表現的是活潑自然的生意、生機，像名聞遐邇的許海欽大師，手下所畫的活蹦亂跳、

---

42 見石叔明：〈墨竹篇〉故宮文物月刊（臺北：故宮博物院，41 期，民國 75 年八月）四卷五期，頁 21。

逍遙自得會口吐人言，道盡逍遙之樂的是〈魚游千里〉金箔畫，而歐洲畫家所畫的卻是魚市場裡待宰的死魚，[43]其間差別豈可以道里計，東晉大畫家〈女史箴圖〉的作者，有「才絕」、「畫絕」、「癡絕」三絕之譽的東晉顧愷之，受到莊子「以神遇而不以目視」、「忘形存神」的啓示，提出「傳神論」，神氣、骨法、運筆、傳神、置陳、模寫的繪畫六法，明白揭示「遷想妙得」以及「以形寫神」的理論，寫形的目的爲了傳神，隨著繪畫技巧的不斷轉變，六朝時期開始出現有關繪畫美學的專門理論[44] —— 南齊謝赫在〈古畫品錄〉提出著名的六法：

> 一氣韻生動是也；二骨法用筆是也；三應物象形是也；四隨類傳（賦）彩是也；五經營位置是也；六傳移模寫是也。

系統地歸納出繪畫創作的方法與理論原則，其中被冠於「六法」之首的「氣韻生動」，千餘年來被知名或不知名的畫家或藝評家，視爲繪畫創作最重要的美學命題與價值中心，成爲後世千餘年來畫家奉爲不朽的定律，唯獨忽略了第四法的「隨類賦彩」一法，他們或者不甚瞭解而含糊其辭，或者輕描淡寫一語帶過，很少人針對設色問題，提出正確的看法，甚或深入實踐與剖析，以致千餘年來，均被西方學者，乃至中國人自己，誤以爲是中國人先天上的色彩弱勢，影響所及，除繪畫外，並擴及生活器具等工藝美術設計，向來未能突出中國人文精神固有的傳統色彩的魅力。按謝赫所說「隨類賦彩」之法，重點在「隨類」兩字的哲學內涵，而非表面字義，謝赫意在揭櫫中國人的宇宙萬物生命之「無常觀」，說明宇宙萬物：無論其外在形色，或內在結構，無時無地不變遷流轉、無恆常的形與色，換句話說，外在環境的形與色，一

---

43 同注 41，李霖燦：《中國美術史稿》，頁 201。
44 如南齊謝赫《古畫品錄》，陳姚最《繪畫品》爲最早之繪畫理論。

直是在變動的，人們很難，也不可能準確地把握稍縱即逝的形與色，因此，謝赫所說的「隨類」一詞，即指出隨應所繪對象的「類別」，予以著色賦彩，並非指「特定」之物的顏色。此間所謂的「類別」，是指物體的「共相」，而「特定」物，則指物體的「殊相」，例如蘋果是「紅色」的，這是大家所認同的蘋果外表色的「共相」，但是如果蘋果受外在光源影響，改變顏色而成爲「藍色」時，則謂之「殊相」，因此之故，中國傳統繪畫捨棄殊相，而取物體固有的「共相」，所以在許多中國傳統畫譜裡，常看到樹葉被符號化，或象徵化，畫成芥子點、米點或胡椒點，事實上，現象界裡的樹木上，並不會存在芥子點、米點或胡椒點的葉子；同理，現象界並無藍色的蘋果，如果因外在光源改變，而使紅色蘋果變成藍色，那也只是暫時的，中國人不會遷就因爲光源變化而成藍色蘋果，於是將蘋果塗上藍色，所以我們稱芥子園等類畫譜裡的各種畫法，及謝赫所提的「隨類賦彩」，爲中國式的象徵主義，大大不同於西方早期古典繪畫忠實記錄物體在光源下的形與色的寫實主義，就像中國人用水墨濃淡乾濕焦的水與墨來表現水墨畫屬於中國人的象徵主義思想，遠比西方流行於二十世紀的象徵主義，早熟了一千多年。五代山水名家荊浩在〈筆法記〉裡面也提出他的「六要」見解：「一曰氣；二曰韻；三曰思；四曰景；五曰筆；六曰墨。」此六者確實在古代的中國畫當中缺一不可。唐朝大畫評家張彥遠也在《歷代名畫記》當中更強調說：

> 古之畫，或遺其形似，而尚其骨氣。以形似之外求其畫，此難與俗人道也；今之畫，縱得形似，而氣韻不生，以氣韻求其畫，則形似在其間矣。

這麼一來，中國畫評家對於繪畫的看法便從顧愷之的「神」進而轉爲張彥遠強調的「氣韻」之說，從此以後，此種注重「氣韻」

的說法成爲中國繪畫史上洶湧澎湃的長江大河，無人能夠再加以扭轉乾坤走回頭，重新再上重形似之路，張彥遠指出山水畫能「怡情悅性」，非常中肯，還提出「書畫用筆同法」、「運墨而五色具」等關乎中國畫特點的一些議論，均最早見於張彥遠此書。

形神的觀點是神於形，文人畫興起之後，潛藏於文人心中的清逸之氣更助長了這種理論和呼籲，蘇東坡又提出：「論畫以形似，見與兒童鄰。」的寫意主張，問世之後，更是影響後人注重神似的理論，這種理論完全成了中國繪畫的特徵，一般而言，「文人畫」就是知識分子面對人生的各種現象時，將自己個人的想法、情感直接反映於畫作。傳達的多半只是平淡、天真、自然的興味，不重視畫面的工巧奇麗和形象的真實表達與否，強調含蓄內斂，抒發內心情感與表現人格修養，人重人品，詩重詩品，文重文品，畫重畫品，書重書品，品第高下，絕不輕忽。

正因爲知識分子的人品、智慧多在一般人之上，較能洞燭宇宙萬象的變化，洞察人生事理，與那些由畫工、畫匠表現純粹只講究畫面的工巧奇麗和形象真實表達一絲不苟的作品當然有所不同，胸中自有丘壑，禪味、禪趣、禪機、禪境，妙手偶得，盡出筆下，因而所表現出來的畫面意境當然更能發人深省，或引人會心一笑，或讓人心生感動，覺得「於我心有戚戚焉」，當然更能引起觀察者的共鳴，「文人畫」的理論與實踐，最早在唐代開始萌芽，很多當時的文人對於繪畫、音樂乃至於舞蹈都很關心，不少詩人以吟詠的方式，或讚畫、或頌琴，注入他們無限的神思，像杜甫、王維都有這方面的著作，不管哪種藝術，都無法脫離當時的時代風格影響，藝術風格的時代性，當然也成爲審美在藝術歷史上的一大特徵，某一特定時期的藝術風格必然帶有這一時代的鮮明色彩，反映出與其他不同的審美趣味，如果特立獨行，不與時代風

格相同，像陶潛不完全認同六朝唯美風格，寫詩作文畫畫，就很孤寂地在創作路上踽踽獨行，也許過個兩三百年，等到時代風氣自然成熟，水到渠成，他的「質而實綺，癯而實腴。」（蘇軾在給其弟蘇轍的信中讚陶句）作品自然水落石出，披沙瀝金被王維發現，兩度改寫〈桃源行〉。巧得很，時代風格所致，王維寫山水自然詩有人響應、唱和、模仿、效法，很快受同時的詩人風起雲湧地認同，而形成「山水田園詩派」；他畫的水墨山水畫，卻因爲走在別人與時代風潮之前，而成爲先行者，不合乎時代潮流，不符合存在當下原則，不容易受人重視，這種重視高雅品味繪畫的理論與實踐，到宋朝才茁壯，宋朝的山水畫尤其進步得十分顯著，無論在質與量方面都達到歷史的頂顛，這得歸功於五代荊浩、關仝以及宋初的董源、巨然把自王維以來的水墨山水畫進一步發展。而北宋四大家─董源、巨然、李成、范寬對於山水畫的畫技，例如皴法、章法構圖、疏密位置、透視比例等等方面均比唐朝有巨大的改進；此外，米芾父子所創的「米氏雲山」善用深淺不同的墨點表現山水氳氳狀況，自成一派。但是這些多屬受到王維影響的「南宗畫派」；到了南宋，出了李唐、劉松年等屬於李思訓「青綠山水」的北宗畫派，於是南宗畫派一時式微，後來的馬遠、夏圭融合南北兩宗，變成了一種豪邁揮灑，意境幽深的山水風格。所以說，宋朝山水畫，不僅技巧成熟，在風貌上也十分豐富。在當時，這種文人、士人作畫論理說法可說是極盛，政府有畫院倡導於上，社會風行於下，文人墨客，無不以拈筆弄墨做爲陶情養性的方式，且還互相探討，發爲文章，極力推崇，有郭若虛《圖畫見聞志》、鄧椿《畫繼》、劉道醇《畫評》、郭熙《林泉高致集》、韓拙《山水純全集》、饒自然《山水家法》暢論畫道畫法，一時之間，讓人眼花撩亂，當中尤其以身爲優秀畫家的郭熙畢生心血結

晶《林泉高致集》影響後人最深遠，在美術史的發展歷程中，文人的這些嘔心瀝血畫作，乃至於畫論，自然是占有相當重要的地位。

這種「文人畫」至元朝正式開花結果，元朝人還將水墨畫由宋朝人習用的纖維堅韌又質厚絹素推向纖維柔軟又質薄的紙張，[45] 宋朝人用絹畫圖，質厚所以下筆結實而重，著色不濃無法力透絹背，宜工細刻畫妍麗的人物臺閣；元朝人用紙，質薄所以下筆要輕靈，著色宜淡，宜作蒼茫荒忽、綿密幽邈的山水畫。[46]在高居翰原著，李渝翻譯的《中國繪畫史》的第 70 頁上面，這位外國人因為不在「雲霧縹緲的廬山」當中，因此得以看清中國文人畫的原貌：

> 文人畫家所持的繪畫理論反映了他們的儒家背景。在儒家著作中，詩、書、畫早就被認為是寄情寓興的工具，是用來傳達性情的。

高居翰看出了文人畫家是以詩書畫的繪畫理論，來「反映他們與旁人不同的儒家背景」這一個特點，儒家思想「窮則獨善其身，達則兼善天下。」是很多讀書人奉行不悖的宗旨，這真是一語驚醒夢中人，文人畫家儘管看不慣官場政治的黑暗，但仍難以割捨他的儒家背景，為示不同流合污，只有藉畫筆寫詩、寫畫、寫意，面對紙張，盡情揮灑，胸中積鬱，一吐為快，高氏講到文人內心最不欲人知，最幽微的處所，確實有他個人高明獨到之處，他還接著往下又說：

> 文人畫家認為，作品的品質反映了畫家本人的品質；表現

---

45 見羅青：〈中國水墨美學初探〉，故宮文物月刊，（臺北：故宮博物院，47 期，七十六年二月）卷十一期，頁 109。
46 同注 8，朱玄著：《中國山水畫美學研究》，頁 9-93。

　　的內容來自畫家的心靈，畫家或觀畫人對被描繪的物形有

　　什麼看法或感覺，並不一定和表現內容本身有什麼關係。

怪不得說高居翰是中國繪畫史研究方面的國際著名學者，他看出
文人畫其實就是反映畫家本質，內容來自心靈，文人畫的作品的
確為畫家心靈的重要反映，畫家藉此表現個人心靈，藉此一吐胸
中積鬱，繪畫已經成為古今中外最簡明扼要的一種國際語言，高
居翰還說：

　　圖畫的價值並不在於它畫得像什麼自然界的物體，做為原
　　始材料的自然形狀一定要轉型成藝術語言，轉型的方式，
　　以及由毛筆畫出的特殊線條和行式，都透露了畫家一部分
　　自己。[47]

「自然形狀一定要轉型成藝術語言」這話說得正確無比，藝術語
言才是文人畫的最高指標，將重要的特點把握住，是文人畫最要
緊的關鍵所在，形貌完全相同已非文人畫的重點，尤其在近代數
位式相機、影印機、電腦行世以後，自然形狀的描摹不再是大家
爭逐的對象，有突破表現的藝術語言才可貴，文人畫在似與不似，
不似與似之間，居於形而上與形而下之間，注重啟發欣賞者的觀
感，重視寫意、增進聯想。

第三節　中國美學重品味

　　美學（Aesthstics）一直被視為人文藝術之通識學門，甚至於
在視覺藝術相關科系常被列為基礎課程。美學顧名思義是研究美

47　見高居翰原著，李渝翻譯：《中國繪畫史》，（臺北：雄獅圖書有限公司，民
　　國 91 年 5 版 9 刷），頁 70。

的學問，老子說：「天下皆知美之爲美，斯惡已；皆知善之爲善，
斯不善已。」世間事物常常對立，有善就有惡；有是就有非；有
美就有醜，從文獻中可以得知專家使用含「美」的辭彙甚多。這
些包括秀美、優美、壯美、崇高美、形式美、線條美、對稱美、
比例美、秩序美、韻律美、諧調美、宗教美、道德美、社會美、
生活美、行爲美、語言美、實用美、現實美、價值美、頹廢美、
慵懶美、病態美、怪誕美、恐怖美、醜陋美、悲劇美、滑稽美、
喜劇美、內在美、外在美、自然美、藝術美、純粹美、依附美、
心靈美、身體美、自由美、附庸美、絕對美、相對美、古典美、
浪漫美等。[48]種類之多，真是五花八門，無奇不有，看得人眼花
撩亂。美學這門學科既是對美的研究，當然也包含對醜的研究。
美學（Aesthetica）成爲一門學科，一詞首先出現在鮑姆加登
（Alexander Baumgarten，1714～1762）1750 年發表《關於詩的
沈思》之中，[49]此後，研究者層出不窮，在碩博士論文資料網當
中，到民國 93 年截止，有 219 篇以《美學》爲題目名稱，研究範
圍使用廣泛，無所不包，不只是充斥著文藝美學、音樂美學、繪
畫美學、雕塑美學、建築美學、舞蹈美學、戲劇美學、電影美學、
書法美學、攝影美學、禪宗美學、造型美學，甚至還有社會美學、
環境美學、表演美學、創作美學、悲劇美學、文藝美學、社區美
學、民歌美學、意境美學、居家美學、修辭美學、產品設計美學、
慈悲美學、死亡美學、漂泊美學、抒情美學、政治美學、服裝美
學、身體美學、機械美學、 辨證美學、歌劇美學，社會上用的

---

48 見〈從美學到視覺藝術研究法（一）：美與美學的意義〉臺北市立師範學院
　　視覺藝術研究所教授　吳宜澄
　　http：//www.nioerar.edu.tw/new/1/CH1-2.htm
49 見葉朗：《現代美學體系》，（臺北：書林出版事業公司，民國 82 年臺一版），
　　頁 3。

美學名詞更多，有婚姻美學、動物美學、男人美學、眼鏡美學，看得人目眩神搖。不僅如此，在意識型態上還有所謂的主觀主義美學、客觀主義美學、唯心主義美學、唯物主義美學、理性主義美學、經驗主義美學、現象學美學、存在主義美學、行爲主義美學、結構主義美學、實驗美學、自然主義美學、實用主義美學、分析美學、語義學美學、後現代美學等，近代學界更產生了所謂的生命美學、人文美學、文化美學、生活美學，而且還跟環境美學、建築美學互相結合。有將它視爲一門科學的科學美學家，典型代表是門羅（1928）；用非科學方法研究美學則以康德的影響最大，其實美學的研究從柏拉圖把真、善、美圈選爲三類最高級的價值判斷就已開始。美學成爲當代西方思潮中一門重要學科，一方面是美學自成一格，完整嚴密的龐大思維體系；一方面更是因爲美學的研究對象是和我們息息相關的表象世界，美學的歧路花園真是百花齊放的繽紛世界，需要指點一條簡潔的美之歷程，尚有待大家努力。這門學問雖非源自中國，但中國早已融整出中國的一套美學理論，像李澤厚就在其《美學論集》提出「儒、道、騷（屈原）、禪是中國美學傳統四大支柱。」的主張[50]。

　　綜合以上種種說來，美學是生活，是一種感覺，能觸動心靈，可感受其完善性，美學的定義是「以審美經驗爲中心研究美和藝術的學科。」[51]「所謂美學，大部分一直是美的哲學、審美心理學和藝術社會學三者的某種形式的結合。」[52]大不列顛百科全書對美學下了一個簡要定義：

---

50 見李澤厚著：《美學論集》（臺北：三民書局　民國 85 年九月），頁 764。

51 見李澤厚等編：《美學百科叢書》（北京：社會科學文獻出版社，民國 79 年十二月一刷），頁 1。

52 見李澤厚著：《美學四講》（臺北：人間出版社　民國 77 年 11 月初版），頁 11。

> 美學是對直接經驗及其對象的研究，作為一門專門科學，
> 或是從外部觀察它，概念性地進行描述；或是從內部感覺
> 它，直觀地予以報導。[53]

美學這門屬於哲學一部份的學門，範圍實在相當廣闊，美學由本體論、認識論到語言學的轉向，不但與哲學、心理學、社會學有關，而且也與教育學、工藝學、文化史、語言學等有許多難分難解的關係，與藝術各個部類的實踐與理論 ── 不管是電影、戲曲、話劇、音樂、舞蹈、書法、美術、工藝、建築、文學、詩歌 ── 的關係更為密切，[54]美學主要是人類何以感動的研究，西方人重視視覺的感受，觀察離不開視覺，以視覺來決定美與否，以觀察外部的形式為主，由數目的形式和比例來決定。

　　西方所謂的藝術從建築結構的展現開始，然後雕刻、繪畫；而中國人的美則包含視覺、聽覺和味覺，中國的美學是從味覺開始去品味，色香味俱全，是中國人的最愛，由外而內，由內而味，內化之後成為對生命的感受，講究形而上，在中國，味覺的美是比較低級的，中國對於視覺之美、聽覺之美認為品味較高，中國這個「美」字就是羊大合而為字，大者人也，中國文化是泛人主義，大者肥壯也，美好從口中之美甘美開始，口中美好之物皆謂之甘，由味覺開始擴而充之，中國人認為天地人三才 ── 三者是構成世界的三元素，中國美學強調感覺、品味，仔細觀察，注重空靈，這種因空而靈，是著重在不可測不可知的天地萬物宇宙之間千變萬化的關係上。中國人從魏晉六朝以後開始注意文人情趣 ── 琴棋書畫詩酒茶，到了宋朝以後，逐漸擴充成為生活美學，

---

53 見《大不列顛百科全書中文版》(臺北：丹青圖書有限公司民國 76 年新編)，冊 10，頁 256-257。
54 同注 50，李澤厚著：《美學論集》，頁 715。

就是經由文人生活，諸如賞花、品茗、飲酒、評文、論畫、玩石、博古、下棋、閑居、遊園、聽雨、度曲、觀戲、澆書……等的提倡、反省、咀嚼，降至明代，乃出現大量有關討論「燕閑清賞」的文獻，希望能把日常家居經營成為一種有美感、有品味的生活，由是得知生命美學、文化美學、生活美學，正是中國美學的核心部分，且與中國人對自然美、藝術美的無盡探求是相通貫一致的。[55]水墨畫廣義說來是淵源於東方美學中的人文精神，人才是天地之心，不論是農業社會，或是工商業社會，其受到儒道釋諸家的思想啓發與影響爲不容置疑之事，是社會價值的根源所在，包括天人合一的自然宇宙觀念，甚至心性與知性之間都具有某種一定的價值體系。其美學感應也受到相當的激盪，表現在生活的藝術品，自然是寄情其中，不論是早期的裝飾性，或宋代之後的寫實性與浪漫形式，傳統的中國水墨畫，常常以文人畫精神爲其依歸，講求「文人之性質」，「酒不醉人人自醉，山不迷人人自迷。」鬼斧神工的幽幽深谷，亂中有序的層巒疊翠，出現在「晴耕雨讀，各安天命。」的後世文人山水畫中，不管是「千岩萬壑不辭勞，遠看方知出處高。」或者是「溪潤豈能留得住，終歸大海作波濤。」或者是「山中何所有？嶺上多白雲，只堪自怡悅，不堪持贈君。」那些沁人心脾的縹緲山嵐，表現出來的虛無縹緲，何異乎天上人間？中國地大物博，各地出人意表的山水風光，往往令觀者像李白一樣「兩岸猿聲留不住，輕舟已過萬重山。」若再加上「古人不見今時月，今月卻曾照古人。」山、水、月、石、雲、嵐，這些如夢似幻，似假還真，美不勝收的景色，在文人畫家筆下，元素不多，組合卻變化萬千，或是繪成氣勢磅礴，嘆爲觀止；或雄

---

55 見龔鵬程編著：《美學在台灣的發展》（嘉義：南華管理學院，民國 87 年），頁 21-24。

渾挺拔，氣貫長虹；或古拙厚實，巧奪天工；或孤峰高聳，渾然天成，無不匠心獨運，別出機杼，而繪畫，特別是中國山水畫，會成爲國人嚴肅珍藏寶愛的對象，讓人如醉如痴，目眩神迷，其理由也盡在於此 —— 這些從如詩如畫的景色所畫成的畫作，無一不是詩人、畫家心靈軌跡的點滴紀錄。中國繪畫中，又以文人水墨畫最能體現中國繪畫的特點，結合詩書畫的文人水墨畫在技法、意象和風格等方面，成爲中國畫的獨特畫種，肇始於唐代王維，集大成於宋元，盛極於明清，至今，仍是中國畫的主要形式，簡稱文人畫、士夫畫的文人水墨畫，是指文人、士大夫的繪畫，極端注重雅俗分際，遂以有別於民間藝人和宮廷畫師之作。

傳　王維〈江山雪霽圖〉左半↓

第三章　王維生平事略

　　唐朝好不容易弭平各路煙塵，繼短暫傳國 39 年的隋朝之後統一天下，唐太宗李世民從兩個宗族的混血家庭出身，親身體驗到異民族、異文化間互相包容的重要，因此對「非我族類」的異族文化也不會加以排斥，社會上自然「上行下效」，文化開放、兼容並蓄，國家統一、強盛以及社會經濟繁榮，「海內承平，四裔賓服。」面對各種文化，締造「貞觀之治」的太平盛世，到了他的曾孫唐玄宗早期也奮力自強，又有二十九年「開元之治」的盛世。

　　唐朝人民充滿自信，表現出「泱泱大海容百川」的寬容胸襟，讓這些多元文化，很自然的在中國這廣闊的空間裡面融合，創造出更輝煌多元在中國歷史上號稱「黃金時期」的大唐文化，使唐朝周邊的其他國家不但「心嚮往之」，萬方朝拜，勝國衣冠拜冕旒，還特意派遣使者留連中國多年，加以學習模仿，甚至文物典章制度、都市建設都照單全盤搬回祖國，中國順理成章成為東亞第一大國，雄踞中古世界歷史的舞臺。

　　佛教就是從印度傳到中國來，在中國融合後，再以新面目出現的最佳例證，發源於印度自漢代傳入中國的佛教，歷經佛經的翻譯以及融合中國傳統的儒道兩家思想，五六百年的逐漸轉型，在唐朝蓬勃發展，之後成為中國人的新宗教，並且還出現許多支派，如：天臺宗、華嚴宗、禪宗、淨土宗等，其中尤其以「直指人心，見性成佛，不立文字。」的禪宗最受中國讀書人歡迎。

不管是文學或書法、藝術，每個時代都有各自有別的喜好風尚，
每個時期有每個時期擅長的體裁，藝術的觀點與看法也不會代代
相同，陳陳相因，正如《文心雕龍‧通變》所謂：

> 凡詩、賦、書、記，名理相因，此有常之體也；文辭氣力，
> 通變則久，此無方之數也。名理有常，體必資於故實，通
> 變無方，數必酌于新聲：故能逞無窮之路，引不竭之泉。[1]

必需有所通古變今，大家努力在前人已有的基礎上面，發揮一己
的聰明才智去創新，文學、藝術才能有美好的發展，而非一味泥
古。漢賦、六朝駢文、唐詩、宋詞、元曲、明清小說各擅勝場；
商周甲骨文、鐘鼎文、秦篆、漢隸、唐楷、宋以降的行草；書畫
又何嘗不是如此，「院體畫」與「文人畫」被人稱為南北兩宗，自
從明末莫是龍、董其昌提出此南北兩宗的對立關係之後，儘管後
人對此種說法頗有意見，歷代爭論不斷，但是此後各家述及畫史
者，莫不依循如此主張。

　　文學的長河流到唐朝，它是歷史上以詩歌特別繁榮而著稱的
時代，因為唐朝科舉考試以詩賦錄取進士，再加上帝王的投入喜
好，名家輩出，韓國人柳晟俊多年研究王維，頗有心得，在其《王
維詩研究》前言中說得鏗鏘有力：

> 唐詩冠冕百代，富矣盛矣。唐詩融儒道佛於一爐，故能稱
> 其富；匯南北文學於一統，故能稱其盛。

由於多方面的水到渠成，造就詩壇盛況，詩在中國文學的國度中，
原本就是一闕閎麗壯偉的瓊樓玉宇，唐代更創造了古體詩、近體
詩蓬勃盛發、軒翥高飛的傲然成就。上自皇帝嬪妃，下至販夫走
卒，幾乎人人都是寫詩能手，「登高懷古，莫不有歌；杯觴之間，

---

1 見（梁）劉勰著，王師更生注譯：《文心雕龍讀本》（臺北：文史哲出版社，
　民國 88 年初版七刷，下篇，頁 49。

莫不有作。」[2]幾乎任何事情無不可以詩說之，唐朝詩歌的卓越成就確實是備極絢爛，從初唐、盛唐、中唐、晚唐，江山代有才人出，如奇花異葩，畢羅瑤圃，百品騈珍，蔚為大觀，各領風騷數十年。

唐朝有許多著名詩人，像初唐陳子昂、盛唐孟浩然、「詩聖」杜甫、「詩仙」李白、「詩家夫子」王昌齡、中唐「白話詩人」白居易、「怪誕派」韓愈、「詩鬼」李賀、晚唐唯美派李商隱、杜牧等都在詩歌園地裡面大放異彩，因獨特的思想境界及詩歌風格而擁有詩佛、詩仙、詩聖（史）之稱的王維、李白、杜甫，以及在盛唐最具隱逸特質的孟浩然等代表性詩人，每個人都寫了許多值得背誦、留芳千古的好詩，各擁有一片天，盛唐山水詩為盛唐詩人主要創作題材，其淵源流變、審美趣味與興會寄託，具有反映盛唐文化思想及士人生命價值導向，不但存在著深厚的自然審美情趣，並如實的呈現歷來士人卷而懷之、安頓身心的共同趨向。

但是寫得一手好詩，同時又畫得一手絕妙水墨渲染的好畫，山水、人物均有變化無窮的筆墨趣味，而且還是位著名的大音樂家，並能出入宗教，將禪學的哲思體證摻揉融合詩學的美感經驗，綻開盛唐另一朵詩壇奇葩──禪詩，四者兼具而且能夠集其大成的人物，整個唐朝傳國287年，除了「詩佛」王維之外，恐怕再也找不出第二個這樣冠絕群倫的奇才了。王維承襲顧愷之、宗炳、王微、展子虔、李思訓、吳道子一路發展下來的山水畫思潮，他又承襲中國文人傳統的立身處世哲學基礎，主要是出自先秦時代以孔孟為代表的「儒家思想」和以老莊為代表的「道家思想」；魏晉以後又吸收印度東傳的佛教當中某些思想；三家基本上不太相

---

2 見柳晟俊著：《王維詩研究》，（臺北：黎明文化事業股份有限公司　民國76年7月），頁1。

同的儒、釋、道思想居然能在一段時間整合後，和諧地包容共存。

　　王維草蛇伏線，吸收相距三百年前顧愷之三家合一的先進思想，兼容並蓄儒釋道思想，之後，到宋朝，周敦頤才正式高舉三家思想合一的「理學」大纛，此後一千年，在「鳶飛戾天」發達無比時，文人往往以儒家「修身、齊家、治國、平天下」理念為人生唯一訴求，身為臣民則希望能夠像杜甫「致君堯舜上，再使風俗淳。」採取積極進取的入世態度；在戰亂頻仍「龍游淺水遭蝦戲，虎落平原被犬欺」時，文人往往以道家的「融於自然，物我渾成，以求得精神自由」作為人生目標，採取超然出世的生活態度；在面臨很多人生悲歡離合谷底的痛苦時段，文人則採取佛家「歡喜做，甘願受。」作為平安度過難關的唯一法寶，這些琴棋書畫等文人情趣在發達時，或許只是一種「精神的調味品，生活的點綴材」；但在日暮途窮、潦倒度日時，卻往往成為「生活的目的，精神的故鄉。」尼采曾說：「參透『為何』才能迎接任何。」又說「懂得為何而活的人，幾乎『任何』痛苦都可以忍受。」這是王維對後世中國文人處世態度、身體力行的極大貢獻，在青綠山水畫蓬勃發展之際，卻因個人的種種因緣際會，首創簡遠蕭散的破墨山水，因為不像青綠或金碧山水，足以展現富厚大唐的壯盛國風，認同者有限，孤寂了兩、三百年，從王維首創破墨，提出「水墨為上」的傑出主張，後人宗之，遂形成聲勢驚人的水墨畫，歷經中晚唐局勢動盪不安，大唐國勢大不如前，金碧、青綠山河褪色蒙塵，黑灰白為主的水墨畫遂逐漸獲得畫家認同，越看越覺此中氤氳，佳趣實多，給中國繪畫帶來的各方面影響都很大，從唐末五代一直到宋初，除了舊派的職業畫家以外，很多畫家都否定漢魏六朝以來所極重視的線描法，由晚唐起，水墨就提供了新的描寫方式，足見「獨木難撐大廈」，任何事物都不可能一人改

變全局，不僅使中國繪畫的外型更加豐美，且給寫意的表現方法以最適當的安排，使以後的中國繪畫形式完全改觀。中國藝術的不同門類之間，往往互相影響，互相滲透，中國的園林藝術，跟山水畫、山水詩同步發展，千餘年來，水墨畫在中國繪畫史上一直佔有相當重要的地位，在獨具特色的中國繪畫史裡，又以文人水墨畫最能體現中國繪畫的特殊風格。文人水墨畫在技法、意象和風格方面均有自己的特點與堅持，成為中國畫中的獨特畫種。那時的畫家已經不再重視表面形式之美，不再只是把自然原封不動畫到畫布上，而是要求把自然美化、理想化後再予以重現，進而來追求映射在心中的理想美。

第一節　摩詰生平論敘精

　　王維字摩詰，「維摩詰」是梵語「Vimalakirit」的譯音，維摩詰本是佛在世時的一個大弟子，著有《維摩詰經》，王維把維摩詰截成兩節，作為名與字，是以維摩詰自況，本身就深含禪機。唐朝太原祁（今山西祁縣）人，後遷蒲州，西元 701 年生，761 年卒，享年 61 歲，是盛唐集詩人、畫家、音樂家三者盛名於一身的著名人物。出身平凡的仕宦之家，早慧的他由於父親早逝，所以思想、行為都很早熟，青年時便想光宗耀祖、忠孝傳家，汲汲營營，追求立功、立德、立言三不朽，「少年十五二十時」準備貢獻國家社會，任俠豪爽，玄宗開元九年，進京考上進士，授官太樂丞。

　　王維剛成人就展露他的詩文音樂才華，深得歧王李範等諸王器重，多才多藝而受知於上流社會，詩名盛於開元、天寶年間，

詩格高妙，得氣之清，若清風朗月，又似出水蓮荷，無論五七言古風、律體、絕句，無不臻上乘境界，對於水墨書畫，更是獨具慧心，秀麗清淡，空靈幽絕。「學而優則仕」原是積極進取的儒家思想表現，王維也深自期許一路順遂；無奈事與願違，仕宦過程並不順利，歷經任官、貶官、辭官、復官的種種衝激滌盪，開元二十八年，摩詰四十歲，任殿中侍御史知南選，營終南山別墅，結識南禪宗領袖神會，當面探討禪修之道，激起禪慧火花，受邀寫〈能禪師碑銘〉，成禪宗千古大事，此後詩作由「佛理詩」脫化爲「禪意詩」，對功名利祿逐漸不予關心，嚮往道家養性全真和佛家的出世觀念，天寶間得宋之問（651-656～711/712）別墅，成《輞川集》。

　　天寶十四年，安祿山造反，長安一片混亂，王維也被賊兵俘虜，不得已又陷官，他服藥下痢，假稱瘖病被囚，苟且偷生於安祿山旗下，幸虧有〈凝碧池〉[3]詩傳到行在，顯現他的忍辱負重心情，更表露他對朝廷的忠誠，輿論對他也深表同情，使他後來免受處分，子夏曰：「大德不踰閑，小德出入可也。」[4]但此事賊之事，實在關乎大節，王維終身難以獲得心靈的平靜，第二年，肅宗即位，王維再復官，官拜尚書右丞，但是陷官時期他所受的心身煎熬苦痛，真是一言難盡，這些艱苦淬煉，給王維內心深處留下很深的烙印。

　　晚年他一直活在深深的追悔當中，幼年喪父，中年喪妻、晚年無子，人生三大痛苦他無一倖免，艱苦備嚐，再加上仕途蹭蹬，

3　詩云：「萬戶傷心生野煙，百官何日再朝天？秋槐葉落空宮裡，凝碧池頭奏管弦。」
4　見《論語》子張篇（魏）何晏等注（宋）邢昺疏（臺北：藝文印書館《十三經注疏本》影清嘉慶二十年（1815）阮元校刊本　民國 91 年 12 月初版 14 刷），頁 172。

接踵而來的這些無情打擊，讓他晚年一再說到：「一生幾許傷心事，不向空門何處銷。」、「晚年唯好靜，萬事不關心。」然而危機就是轉機，「窮而後工」這個千古不易的名訓，畢竟也讓王維留下許多傳世不朽的作品，得到身後功名，在儒家強調的「立德、立功、立言。」三不朽裡，立德、立功他大概都沾不上邊，他該算是達到立言不朽了！

一、靈秀早鍾傑構多

在我們的周遭有人好像樣樣精通，甚麼事情都難不倒他，王維就是這種天才。王維很早熟，九歲時就會寫詩、做文章，由於十餘歲喪父的關係，讓他早熟早慧，少年時期的作品就已非常出色當行，十五歲就寫出思想成熟得令人驚訝的〈過秦皇墓〉；十七歲寫出句句有出典的諷詠詩〈洛陽女兒行〉；以及看似自然，其實陶鑄不易的〈九月九日憶山東兄弟〉，當中的經典名句「每逢佳節倍思親」以「倍」字為詩眼，千餘年來不知賺了多少異鄉遊子的眼淚；十八歲的他，用多達三十二韻六十四句的排律，寫〈哭祖六自虛〉以逞才華；十九歲時，改作陶淵明的〈桃花源記〉成〈桃源行〉，這可能是距離數百年的後世詩人第一篇和陶之作[5]，放眼中國詩歌史，恐怕尚無第二人當「少年十五二十時」，就能夠有如此早慧成熟而且耀眼的成就。[6]他寫邊塞詩的傑作多為七言古詩，而成為邊塞派的代表；又是田園詩的頂尖代表人物，田園詩精品多為五言律詩，和孟浩然合稱王孟；至於禪詩，更是古今獨步，又被稱為「詩佛」。廣為流傳的佳作有許多是五絕：短短二十個字，

5　見方師祖燊：《陶潛詩箋注校證論評》，有王維、劉禹錫、韓愈、王安石等人均曾擬作桃花源詩（臺北：蘭臺書局，1971 年），頁 200。
6　見皮師述民：《王維探論》（臺北：聯經出版社，民國 88 年初版），頁 41-58。

說出千百年來人們總說不盡的思緒、情懷和哲理，比較有名的有
〈鹿柴〉、〈竹里館〉、〈山中〉、〈相思〉及〈雜詩（其二）〉等。他
精於繪畫，善寫破墨山水及松石，亦擅人物、肖像、叢竹等，其
筆力雄壯，率先使用皴法和渲暈，佈置縱深，尤工平遠，後人推
爲「南宗之祖」，又被尊爲「文人畫四大家之首」，所繪〈輞川圖〉，
山谷鬱鬱盤盤，雲水飛動。

　　玄宗開元九年，年方二十一歲，王維便高中進士，開始在朝
爲官，受到號稱「梨園祖師爺」的唐玄宗特別賞識，擔任太樂丞，
不久卻因爲玄宗欲排斥打擊他的兄弟齊王李范、寧王李憲和薛王
李業，王維又和三王關係密切，所以遭到池魚之殃，爲了伶人「私
舞黃獅子」事件，成爲最高統治集團勾心鬥角、權力鬥爭的犧牲
品，他出貶爲濟州司倉參軍五年，飽嚐生活艱辛和世態炎涼，情
緒趨於消沈，曾經隱居嵩山或賦閒，直到開元二十二年（西元七
三四年），得宰相張九齡引薦，提拔召回長安，擢任右拾遺，從八
品上，三十三歲，又激起他對政治的熱情。

　　好景不長，兩年後，張九齡即罷相，由奸相李林甫掌相位，
這個唐朝政治的大變動，是唐朝由盛轉衰的關鍵，也是王維一生
的分界線，他被視爲張九齡的人馬而備受排擠，再加上他詩文畫
作均名聞遐邇，隨時都擔心會遭到口蜜腹劍的李林甫暗算，目睹
朝廷小人當道、奸邪專橫、政治腐敗，內心非常不滿，不願同流
合污，又不敢公然決裂，他於是採取亦官亦隱、全身避禍的生活
方式，寫作不少田園詩、山水詩佳作，且加以融合，山水中有田
園，田園中有山水，成爲一派宗師。逐漸走上明哲保身、遠禍自
全的道路，思想也日趨消極，清朝徐增《徐而庵詩話》說他「字
字精微」，不僅是「以仙入詩，以禪入詩。」還能夠「詩中有畫，
畫中有詩。」《舊唐書》〈本傳〉說他經常住在終南山的藍田輞川

別墅，與好友裴迪、崔興宗等人「浮舟往來，彈琴賦詩，嘯吟終日。」還與孟浩然、李頎、綦毋潛、王昌齡、盧象、儲光羲、祖詠、丘為、殷遙、張諲唱和，官位最高到尚書右丞，故後人稱為「王右丞」。

馬積高與黃鈞主編的《中國古代文學史》一書對王維雖然不乏好評，但是有些話又沒有經過圓融的考慮，講得相當刺耳，完全沒有設身處地為對方想過：

> **王維是中國封建社會既清高又軟弱的士大夫典型。他不屑與李林甫同流，卻又不敢鬥爭；不願投降安祿山，卻又只能服藥裝病。他生活在盛唐「安史之亂」前後時代，既沒有李白那種叛逆精神，也缺乏杜甫那種憂國憂民的襟懷。[7]**

這樣講王維實在比較殘酷，又有些偏激，因為王維十餘歲時，父親早逝，身為長兄的他，肩上有必須引導四位年幼弟妹的家庭重任，他不能沒有絲毫牽掛的盡情叛逆，自幼受母親吃齋唸佛的影響，他生性也比較消極。

王維本身又不像蘇東坡那樣有個性，東坡自幼就有意想要效法東漢黨錮之禍的聞人范滂，才考中進士當官，年輕氣盛的他便立即高舉著改革派的大纛，一生從沒向權貴低頭；王維也沒有像李白那樣公然叛逆的勇氣，更沒有杜甫那樣憂國憂民的襟懷，他只能做到明哲保身，且若不是王維一向潔身自好，厭惡官場黑暗，在人矮簷下，又哪裡能夠不低頭，若是不知明哲保身，只有玉石俱焚，那對他個人、對整個家庭、對整個歷史又有何好處？哪裡能夠使他的山水田園詩、畫具有一些積極的內容而開創南宗畫派千古不朽呢？蘇東坡與王維是兩個截然不同的個性，表現的處事

7　見馬積高、黃鈞主編：《中國古代文學史2》（臺北：萬卷樓圖書出版公司，民國87年），頁68。

態度完全不同，文人畫史成立的兩位關鍵人物，本文暫不深入探討，以待來年。

二、命運坎坷修道早

　　命運坎坷的王維生平最大的轉捩點，是 30 歲時遭逢的喪妻之慟，此後三十多年歲月他都未曾再娶，孝順的王維一直跟著母親崔老太夫人相依爲命，直到五十歲母親去世，「柴毀骨立，殆不勝喪。」他始終過著亦官亦隱的居士生活，先有「終南別業」，後有「藍田輞川」，竹林花塢，景色秀雅，在輞水環抱中。他不再像年輕時那樣汲汲營營於功名利祿，和很多以道教爲國教的唐朝人士一樣，他一生不忘修道，可說是「佛道雙修」。

　　生老病死的痛苦和折磨是啓發和促進力：有時中夜獨坐冥思，想到雙鬢漸白、不復轉青，縱有黃金萬兩也無可奈何，不免悲從中來，終於悟到只有學道，跳出輪迴才有希望。有時回顧自己好像不久前還是紅光滿面的青年，現在牙壞色衰，一下子白髮就爬上頭頂；不僅如此，一生中經歷的傷情往事也都一齊湧上心頭，身心的雙重煎熬，除了佛門勤修，又到哪裏去解除得了啊！[8]王維從二十六歲下半年開始辭官隱居嵩山修道，到二十九歲，賦閒長安、洛陽一帶，頭尾十年，直到三十六歲，他才再列朝班，這段時間他隱居畫圖，因應市場需求，應該也是維生方法，他當然先畫些青綠濃豔的景色以投市場所好，但因隱居山中，才有可能日日面對山水風霜雨雪陰晴寒暑變化，對於山中景色才有深入的真切認知，他經常登山拜寺、求道問禪，有時沿著羊腸險道，

8　見趙殿成箋註：《王右丞集箋註》（臺北：河洛圖書出版社　民國 64 年）〈秋夜獨坐〉：「獨坐悲雙鬢，…白髮終難變，……欲知除老病，唯有學無生。」頁 26。〈嘆白髮〉：「宿昔朱顏成暮齒，須臾白髮變垂髫。一生幾許傷心事，不向空門何處銷。」頁 267。

曲折盤旋地向上攀登，奇峰指天、頭上怪石搖搖欲墜；瀑布鳴泉
吼聲如雷、噴湧而出；與山中禪師同行會碰到撿栗子的猴子，回
家時與松間築巢的仙鶴打個照面；走過的小橋是將就倒下的大樹
架成的，住處的柵欄就用大樹上垂下的籐蔓隨手拴起來就成了；
回得家來，石門一閉，安心打坐，等到下次再開石門一看，門外
的青草又長好深了！有時攀到很高的山上，在深深的竹林後面是
居住的石洞，晚上萬籟俱寂，聽到遙遠的山泉淙淙的流水；從下
面看，這裏已是高入雲霞的地方，而自己現在卻在這裏枕席安眠，
這真讓人覺得暫時留宿實在不能滿足，而想要從今後永遠駐留此
地，有時遊到一些山寺，猛虎會和人友好相處，猴子能學人打坐
參禪，這時真能讓人感到佛國在眼前，人世變得遙遠而漂渺，並
對自己官場生活感到自慚，希望終身在這裏研修佛理。[9]真正隱居
山中之後，王維開始認真考慮，如何表現山水在雲霧縹緲時候的
真實感，那些雨霧迷濛的景象無法用青綠表達，這才覺悟開始減
色繪圖，淡淡敷彩，天天面對青山綠水、朝暉夕陰，顏色變化萬
千，起初他還祇是偶一為之，畫水墨表達風雨陰晦時的雨霧濛濛
意態，但技巧並未真正成熟，等到他鍾愛的妻子過世之後，居喪
期間，不管是當時禮俗或者他的心情，他都無法像過去一樣，拿
起綺麗的泥金、石青、石綠在畫紙上塗抹，心情跌落谷底的畫家，
僅能用水墨黑白來畫出他的折翼悲痛，畫出他心中的無限哀苦，

---

9 同注 8，趙殿成箋註：《王右丞集箋註》〈燕子龕禪師〉：「山中燕子龕，路劇
　羊腸惡。裂地競盤屈，插天多峭□。瀑泉吼而噴，怪石看欲落。⋯行隨拾栗
　猿，歸對巢松鶴。⋯橋因倒樹架，柵值垂籐縛。⋯一向石門裏，任君春草深。」
　頁 81。
　　〈投道一師蘭若宿〉：「一公樓太白，高頂出風煙。⋯畫涉松路盡，暮投蘭若
　邊。洞房隱深竹，清夜聞遙泉。向是雲霞裏，今成枕席前。豈唯暫留宿，服
　事將窮年。」頁 210。
　　〈遊悟真寺〉：「⋯猛虎同三徑，愁猿學四禪。⋯梵宇聊憑視，王城遂渺然。⋯
　薄宦慚屍素，終身擬尚玄。⋯」頁 229。

畫完水墨黑白的圖畫以後，他的哀痛逾恆心情，完全投射到圖畫形象的黑白濃淡乾濕當中，境由心生，境亦由心改，心情竟然逐漸在水墨揮灑之後獲得舒坦平復，他也開始欣賞黑白的人生和黑白的畫作，就這樣竟讓他日漸熟練用筆使墨的輕重、濃淡、虛實、緩急，久而久之，竟然逐漸讓他另闢蹊徑。

摩詰四十歲以後，長齋不衣文綵，每天退朝，便在家中焚香獨坐，以誦禪、修道為事，詩作內容亦完全變更改觀，多半描寫景色平實的山水風光和恬靜安逸的田園生活，意境高妙，清麗脫俗，圖畫當然也就僅只水墨而已，不再濃豔丹青為采，頂多淡淡赭石塗抹罷了，他的畫開創水墨山水之始，詩畫配合，充分表達他的閒淡和高逸的詩境，塑景非常優美，造成盛唐自然詩、山水畫結合的特色，寫下許多膾炙人口、詩情畫意的詩篇，就連小孩子都能琅琅上口，意象美，境界高，很有禪意、禪趣、道味、仙息，也不乏禪境、禪典、禪跡，後人尊稱他為「詩佛」，因為他對修道、參禪的用心盡力，人們忽視在尋求「立德、立功、立言」的三不朽上面，其實儒家思想一直根深柢固，終其一生，對王維都有相當深廣的影響。

此外，他精通駢文、精通音律、擅長琵琶，隸書、篆字均名重一時，在佛、道修養各方面，他都有出類拔萃的成就，可說是詩、文、書、畫、樂、理多方面通才，提到王維，大家的第一印象，都是停留在蘇東坡批評他的那句話：「詩中有畫，畫中有詩。」他詩中有畫的句子真是多得不勝枚舉，畫中有詩最有名的當推〈輞川圖〉；沒想到他還「詩中有仙，詩中有禪」呢！《史鑑類編》形容王維詩作的話說得很好：

> 王維之作，如上林春曉，芳樹微烘，百囀流鶯，宮商迭奏，
> 黃山紫塞，漢館秦宮，芊綿偉麗于氳氳杳渺之間，真所謂

　　有聲畫也，非妙于丹青者，其孰能之。[10]

他的看法寫得富麗堂皇，就是說王維不只是詩的內容豐富，且富有音樂性，是符合郭熙所說的有聲之畫，若非擅長繪畫的高手，難以寫出這樣的詩作。在我國詩歌史上，王維確實是被定位為自然詩派的一代宗師，因他融合山水與田園，且他更以禪喻詩「詩中有禪，禪中有詩。」給自然詩開創嶄新的境界，實在難得，連向被六朝人士忽略而被蘇東坡說是「質而實綺，癯而實腴。」的陶淵明，也是直到王維兩度改寫〈桃源行〉，才第一次有人在歷史上加以唱和肯定，耀眼寶玉蒙塵數百年，遇到王維這位知音，終於重新展現奪目光芒，重新被世人發覺他的詩文價值；就像梵谷的繪畫作品，直到他死後才被世人加以珍惜，同樣都是令人欷噓慨嘆。

〈伏生授經圖〉↓

　　唐朝以前，中國繪畫不管一般佛畫或人物肖像畫，幾乎全都受到儒家忠孝節義、大一統思想支配，為了配合政教措施而繪畫，

10 同注 8，趙殿成箋註：《王右丞集箋註》，頁 511。

每個人物均中規中矩、一板一眼、不苟言笑，詩意圖以詩歌爲繪畫的表現題材及內容，等到純文學性的詩歌創作風氣轉盛之後，王維不光畫人物，《中興館閣目錄》裡著錄王維畫的〈伏生授經圖〉，此圖如今流落日本大阪美術館）；他還畫佛像，很多後代人物畫家喜歡模仿王維畫〈維摩詰講經聽法圖〉；他也畫許多山水畫，當時王維的水墨山水畫應當還未能立即受到畫壇的絕對肯定，不過王維爲藝術而創作的這個總體方向，對後世詩歌的追求沖淡、靈動、神韻等種種詩畫理論都產生了巨大的影響，無論是「隨類賦彩」，還是「以墨示色」，王維都能藉助於色彩這一繪畫的基本要素創造出「寧靜空明」、「形意相融」的意境，而且還展現出受到禪學浸潤的蛛絲馬跡，有如水墨渲染，自然隨化，卻毫無矯揉造作之勢，卻能傳自然之神韻，抒詩人之襟懷，這也是王維詩歌表達禪意的一個主要特徵[11]。

　　但是他當時也和陶淵明在世時一樣，鶴立雞群、與眾不同的新畫風、新格調，並不見得能夠立刻讓看慣「青綠山水」的社會大眾接受，當時評價與吳道子、李思訓、李昭道父子還不能相提並論，摩詰的畫在中國唐代畫壇是孤孤單單，偶然有點稀稀落落的掌聲，踽踽獨行，走了數百年，直到北宋晚期，經過蘇軾、黃庭堅、李公麟、米芾等人的提倡與肯定，水墨山水才開花結果，受人稱揚。

　　中國繪畫自宋以降，畫上常題有詩文並鈐印，畫上題跋風氣至元明大盛，畫家不但自己寫詩題字，許多元明清畫蹟歷經當時以及後世經手收藏家賞玩收藏與題識印鑑，畫幅上便佈滿了文字與各種流傳有緒的印章，因此今人對於古畫的印象便不只是畫景

---

11 見陳振盛著：《王維的禪意世界》（中國文化大學史學研究所博士論文　民國 93 年），頁 249。

而已，畫上的詩文印章往往也是畫面構成的重要元素；宋末元初，以水墨山水、題詩、鈐印、四君子爲主要內容的文人畫才逐漸取得畫壇上的優勢。

舉世公認中國繪畫精神的最高表現是「山水」，像何良俊所言「畫山水則古不如今。」認爲中國古代的人物畫因爲有背景、有故事、有內涵，內容富厚的歷史性或故事性，畫得比後代好，因古人畫人物畫時，往往有意義可深入探討，後來人畫的人物畫則忽略這點，常祇是畫單純人物而已，少掉許多可讀性，人物畫不再讀得出內涵，自然就失掉許多活潑的生命力；而山水畫卻是隋唐才獨立，當然有許多路可走，北宋畫家因此有許多開拓空間，加上畫家往往將原來畫人物畫注意的故事性、歷史性畫入山水畫中，而讓人物與故事配合山水景色成爲點景內容。後代越畫越進步，皴法種類越來越多，技巧越來越成熟，後出轉精，宋代山水畫比起王維那種首度創造，技巧正在開發的時代當然進步許多，何良俊這種見解確實很有見地。

王維傳世最有名的山水畫是配合二十首《輞川集》的〈輞川圖〉，爲二十幅可以各自依詩獨立，卻一氣呵成連在一起，僅以寨柵、山水分隔景色、遠離塵世、超然物外的風景畫，看了令人有清新脫俗之感，後世公認是他開創了我國的文人山水畫派，也就是後來明朝末年董其昌所謂南宗的開山祖師爺、第一大家，後人尊稱他爲「南宗山水畫的鼻祖」，是山水畫中水墨渲淡技法的首創者，他開創了破墨山水畫的新途徑，他更是文人畫四大家──王維、蘇東坡、趙孟頫、董其昌──之首，這四大家各領風騷兩、三百年。

《孟子‧公孫丑下》上有說：「五百年必有王者興，其間必

有名世者。」[12]孟子此語置諸文人畫界，看來似乎需要對時間五百年與兩三百年加以稍作修正才算正確，「畫」與「詩」就像眼與心一樣，畫是心眼，詩是性靈的喊叫，[13]邱師燮友對王維的詩與畫講得非常好：

> 王維將繪畫的技巧移置於詩中，不論塑景造境，經營位置，
> 設色對比，都能使詩中充滿了詩趣和畫趣。[14]

由於王維一向詩書畫均擅長用清雅詞語營造明淡境界，卻與大自然密合，極具慧心巧思，詩畫技巧配合，自然特別獨到高明，而無斧斤痕跡，讀來清新可人，歷史上一向受人讚譽不絕。

第二節　生平事蹟多傳奇

在清人趙殿成《王右丞集箋註》卷末附錄裡面對王維生平諸多記載，其中不乏神奇可稱傳奇者，劉昫在《舊唐書》〈本傳〉說：

> 維尤長五言詩，書畫特臻其妙，筆蹤措思，參於造化，而
> 創意經圖，即有所缺，如山水平遠，雲峰石色，絕迹天機，
> 非繪者之所及也。[15]

《舊唐書》都肯定他的畫作能畫出山水的平遠，且《舊唐書》還說其「雲峰石色，絕迹天機，非繪者之所及也。」至宋朝人士都對於王維的詩書畫非常推崇，認為其畫中境界是為專業畫工所不

---

12 見《十三經註疏·孟子》（臺北：藝文印書館，民國 91 年），頁 85。
13 見崔炳植著：《中韓南宗繪畫之研究》（臺北：文史哲出版社　民國 71 年版），頁 72。
14 見邱師燮友、皮師述民、左師松超等八人合著：《中國文學史初稿》，（臺北：萬卷樓圖書股份有限公司，民國 91 年出版），頁 499。
15 見後晉·劉昫撰：《二十五史·舊唐書》臺北：新文豐出版股份有限公司，民國 64 年），頁 2159。

及,《舊唐書》〈本傳〉中還記錄他神乎其技的一面:

> 人有得〈奏樂圖〉,不知其名,維視之曰:「霓裳第三疊第
> 一拍也。」好事者集樂工按之,一無差,咸服其精思。

宋祁在《新唐書》〈本傳〉裡面的記載亦相差不多,趙殿成在其後還特別有按語,說《國史補》、《圖畫見聞志》兩書也都記載此事,只有沈括的《夢溪筆談》持有不同看法,如今因為去古太遠,超過千年,除非有新出土之物證,否則無從確實考證,只能存疑。[16]

趙殿成《王右丞集箋註》卷末附錄裡面載有〈遺事〉計二十六則,第一則就是《太平廣記》取自薛用弱《集異記》很著名的一則記載:王維十九歲入京應舉,中解頭,中記載王維託歧王見太平公主彈一闋〈鬱輪袍〉,得公主舉薦試官,舉為解頭,其實此事應純屬虛構,開元元年,王維當年年方十三,身為唐玄宗姑媽的太平公主已在殘酷的皇室權力鬥爭當中,因為強欲重溫乃母武則天的女皇帝美夢,謀廢玄宗,事敗被誅而犧牲性命,何來舉薦得中解頭一事,再說十三歲童子未免太過年幼,縱令是小時了了的天才神童,恐怕也不符合考場規矩,除了彰顯王維當時以詩文、音律、琵琶確實名滿京城,薛用弱《集異記》說得未免錯得太離譜,但影響後人對王維的人格了解錯誤,其影響之巨實不容忽視。

王維因為父親早逝,家貧關係,兄弟情深,來京做官,兄弟不分,還是同住一個院落,身居微官,俸祿不足以餬口,多少會想些辦法多賺一點外快,古人注重死後的墓誌銘,整個社會屬於農業社會,偏又識字無多,往往必需找人潤筆代寫,王維兄弟均以善書見稱,王維善書會畫,《唐朝名畫錄》上有云:「兄弟並以科名文學冠絕當時,故時稱『朝廷左相筆,天下右丞詩』。」[17]但

16　同注 8,趙殿成箋註:《王右丞集箋註》,頁 495-498。
17　同注 8,趙殿成箋註:《王右丞集箋註》,頁 501。

書畫藝術品不能當飯吃,非日常生活必需品,少有人上門光顧;弟弟王縉好替人作碑銘,這是當時面子必需品,較有市場需求,得豐厚潤筆以改善家計,《盧氏雜記》上面記載說:

> 王縉好與人作碑銘,有送潤毫者,誤叩其兄門,維曰:「大作家在那邊。」

足見當時王縉確實寫了不少賺潤筆費的碑銘,否則同住一個院落的兄長絕不會那樣消遣他。趙殿成還惋惜說:

> 《藝苑卮言》稱兄弟善者,亦數王維、王縉,乃世徒美其畫,而不及其書,湮沒無傳,惜哉![18]

王維書法、繪畫二者俱長,可惜書法未能流傳,畫作倒有許多署名王維的作品,在明朝朱景玄《唐朝名畫錄》上則有:

> 復畫〈輞川圖〉,山谷盤鬱,雲飛水動,意出塵外,怪生筆端,常自題詩云:「宿世謬詞客,前身應畫師。」其自負也如此。

「山谷盤鬱,雲飛水動,意出塵外,怪生筆端。」這十六字確為的評,王維所畫多幅〈輞川圖〉,到明朝時或許仍可見其真正蹤跡,朱景玄才會說其畫給人如斯感覺,則可想見其不凡。

　　《丹青記》、《瑯嬛記》有:「王維為岐王畫一大石,信筆塗抹,自有天然之致,王寶之。時累暝間獨坐注視,作山中想,悠然有餘趣。」因王爺比普通人容易覬覦王位,其實更容易被軟禁,沒有活動自由,只能閒坐家中想山中,觀石得山中之趣。

　　後來風雨侵襲,風雨中,此石竟然破圖凌空飛去,落到高麗(今韓國)境內,憲宗朝,高麗使者奉獻一塊風雨中飛來下有王

---

18 箋註同注8,趙殿成:《王右丞集箋註》,頁501。

維印的奇石，「上命羣臣以維手蹟較之，無毫髮差謬，上始知維畫神妙。」十分荒誕。

姑不論此事是真是假，但可證明王維善畫能詩之名，早已傳遍中外，如白居易的詩一般，價重雞林，名聞遐邇。

一、邊塞英風傲千古

王維的詩內容豐富，能夠成爲名揚千古的大詩人絕非偶然，因爲長期在朝，他不斷創作各體及各種風格詩作，很多詩還必須寫得冠冕堂皇才合乎身份，他的詩歌題材廣泛，形式、風格豐富多樣，有多方面的藝術成就，田園、山水、邊塞從軍、豪俠少年、閨中婦女、親友情誼等他都有傑出作品，而以山水詩最突出，影響後人也最大，他從《楚辭》、樂府、陶淵明、謝靈運等古代優秀作家作品裡面汲取了許多豐富營養，他又推陳出新，發展變化成就了許多嶄新風貌，顧起經《題王右丞詩箋小引》裡面說道：

> 語盛唐者，唯高、王、岑、孟四家爲最，語四家者，唯右
> 丞爲最，其爲詩也，上薄騷雅，下括漢魏，博綜羣籍，魚
> 獵百氏，于史、子、蒼、雅、緯候、鈐決、內學、外家之
> 說，包并總統，無所不闚，邸長於佛理，故其摛藻奇逸，
> 措思沖曠，馳邁前軷，雄視名儁。[19]

可見得他確實有「博綜羣籍，魚獵百氏。」的能耐，因爲摩詰於史、子、蒼、雅、緯候、鈐決、內學、外家之說，包并總統，無所不闚，博觀約取，左右逢源，所以使他的詩文能夠具有多面向的風貌，又因爲他長於佛理，所以能夠「摛藻奇逸，措思沖曠，馳邁前軷，雄視名儁。」讓許多後人學之卻不能盡貌，只能自嘆

---

19 同注 8，趙殿成箋註：《王右丞集箋註》，頁 518。

望塵莫及。

　　他的詩體物精微，狀寫傳神，清新脫俗，藝術上極見功力，風格上獨成一家。他長於各種詩體，善寫多種體裁。不光有自然派「空山不見人，但聞人語響。返景入深林，復照青苔上。」通天機，富神韻之逸品妙句，許多空靈入妙、情景交融的經典名句；他也有像〈送別‧山中相送罷〉、〈送黎拾遺〉、〈雜詩〉、〈相思〉、〈送元二使安西〉這些跟六朝樂府民歌風格極相似的二十字五言四句抒情小詩，竟至家喻戶曉，傳誦不絕；加上他早期正當開元、天寶極盛時期，他與許多同輩青年士子一樣，具有關心國事，銳意仕進的從政熱情，求仕之心甚切，儒家建功樹名的思想在他腦海裡面揮之不去，在開元之治期間，邊疆軍事戰鬥一再高奏凱歌，年輕的王維跟大家一樣熱血沸騰，大受振奮，和許多熱血青年一般「歌從軍，吟出塞。」有許多邊塞詩、遊俠詩和詠史詩的作品，和李欣、高適、岑參以及王昌齡一起合稱王李高岑，是邊塞詩的代表人物。

　　摩詰有〈少年行〉、〈從軍行〉、〈夷門歌〉等表現出追求輝煌功業的浪漫豪情；有〈老將行〉、〈隴頭行〉、〈濟上四賢詠〉、〈不遇詠〉等表現出對壓抑賢才、榮辱不公等黑暗現象的抨擊；[20]有像〈渭城曲〉那樣「勸君更盡一杯酒，西出陽關無故人。」的傳唱千古邊塞詩送別名句；同時也有「日暮沙漠垂，戰聲煙塵裡。」這樣壯闊蒼涼既有廣度又有深度的邊塞詩，這些詩的寫作時間早於盛唐邊塞詩派代表作家高適、岑參之前，可以說他是開盛唐邊塞詩風氣之先。

　　根據清朝趙殿成的《王右丞集箋注》統計二十八卷，王維的

20 見丁成泉著：《中國山水詩史》（臺北：文津出版社，民國 84 年 8 月），頁77。

詩有 432 首，但若依據《全唐詩》或《須溪本》，則僅有 386 首，
其間有 26 首與他人作品混淆互見的差距，其中數目最多的是九十
首自然詩（細分則爲山水詩七十首，田園詩二十首）；其次是八十
首左右的送別詩，他還有濃厚的儒家思想，意圖不朽、建功樹名、
忠君愛國，至老無悔的強烈孔孟意識，數量多達 24 首的邊塞詩，
充分流露出他的英雄本色和愛國熱情便是最好的證明，而且他還
常常想以禪學自悟悟人，皮師述民的見解講得比較中肯，看法非
常正確：

> 他仕途順心得意時，兩類詩作均寫，而失意隱居或半隱居
> 時，便只寫山水、田園，這個道理完全合乎人情之常，更
> 合乎儒家之道：達則兼善天下，窮則獨善其身。[21]

旨哉斯言。看王維的詩，其實要以唐玄宗開元二十八年爲分界點，
當時他四十歲，四十歲之前的王維，也像盛唐的許多邊塞詩人一
樣，雄姿英發，胸懷大志，有想要爲國家盡力效忠的英雄本色和
滿腔忠君愛國的熱情，而且他在三十二歲和三十七歲曾經兩度出
塞，第二次出塞在西北任涼州節度判官約兩年之久，到過許多
地方，如居延、河套、榆林、天水、大散關、涼州等地，
親眼目睹了塞外壯麗風光，有精寫塞外景象，邊防情事，邊地風
情的〈使至塞上〉、〈出塞作〉；當時他所寫的詩不是悽情遼闊的送
別詩，就是豪氣干雲、捨我其誰的邊塞詩，各體兼備，尤以律詩
爲佳，無人能及。

　　摩詰的邊塞詩，除了上述景色風光描述之外，還包含另外五
類：

　　（1）像年輕氣盛時寫作〈少年行〉、〈從軍行〉描寫戰爭景，

---

21 同注 14，邱師燮友、皮師述民等八人著：《中國文學史初稿》，頁 100。

鼓舞民心士氣，勝利歡呼，功成受賞；

（２）像〈老將行〉、〈隴頭吟〉描寫邊戰持久，艱苦萬分，兼寫賞罰難公，爲老兵發出不平之鳴；

（３）有送贈文臣武將遠赴邊疆，既寫塞外景象，兼又頌揚武德，預期成功凱旋的〈送劉司直赴安西〉、〈送張判官赴河西〉；

（４）還有事關邊塞，唯見離情之作的〈渭城曲〉、〈雙黃鵠歌送別〉；

當然不可免俗的，他也寫閨怨詩：

（５）他也有從婦女閨怨角度抒發的邊塞閨怨詩〈伊州歌〉，都有優秀之作，其中特別是後世詩評家對王維的〈使至塞上〉、〈出塞作〉兩首佳評如潮，[22]認爲可作爲邊塞詩的名門正宗，這兩首典範力作，既有寫景，又有光明面的立論，是正宗邊塞詩的代表，清朝方東樹所著《昭昧詹言》上說：「王李高岑，別有天授，自成一家……東川（李商隱）纏綿情韻，自然深至，然往往有痕，所謂無意爲文而意已至，闊遠而絕無弩拔之迹，右丞其至矣乎！」[23]甚至推崇〈出塞作〉爲古今邊塞詩第一絕唱。

四十歲時，人過中年，感觸必多，再加上張九齡已然罷相兩年，口蜜腹劍的李林甫當權，王維避之猶恐不及，這年有知遇之恩的張九齡又死，孟浩然亦死，王維知道仕途無望，對前途深感茫然、心灰意冷，於是半官半隱於輞川，寄情山水，潛心發掘大自然美與藝術的另一面，從此少作積極進取的邊塞詩，轉而歌詠

---

22 同注 8，趙殿成箋註：《王右丞集箋註》〈使至塞上〉：「單車欲問邊，屬國過居延。征蓬出漢塞，歸雁入胡天。大漠孤煙直，長河落日圓。蕭關逢候騎，都護在燕然。」頁 156；〈出塞作〉：「居延城外獵天驕，白草連天野火燒。暮雲空磧時驅馬，秋日平原好射雕。護羌校尉朝乘障，破虜將軍夜渡遼。玉靶角弓珠勒馬，漢家將賜霍嫖姚。」頁 192。

23 （清）方東樹著：《昭昧詹言》（臺北：漢京文化事業有限公司　民國 93 年），頁 243。

山水、田園，有關於輞川風光的詩作數十首，只因爲王維在自然詩方面的成就實在太過於耀眼醒目，相形之下，人們遂忽略他在邊塞詩方面其實是既有深度又有廣度，也有許多令人不可輕忽的表現。

二、敦煌壁畫傳至今

　　大家並沒注意王維三十七歲在塞外度過兩年，曾經以監察御使身份派赴河西走廊的涼州，到過敦煌 —— 當時東西貿易熱門路線「絲路」兩條叉道的起點，塞外居停兩年的時間，王維又是虔誠的佛教徒，怎麼可能不前往敦煌一遊？遊必技癢而留畫壁間，這是合乎常理的推斷，敦煌是我國最負盛名的藝術瑰寶，至今仍有非常豐富的盛唐風格壁畫。

　　絲路是中國歷史上最氣派的一段紀錄，中國是蠶絲的故鄉，五千年前黃帝時已知養蠶繰絲，中國歷代人士對於絲有著特別濃郁的感覺，各種絲的產品花樣繁多，讓人目眩神迷，樣樣都注入了感情，更表現了專業，西周的周穆王是古代著名的西遊旅行家，有〈穆天子傳〉詳實紀錄西域、中亞風情與地理特色，書上描述周穆王與西域各地首領餽贈牛馬、金銀、絲絹，是中原和西域貿易交流的最早紀錄；早在春秋戰國時代，絲已挑起東西文化交流的重任，中原已經和西域建立熱絡的貿易關係，正史留下探訪西域記錄之名的第一人則爲漢朝張騫。至少在西元前一世紀，也就是漢武帝在位時，中國絲織品已經傳入羅馬，埃及出土物裡發現漢唐織造的絲絹，全長七千多公里的絲路吸引了數不清的使節、商人、探險家、傳教士，絡繹不絕東進到東方古老的產絲帝國。

　　敦煌是絲路必經之地，也是佛教傳入中國最早的地點之一，由於此去西域，大漠黃沙滾滾無垠無涯，地形、天候、環境險惡，

生死存亡全在未定之天，西行商旅在此整休備糧，祈求佛祖庇佑後續的艱苦路程能夠化險爲夷，安然度過；入關旅客則感謝佛祖保佑，一路平安返抵國門，禮佛還願，因而紛紛開窟造像、寫經，無論是雕塑、壁畫、建築均融爲一體，組成絕美的佛國，融合了印度、中亞和中國的風格，造就了輝煌璀璨的佛教文化藝術，由於北方外來少數民族信仰佛教，所以佛教內容成了北方繪畫的主要題材，敦煌壁畫的製作方式與形式也受到印度佛教的影響，敦煌的壁畫經過了北魏、西魏、北周、隋、唐、宋、西夏及元朝經營，保存了一千多年的豐富繪畫資料。

　　從西元 366 年，前秦苻堅時的樂僔和尚開鑿始建著名的莫高窟（千佛洞）開始，到西元 1227 年西夏滅亡爲止，近千年間，敦煌一向是佛教徒的朝聖地，歷代地方長官包括吐蕃等部落首領都在此修建寺廟，莫高窟藝術文物除了壁畫、彩塑，還囊括建築、絹畫、經文、染織，展現數千年的政治、社會、經濟、宗教景況，忠實記載了豐富的古代文化，可說是一個有千年歷史的宗教藝術綜合大博物館，《大不列顛百科全書》第四冊 386 頁說得很清楚：

> 現保存北魏、西魏、北周、隋、唐、五代、宋、西夏、元各代壁畫和塑像洞窟 492 個。……窟內金碧輝煌，絢麗奪目，是中國現存規模最大、內容最豐富的石窟藝術寶庫。……藏經洞（即第 17 窟）是 20 世紀最重大的古代文獻發現之一，洞中發現藏匿近千年的四萬多件古代寫本、印本和文物。

敦煌 —— 再現了中國近千年前的中世紀社會生活場景，保有許多中國中世紀的文化遺存，更反應中亞地區民族的多元性與豐富性，圖像遺留數目非常龐大，敦煌便有 492 個繪有壁畫的窟洞，榆林窟還有 42 個，藏經洞有四萬餘卷文獻，留下了豐富的記錄，

例如：敦煌變文、經卷等改寫許多文化史上的紀錄，斯坦因之流英法日俄美探險家以近乎劫掠的行徑盜走上萬經卷、千餘絹畫，硬生生剝粘破壞壁畫，催生了「敦煌學」，讓任何人瞠目結舌的莫高窟則僅殘留了被破壞盡淨的佛像和洞窟，儘管如此，莫高窟依然是世界之最，這座震古鑠今的洞天福地，讓中外研究「敦煌學」的學者驚豔連連。

敦煌壁畫〈長河落日圖〉↓

　　王維在涼州任官兩年，他又是虔誠佛教徒，怎麼可能不去敦煌一行，一則開開眼界，再則了樁向佛心願，到了當時商隊熙來攘往的敦煌，身為畫家的他看到別人紛紛慷慨解囊供養佛像經卷，自己焉能不技癢露上一手？於是敦煌石窟壁上留下許多當時盛極一時屬於青綠山水、盛唐風格的壁畫，這又是一樁無心插柳的事蹟，他年輕時寫了不少氣象雄偉的邊塞詩，還在敦煌留下不少精工細緻色彩濃烈的青綠山水壁畫，從敦煌壁畫有盛唐風格的作品集可以看得出來，他確實有可能在敦煌留下許多青綠山水的

畫作，但那是他兩次出塞，在敦煌留下的豐碩成果，也是他未滿
四十歲尚未不惑的作品，當時王維並非首屈一指的大畫家，別人
想必不會冒名仿作；由於敦煌偏處中亞內陸，距離人煙密集之處
實在遙遠，非絲路而不為人知，自從絲路零落之後，敦煌因為戰
火波及，閉關沈睡超過千年無人知曉，李霖燦在《中國美術史稿》
上說得很清楚：

> 氣候乾燥，壁畫、雕塑又都深藏洞中，不受陽光直接照射
> 的影響，千年寶藏保存情況良好，光是繪畫作品，要在世
> 界各大博物館中想找一幅可靠的唐朝繪畫都非常困難，更
> 何況隋陳南北朝的圖畫真蹟？而敦煌則北魏隋唐之作俯拾
> 即是。[24]

身居乾燥沙漠的中心地帶，敦煌經卷佛像圖卷太多，寶物俯拾即
是，未受特別重視，殊為可惜，加上交通阻礙，蒙古西征以後，
東西陸上交通往返困難，明以後海上絲路取代陸路顛簸勞頓，敦
煌為之塵封，近千年無人知曉，清光緒二十六年（西元 1900 年），
才被道士王圓籙無意中發現，讓合計二十五公里的壁畫重現奪目
耀眼光輝。

　　如今這些壁畫竟可能是王維傳世最可靠的畫作真跡（此點為
邱師爕友發現香港商務印書館新出版書籍《敦煌莫高窟全集》第
十八冊頁 145，為敦煌 119、121、122 窟，有王維詩「大漠孤煙
直，長河落日圓。」畫像出現〔見附圖四，頁 116、117〕，許多
敦煌壁畫集均以此唐代當世第一大詩人詩佛詩作與畫像配合為其
重要賣點，其實縱使非王維親身繪製，但為保存不易的盛唐風格
應無可疑，也表示王維當時的影響力確實無遠弗屆。）這點竟是

---

24 見李霖燦著：《中國美術史稿》，（臺北：雄獅圖書股份有限公司　民國 89
　年二版），頁 43。

很多較早成書的先進們所未曾提及的重點，本人不敢掠美，僅此述及。

第三節　《輞川集》圖最有名

王維畢生作詩數目最多的是九十首自然詩（山水詩七十首，田園詩二十首），而以輞川山水爲表現對象的詩篇又爲山水詩之首位，由於王維不像李白「五嶽尋仙不辭遠，一生好入名山遊。」的四處遊歷，他最熟悉的山水就是藍田輞川，輞川是西北黃土高原上得天獨厚風景優美的地方，屬於關中江南，當時關中地區有近千年前秦始皇修築的鄭國渠[25]，水利事業尚未破壞，地廣千里，民生富庶，爲漢唐建都寶地，前輩詩人宋之問不僅在此建有別墅，也有詩歌讚誦此地：「輞川朝伐木，藍水暮澆田。」（〈藍田山莊〉）；「悠然紫芝曲，晝掩白雲扉。」（〈春日山家〉），反應輞川山水之美，但還未能完全表現輞川山水之美，等到王維從宋之問後人手裡買到輞川別墅之後，才真正將輞川山水之美深入發掘展現出來。

王維半官半隱於輞川時期，有《輞川集》描寫輞川各景風光五言絕句二十首，這些詩的詩情純真，王維將他領受佳景的愉悅充分抒寫出來，將他熱愛大自然的情懷毫不隱藏表現出來，他在深山間瀟灑的風神、閒逸的心境和輞川周遭的景物完全融成一體，因爲他是個畫家，對自然景色感受敏銳；他又是音樂家，對自然界的聲音體會仔細；他特別擅長捕捉自然景物的色彩、明暗、聲息、動態，他善於選擇富於特徵的細節，準確、傳神地加以刻

---

25 李斯等客卿差點爲此被逐，李斯爲此特上〈諫逐客書〉才讓秦始皇打消逐客之意。

畫，他將繪畫技巧運用於詩歌創作，將遠近、高低、大小、虛實
關係巧妙處理，讓自然山水之間相異的鮮明個性特徵能夠顯現，
使得詩中畫面構圖精美，線條清晰，富於空間立體感，這二十首
絕句宛如精美的小幅繪畫，意境幽美明淨，讓人讀來彷彿有道清
泉緩緩從心田流過，即使同樣描寫幽靜景色，也有各種風貌，陶
文鵬選析《明月松間照詩佛 —— 王維詩歌賞析》書中前言這樣說：

> 有的寫得濃豔，有的寫得明麗，有的清淡，有的冷寂，
> 具有多種風味和情調，叫人不能不驚嘆詩人胸中丘壑的氣
> 象萬千。[26]

這二十幅各自獨立的景色合起來就是一個輞川園整體，給人悠閒
清逸的情趣及依詩意畫成的〈輞川圖〉（按：原圖今已經超過一千
兩三百年，可能早已經亡佚，但宋朝已有不少仿本出現，宋真宗
朝的著名院畫家郭忠恕至少有兩本仿本，李公麟也畫了一幅著色
畫〈輞川圖〉，北宋還有一幅不知名人士所臨的設色〈輞川圖〉，
這些都算是對保存原跡風味著有功勳，明代又有後人仿郭忠恕的
仿本，作品現存故宮，民國93年7月～9月正巧在故宮210室展
出。）存世，王維以每首二十字的短短五言絕句轉化自然的景致
成為文字，然後又揮舞他鮮活的彩筆，將他的澄澈心靈和透過他
的慧心巧思所看到的輞川附近的自然景致，以具體方式和線條，
加上淡淡的顏色，在繪畫中巧妙地呈現出來，輞川一地因為《輞
川集》、〈輞川圖〉卓然而立，千古不朽。

　　以畫作配合佳文、佳句的第一位著名的大畫家，應是顧愷之
畫〈女史箴圖〉、〈洛神賦圖〉，但他是借別人丘壑，澆自己壘塊；
王維則自寫自畫，做了詩畫結合的動作，43歲左右，寫成《輞川

---

26 見陶文鵬選析：《明月松間照詩佛 —— 王維詩歌賞析》（臺北：開今文化出
　　版 民國82年），頁3。

集》二十首，再配上一詩一圖的〈輞川圖〉自產自銷，唐朝還沒有直接題詩在畫上的習慣，當時還停留在詩是詩，畫是畫，兩者尚未混爲一談，縱使從杜甫開始有詩畫配合的題畫詩，應該是畫已畫成，題畫詩是題在畫的拖尾上，也就是頂多在畫的橫幅後邊作詩而已，有些畫工即使題字畫面也是藏在花葉當中或是石隙縫下，隱密極了，直接冠冕堂皇大大方方地將詩題在畫面醒目位置，是直到宋徽宗題詩、題字花押「天下一人」，顯現皇帝傲視天下氣勢，以後才正式開始；唐朝當時圖畫也只有橫軸手卷，尚未發展到立軸，唐朝、五代甚至北宋早期，都還沒有題詩畫面這種習慣，王維當然更不可能這樣，題詩真偽研究可能也還不會那麼早就發生，因爲蘇軾當時就還沒有題在畫上，而有可能是題在畫的拖尾上的跋，「蘇門四學士」的秦觀讀〈輞川圖〉後的兩次心得，也頂多是題在畫的拖尾上，連篇累牘將作畫緣由、經過種種題在畫面上成爲繪畫的一部份，是元朝以後才有的流行文化，宋朝都還無此習慣，更不用說唐朝王維在世時也還不可能有題詩畫面之上。

　　王維的〈輞川圖〉與《輞川集》，詩畫雙絕，歷來都有不少評賞，真可謂是代不乏人，但一般論者往往都只作吉光片羽式的敘述，少有周詳深入的說明。以詩來說，徐增《徐而菴詩話》云：「摩詰以理趣勝，……摩詰精大雄氏之學，句句皆合聖教。……純乎妙悟，絕無跡象可言。」[27]《空同子》云：「王維詩高者似禪，卑者似僧，奉佛之應哉。」[28]二人雖能從王維受佛教影響的角度來加以肯定王維的成就，但其所論範圍廣大，且並不限於《輞川集》而已。只有方回的《瀛奎律髓》與《朱子語錄》則是直接討

27　（清）徐增著：《徐而菴詩話》輯錄在《詩話叢刊》（臺北：弘道文化事業有限公司　民國 60 年版）頁 1077。
28　同注 8，引自趙殿成箋注：《王右丞集箋註》卷末附錄二，頁 511。

論到《輞川集》。方回在《瀛奎律髓》上有云：

> 右丞終南別業詩，有一唱三嘆不可窮之妙。如輞川孟城坳、華子岡、茱萸沜、辛夷塢等詩，右丞唱，裴迪和，雖各不過五言四句，窮幽入玄，學者當自細參，則得之。

南宋大賢朱文公朱熹的《朱子語錄》上面很有感慨又能深得箇中三昧，朱子因識多見廣，對於王維《輞川集》頗為欣賞，而南宋當時畫家幾乎全以蘇軾詩句為繪畫內涵，而未留意摩詰詩，竟無人能解，無人與之共鳴，實為可惜：「摩詰《輞川集》，余深愛之，每以語人，輒無解余意者。」[29]是以方回與朱子雖然皆能識得輞川之妙，但一云「窮幽入玄」，一云「無解余意者」，二人都僅蜻蜓點水，點到為止，不曾詳申其深意。羅大經在其退休林下所著《鶴林玉露》對朱文公之語加以補充：

> 朱文公曰：「律詩如王維、韋應物輩，自有蕭散之趣，未至如今之細碎卑冗，無餘味也。」公又言：「余平生愛王摩詰詩云『漆園非傲吏，自缺經世具，偶寄一微官，婆娑數株樹。』以為不可及，而舉以語人，領解者少。」

羅大經講述較清楚，但仍覺未能盡意。其他評賞《輞川集》或取其「詩法」，如李瑛《詩法易簡錄》云：「幽淡已極，卻饒遠韻。」；或取其「詩境」，如俞陛雲《詩境淺說續編》云：「世稱妙悟，亦即此詩之意境。」黃叔燦《唐詩箋注》云：「輞川諸詩，皆妙絕天成，不涉色相。」；或只論畫境，如王鏊《雲澤長語》云：「摩詰以淳古澹泊之音，寫山林閒適之趣，如輞川諸詩，真一片水墨不著色畫。」等，此「不著色畫」意味可能指其為特殊的蒼茫、悠遠之意的「無色之色」、「無彩之彩」，而或即使能指出其名理深旨

---

29 同注8，引自趙殿成箋注：《王右丞集箋註》卷末附錄，頁513。

者，如胡應麟《詩藪》云：「右丞輞川諸作，卻是自出機軸，名言兩忘，色相俱泯。」[30]俞陛雲《詩境淺說續編》云：「《輞川集》中如孟城坳、欒家瀨諸作，皆閒靜而有深湛之思。」等[31]，但這些也都一鱗半爪而已，有些清代或近代先進的著作，明顯讓人懷疑他們是否曾經親眼見過王維〈輞川圖〉，或者旁人仿作的〈輞川圖〉，敘述實在都不夠深入，[32]且該圖雖非青綠重采，卻有淡淡赭石、石青著色，嚴格說來，可算是淺絳山水，並非祇是水墨不著色畫而已，也不可能色相俱泯，只因清朝時王維這些畫作或仿作，全在深宮大內，一般平民百姓恐怕都沒有機會一探廬山真面目，明清學者只怕多數均人云亦云，未曾真見王維畫作。

　　研究者由於機緣巧合，自民國 92 年開始，每週最少進故宮擔任志工一到兩次，親眼目睹前人對〈輞川圖〉的仿作，儘管認真說來這些仿作者技巧並不特別出色，但是這些清朝時只有皇帝才能擁有偶然看看的享受，因為時代的進步，研究者竟然有幸週週盡情享有，不亦快哉，故宮著錄內容如次：

　　1、《石渠寶笈初編‧養心殿》（上）頁 553～554 著錄：「素絹本，著色畫，款云郭忠恕摹本，每段隸書標記，卷前隸書王摩詰〈輞川圖〉六字。」另有拖尾題款：

　　（1）拖尾一，有馮子振以楷書書寫的《輞川集》二十首。海南金元帥出此圖與予，三十年前張有子家，觀右丞真卷無不似，昔則忠恕殆神仙者流，信名下無虛也。漫書二十詠于後，聊思附驥云爾，大德己亥長至馮子振記。

---

30 見胡應麟《詩藪》內篇，卷六，（臺北：齊魯書社　民國 86 年版）頁 16，總頁 122。
31 以上所引歷代評論見《千首唐人絕句》「集評」所附，上海古籍出版社，1985 年版，頁 217、218。
32 詳見臺灣大學中文系副教授蕭麗華：〈禪與存有－王維《輞川集》析論〉，頁 2。

（2）拖尾二，有冀丘李衎題詩：豬龍兒禧錦喁好，三郎歲晚懵悞老。阿環姊妹擁華清，朝士宮前誰敢道。右丞脫卻尚書履，布襪青鞋弄烟水。藍田別業堪畫圖，矮本丹青自遊戲。華子岡、輞口莊、湖亭竹館遙相望。小船摺轉青紅膒，樹窠歷歷烟茫茫。欒家瀨前兩舟上，柳浪一尺清風狂，詩成相與和者誰，我家裴迪無能雙。丘壑風流固如此，安知畫外淒涼意。凝碧池頭天樂聲，白石粲粲淨如洗。亂後歸來舊第中，玄牆綠戶老秋風。人生過眼皆夢境，乞與山僧開梵宮。半幅吳絹如傳舍，俟誰得此千金價。客來寒具莫匆匆，四百年前御廚畫。冀丘李衎。

（3）拖尾三，有吳興姚式題句：〈輞川圖〉有二本，此從矮本所臨，元袁桷題識云：「畫格高絕，觀此猶有生意，」展觀良久，故為賦短句：「詩中傳畫意，畫裡見詩餘。山色無還有，雲光卷復舒。前谿漁父隱，舊宅梵王居。千古風流在，披圖儼起余。」吳興姚式。

畫家郭忠恕（？～977），字恕先，河南洛陽人，早慧，七歲能誦書屬文，舉童子及第，尤工篆籀隸書，所繪屋木樓觀為一時之選，是五代至宋初的著名界畫大師[33]，界畫起源時間無考，最初見於東晉顧愷之論述：「臺榭一足器耳，難成易好，不待遷想妙得也。」五代至宋為界畫鼎盛時期，郭忠恕界畫以〈雪霽江行圖〉水準最高，時代最早，宋徽宗的外孫金章宗有題字、鈐印，[34]極能表現空間的深度感，最受後人稱道，所繪屋木舟車具有高度寫實

---

33 界畫是中國畫的特殊產物，因為中國書畫使用的毛筆很軟，要畫橫平豎直的直線時，沒有輔助工具，非常不容易整齊劃一，所以聰明的古人要畫直線時，先以筆管對半剖開做成筆船，毛筆夾在其中固定筆毛，再以筆船靠著界尺引線，不會偏歪不整齊，故名「界畫」，畫史上對此類以表現建築精美雄偉為主的古畫泛稱「屋木」或「宮室」，宋以後始以「界畫」稱之。

34 有學者認為係其外孫金章宗模仿外祖父瘦金體題字，但筆力稍遜，且旁無宋徽宗「天下一人」花押，可能因為正巧遇到靖康之難，宋徽宗宣和內府珍寶進入金廷，後又輾轉回到故宮。

風格著稱。郭忠恕主要生活在唐末五代政治異變頻仍的環境中，仕途遭遇非常坎坷，入宋以後仍然不得志，宋太宗時爲國子監主簿，負責刊定歷代字書。太平興國二年（977 年）因忤旨，決杖後配隸登州（今山東蓬萊），途中死去（事詳《宋史》本傳），可他的繪畫作品因分毫不差，工而不呆板，十分高古雅麗，倍受人們歡迎，《圖畫見聞志》上說他：「畫屋木者，折算無亏，筆墨均壯，深遠透空，一去百斜。」意即郭忠恕極有空間透視觀念，所繪製的樓閣殿臺非常精準，全依照建築物的規矩按比例縮小描繪，可當建築施工圖用，[35]宋朝李廌《畫品》有云：「棟梁楹桷望之中虛，若可躡足；闌楯牖戶，則若可以捫歷而開闔之也。」[36]意即他畫的殿堂寫實精確得給人以可躡足而入之錯覺，門窗尺寸精準得好像可以開合，看〈輞川圖〉上輞口莊的雄偉建築，真讓人產生如此可以進入、開窗之感，在界畫史上，郭忠恕確實有不可磨滅的貢獻。

　　但大收藏家、大鑑賞家清高宗乾隆可能對此畫並不滿意，他想必也看出在此以界尺畫的輞口莊界畫中，三樓敞開的窗戶前竟會出現明式家具座椅的不合理現象，實在相當突兀，所以他僅蓋上一個「乾隆御覽之寶」的大印章，表示看過即收藏入庫，未如它畫，題詩歌詠、蓋印不絕，[37]也沒作任何批評便擱置不理，畫上也沒蓋「宜子孫」的方方硃紅白文印，所以嘉慶、宣統等的印章也就都沒有出現在畫上，畫面上僅有標示二十景各處風景的簡

---

35 見林莉娜文字撰述：《宮室樓閣之美 ── 界畫特展》，國立故宮博物院編輯委員會編輯，（臺北：國立故宮博物院　民國 89 年），頁 94。
36 見楊仁愷主編：《中國書畫》，薛永年、楊心、楊臣彬、穆益琴、單國強等編撰，（上海：上海古籍出版社，民國 79 年出版），頁 176。
37 趙孟頫的〈鵲華秋色圖〉就被他題詩蓋印，看一次蓋一次印章，端詳一回題一回詩，所有留白之處全部填滿御製詩，十多個印章、御製詩蓋下來，弄得〈鵲華秋色圖〉幾乎面目全非。

單題名，幾乎完全沒有後人破壞的痕跡。

2、李公麟的〈輞川圖〉一卷，《石渠寶笈初編》（上）頁560著錄：「素絹本，著色畫，卷前宋高宗楷書王維序並唱和詩。拖尾趙孟頫於元至大三年（1310）正月跋云：「李龍眠所臨王摩詰〈輞川圖〉，畫法氣韻，咄咄逼真。卷首有思陵所題，誠可寶也。但所藏不謹，想失去元祐間諸公跋語，深為惜哉！」此地之「元祐間諸公語」，當係指東坡兄弟、秦觀、黃庭堅等充充諸公，他們都曾看過〈輞川圖〉，且還有觀賞紀錄留在拖尾上。

3、北宋另一人臨〈輞川圖〉，《石渠寶笈續編》（二）頁970～3著錄：「絹本，設色，畫輞川通景，宣和五年（1123）有徽宗書王維《輞川集》詩並二跋。元四家之一的王蒙有謂：「畫法詩題，俱已入聖，誠藝林中奇珍也。」

因為近水樓臺，因緣際會，研究者不能進寶山空手歸，是以作此研究，管窺蠡測，不吐不快，希望能稍微詳細說明〈輞川圖〉、《輞川集》的意義，故宮所藏郭忠恕〈輞川圖〉雖僅存仿作，每景順序相連，山石樹木皆作正面布列，主要描繪佔去畫面三分之二的前景遊地，是早期的遊景導覽圖，用大山、流水或圍籬將每一個景色作小單元處理，陳振盛學長《王維的禪意世界》謂為「圈豬舍」[38]，手卷方式觀畫時兩手開展的寬五十公分左右，每個小單元自成系統，連起來一幅手卷，和唐朝流行盧鴻式單幅平遠、高遠、深遠的唐式三遠樣式不同，與敦煌四二八洞盛唐壁畫的作法相似，確實保留唐畫的風格特徵，可作為瞭解王維〈輞川圖〉的重要依據。

這些仿作也呈現了王維山居生活的理想，敘事性的連景處理

---

38 見陳振盛著：《王維的禪意世界》（中國文化大學史學研究所博士論文　民國93年），，頁370。

法，符合遊景山水的實際狀態，並影響日後宋朝李公麟〈李龍眠山莊圖〉、喬仲長依蘇東坡〈後赤壁賦〉畫成〈赤壁賦圖〉等文人畫，因其畫至少仍爲明朝以前作品，論歷史最少仍五、六百年以上，在兵火災燹、天災人禍層出不窮的苦難中國，能歷經時間和環境的嚴酷考驗，還留傳有緒，畢竟有其不朽的傳世價值，對其間多少人煞費苦心保存不易，實應該予以相當尊重。況死者已矣，臨摹與否，都已不重要，再說唐朝當時也沒有版權、著作權、智慧財產權的規定，有人臨摹、仿作，不能怪罪早已去世快一千三百年的王維，原作真跡不再，徒留後人扼腕遺憾而已，錯不在王維，要怪只能怪仿畫、臨畫者技巧不夠成熟而已，而後世人的山水畫作進步速度太快，自然對於發軔者之作不甚感興趣，想亦原因之一，畫會有仿作，絕對是因爲他的詩太受後人欣賞，畫太受後人歡迎，有市場需求，當然就有人模仿，模仿好壞也不應該由王維來負擔責任，後世仿畫、臨畫絕對減損不了王維無意間以恬淡閒適的水暈墨章表達飄渺不拘神韻，進而表達詩歌空濛渺茫之境的原始用意。

第四章　王維文人畫內涵

第一節　白雲縹緲水墨佳

　　王維身為音樂家、畫家和詩人，中國唐朝結束魏晉南北朝以來數百年動亂，又歷經隋朝統治之後，國勢強大，當時社會上活躍的畫家最出名的是「畫聖」吳道子（698～792），以及宗室的典型貴族畫家 —— 李思訓（651～716）、李昭道（713～741）「大小李將軍」父子工筆重彩、富麗堂皇、筆路緊細綿密，用濃重的石青、石綠的礦物顏料誇張敷色的「青綠山水」，甚至有時還加上泥金敷色，這種青綠山水看起來像真的山水一樣壯觀，又稱為「金碧山水」，許多王公貴族紛紛收藏，自隋朝展子虔〈春遊圖〉以來，一片金碧輝煌，能夠充分表現唐朝國運宏大、氣度恢弘的氣象，是大唐帝國時期理想的天下圖，非常符合當時的朝代氣象，這種早期山水畫法上處在較為初期階段，表現景物比較簡單的畫法，卻讓許多職業畫家均樂此不疲，傳世最有名的青綠山水作品則是宋朝青年即逝的畫家王希孟所畫，表現院畫工整嚴謹的〈千里江山圖〉（見 136、137 頁，138 頁為局部放大）現存北京故宮博物院，的確非常具有盛大氣象，極為雄偉壯觀，將中國河山的雄偉景象表現得淋漓盡致，令人炫目咋舌，一向被視為宋代青綠山水的巨製傑構，目前存世青綠山水作品，尚無一件表現可以超過此

作。王維在唐朝當時並不算是頂尖活躍的畫家，他是充滿詩人靜默感的隱士型藝術家，王維的山水畫遠法六朝展子虔，近師畫聖吳道子，大李將軍死時，王維才二十歲左右，雖然不曾與他有直接師承關係，多少也因常在岐王宅裡出入，必定常見蜚聲一時的大李將軍作品，學李思訓父子的青綠山水畫風亦係理所當然，因師承展子虔、大李將軍的青綠系統，才能合乎當時市場需求，他為配合時代潮流，因應市場需要，畫出非常精巧寫實、氣魄壯觀的青綠山水，尤其在他隱居嵩山到賦閒長安、洛陽的十年間，不配合市場需要畫圖，如何鬻畫維生？王維因家庭負擔頗重，父親早死，弟妹多人和寡母都由他供應生活所需，雖有做官，祇是低階官員，俸祿又少，難以養活全家，他會畫圖寫字，弟弟王縉寫碑，大約跟因應市場需要也脫不掉關係，雙份薪水勉強餬口，早年他必定畫了不少配合市場需要的作品，《歷代名畫記》有云：

> 工畫山水，體涉今古，人家所蓄，多是右丞指揮工人，布色原野，簇成遠樹，過於樸拙，復務細巧，翻更失真。

看來這些正是應當時市場需要的作品，應屬於繪畫基本功，尙未脫離大小李將軍父子藩籬而收效不佳，但若無此基本功，他後來所畫南宗山水畫必然缺乏深度，基本功畫到一定時候，他開始有一改當時流行風氣的意願，別出蹊徑，另具風格，張彥遠曾看過摩詰破墨山水，山水松石，「並居妙上品」，面目如吳道子，而「風致標格特出」、「筆跡勁爽」，清源寺牆壁上畫的輞川是以破墨畫成的筆力雄壯山水，「慈恩寺東院與畢庶子、鄭廣文各畫一小壁，時號三絕。」[1]這應該是他繪畫有成之後，年過四十，思想成熟，畫風存在，才有可能繪壁慈恩東院、清源寺，他能將每次接受的不同畫風融會貫通，加以吸收，創出個人新風格，再自我昇華，發揚光大，真可稱得上是偉大藝術家。

　　開元十四年，王維二十六歲，曾經辭官隱居嵩山修道，結識了詩畫道三方面志同道合、趣味相投的朋友張諲，在趙殿成爲王

---

1 見趙殿成箋註：《王右丞集箋註》（臺北：河洛圖書出版社　民國 64 年），卷末附錄一，頁 501-502。

維編著的《王右丞集箋註》卷二有〈戲贈張五弟諲〉詩三首，卷
四有〈送張五歸山〉，卷六有〈故人張諲工詩善易卜間能丹青草隸
頃以詩見贈聊獲酬之〉，卷八有〈送張諲歸宣城〉，是明確記錄兩
人交往的許多詩篇，足見兩人友情深厚，莊申《王維研究》（上）
對二人交遊事蹟記錄甚詳，見卷六的詩名即可以清楚知道兩人思
想才藝交流互動想必都很頻繁。[2]

〈千里江山圖〉局部

　　劉勰在《文心雕龍·物色》說：「山林皋壤，實文思之奧府。……
然屈平所以能洞監風騷之情者，抑亦江山之助乎？」又說：「山沓
水匝，樹雜雲合，目既往返，心亦吐納。春日遲遲，秋風颯颯。
情往似贈，興來如答。」像王維二十六歲隱居嵩山，鎮日在嵩山
太、少二室山的青山綠水，樹雜雲和，春日秋風的縈繞之中，當
然會「詩人感物，聯類不窮。」「物色之動，心亦搖焉。」[3]隱居
山中日日觸目青山白雲，焉有不寫詩之理，表現其中的閑適和樂
趣。江湖之濱，風和日麗，山青水秀，小舟輕盈，槳聲欸乃，漁

---

2 同註 81，皮師述民：《王維探論》，頁 6-7。
3 同註 4，劉勰著，王更生譯：《文心雕龍讀本》，頁 303。

歌悠揚，自然身心放鬆，留連忘返，詩酒琴棋之外，「放歌蕩漾蘆花風」，「一葉隨風萬里身」，多瀟灑脫俗又身心自在！十九歲那年，摩詰年輕，寫過〈桃源行〉，可能是後世詩人第一篇和陶之作，但當時他還不太認同淵明，而將世外桃源改寫成人間仙境；等他宦海浮沈一番之後，二十六歲以後，他開始寫作富于陶淵明　氣味的山水田園詩，三十歲左右隱於陝西藍田，作〈藍田山石門精舍〉詩，二度改寫桃花源，竟使之成為人間佛國，他對于陶淵明的詩因為自己親身體驗山水田園之美，而有了更深一層的認識，更有意思的是他除了寫山水詩言志，還會搦管為畫，日日沉潛於遊山玩水與出世詩畫之中，其樂無窮，劉士鏻《文致》有云：

> 晁補之云：「右丞妙于詩，故畫意有餘。」余謂：「右丞精于畫，故詩態轉工。」鍾伯敬有云：「畫者有煙雲養其胸中，此是性情文章之助。」[4]

起初他當然不能免俗，也因應市場，畫了不少青綠山水，只是山色未必日日都色彩鮮豔、青綠耀眼，當山中雨雪霏霏、陰風怒號或雲霧繚繞、山雨欲來之際，或山勢縹緲、若隱若現、風雨晦冥之際，青蔥翠綠欲滴山色不再，金碧、青綠都無從表現真正的雨霧朦朧山水景色，大小李將軍都是仕宦中人，當時市場導向專務模仿的職業畫家，全都不曾常住深山，隱居山中才有可能日日面對山水風霜雨雪陰晴寒暑變化，對於山中景色才有深入的認知，真正隱居嵩山之後，王維與畫〈草堂十志圖〉（見 141 頁圖）的隱士盧鴻相交友好[5]，他開始認真考慮如何表現山水在雲霧縹緲時候的真實感，無法用青綠表達，這才覺「今是而昨非」，開始減色繪圖，淡淡敷彩而已，天天面對青山綠水、朝暉夕陰，顏色變化萬

---

4 同注 1，趙殿成箋註：《王右丞集箋註》，頁 512。
5 見莊申著：《王維研究（上）》（香港：萬有圖書公司　1971 年版），頁 114-115。

千，等到他筆墨精純，卓然成家之後，他便不肯照本宣科，繼續繪畫青綠重彩工筆，想要走出自己的路來，擁有自己的風格，擁有自己的一片天，這是多少人共同的心願，此乃「人同此心，心同此理。」不足爲怪，王維於是開始思索，嘗試少用色甚至不用色，就像〈伏生授經圖〉，僅渲染而少鉤勒，是減色甚至不用色彩最好的證明。

開元十九年，王維三十一歲，妻子過世，摩詰賦閒長安、洛陽一帶，頭尾六年，直到三十六歲他才再列朝班，總計他的隱居，前後長達十年，這段時間他不時返居嵩山、淇上隱居之所，賣畫維生應該是年輕氣盛的他在隱居期間的收入來源，否則宋朝《宣和畫譜》在王維已經去世三、四百年以後，不會對王維的畫蒐集到「御府所藏一百二十有六」，民間還有一些真跡，還會講：「重可惜者，兵火之餘，數百年間，而流落無幾。」肯定是他和那些職業畫工一樣的多產作家，否則若像東坡那樣消遣遊戲，偶一爲之墨戲而已，那裡有可能畫出那麼多作品流落市面呢？必需賣畫維生，那麼畫些道釋人物畫、青綠山水畫，想必都非常有市場，有賣點，受歡迎，看《宣和畫譜》上的著錄可以清楚知道他在市場需求這方面配合得非常好，光是由宗教嚴肅性轉往具有文學賞玩性的〈十六羅漢圖〉他就畫了四十八幅[6]。

等到他鍾愛的妻子過世之後，居喪期間，他的心情沉落谷底，可能也需要相當時間才能調適過來，偶然他也會想畫幅畫來舒緩一下情緒，而古人守喪期間規矩極多，華服、重彩、金粉想

---

6 同注 1，趙殿成箋註：《王右丞集箋註》，頁 520。羅漢原係印度佛教傳統信仰之一，傳來中國 時僅十六羅漢而已，爲「住世菩薩」之意，是世間成就的聖者，心懷慈悲度世救人，卻不著形象而自在灑脫，後來羅漢在印度失傳，於是羅漢中國化，加上中國色彩，到宋朝又加伏虎羅漢、降龍羅漢而爲中國習稱的十八羅漢。

必都在禁用之列，正巧冬天的雪景，天地之間也只有黑白兩色而已，王維順手拿起手邊現有的紙筆磨硯，黑、白、濃、淡、乾、濕信手塗抹揮去，沒有想到畫完之後，緊繃的難過情緒得到完全抒解，更沒有想到畫出來的效果相當不錯，最沒有想到這樣「無心插柳柳成蔭」，不管是當時禮俗或者他的心情，他都無法像過去一樣拿起綺麗的金粉色彩在畫紙上塗抹，心情跌落在谷底的畫家僅能用水墨黑白來畫出他的折翼悲痛，畫出他心中的哀悼與苦悶，畫出他心中的思念與哀傷，畫完以後，他的哀痛逾恆心情逐漸獲得平復，他的悲苦情緒逐漸獲得昇華。

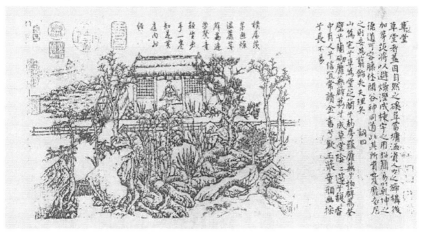

　　原本不太欣賞水墨的他也開始換個角度、換個心情，漸漸欣賞黑白的人生和黑白的畫作，一天、兩天、三天，越畫越有心得，讓他日漸熟練用筆使墨的技巧，竟然逐漸讓他走出一條康莊大道，便正式畫起了水墨山水畫，更出乎意料之外的是久而久之水墨畫越來越熟能生巧，豁然發現水墨山水有廣闊無比的天地，他的水墨技巧真正成熟，應該是四十歲半吏半隱輞川之後，水墨技巧日益精熟，後來居上，畫上十來年之後，運用之妙，已經存乎一心，才有可能畫得精彩絕倫，於是王維爲中國的山水畫開創了

嶄新的生命，不必丹青，也可以畫出曼妙的水墨繽紛世界，意境深遠的文人畫於焉誕生。明末提倡「分宗論」的董其昌推崇王維為文人畫的始祖：

> 文人畫自王右丞始，其後董源、巨然、李成、范寬以及大小米、元四家。李派粗硬無士人氣，王派虛和蕭瑟，次又慧能之禪，非神秀所能及也。…[7]

實因其畫具有簡潔、靜穆、恬淡、雅逸、清新、接詩境、近詞意、通天機、高曠、超脫、孤寂、忘己的文人畫意境。[8]王維距今雖已有一千三百多年，但他的妙華偉大藝境，超越時空，直到今日仍極受重視，他給後世的影響是萬古長新的。

一、王維繪畫心得好

王維留下不少繪畫心得，主張繪畫應該「意在筆先」，心中對於眼前景物喜歡或者受它感動，再將此感覺畫到紙上或絹上，才會有意境，且自然有味，《宣和畫譜》經過靖康之亂，御府收藏流落失散，宋高宗臨安繼位之後，派人四處收集回籠，成立「中興館閣」所收藏的目錄中，都編載王維所畫現在流落日本大阪市立美術館的〈伏生授經圖〉[9]不論真假，〈伏生授經圖〉都已超過千年，高居翰在《中國繪畫史》上說：

> 他被畫成正在教授的模樣，他一手拿著經文，另一手指著

---

7 見董其昌：《畫學集成・畫旨》（石家莊：河北美術出版社　民國91年）。
8 見何乾著：《中國藝術之根源及其思想體系》民國六十四年七月中國文化大學碩論，頁 185-196。
9 日本一向喜歡派遣使者遠赴中國學習，回國時候行囊裡面那能不買上幾幅中國書畫回去，一則紀念，一則炫耀，一則學習中國減境山水文人畫是當時高層文人效法中國文化的行徑，於是許多中國書畫的名貴真跡便因此在日本保存下來，像李公麟的〈維摩詰及天女像〉現藏日本東福寺；梁楷的〈太白行吟圖〉現藏日本東京博物館；他的〈釋迦出山圖〉現藏日本東京國立博物館；蜀僧牧溪〈六柿圖〉現藏日本龍光寺，「禮失而求諸野」，本來就不是不可能的。

經文上某段難解的地方。臉上慈祥的笑容透露了內心的欣
慰：學生掌握了教義，真理不會再遺失了。在表現儒家對
學術的熱愛，和學者以自己獨特的見解來保存過去知識的
狂熱上，中國繪畫裡，再沒有比這畫得更好的例子了。

美國人高居翰可能不太清楚傳授尚書的伏生當時已經九十餘歲高
齡，對於這樣親身經歷秦火的老人，王維畫出伏生歷盡滄桑，終
於盼到解除「挾書令」，能夠對古書復舊工程略盡棉薄，得天下英
才而傳書的無限喜悅，讓慘遭秦始皇焚書坑儒的痛苦焦慮心情略
微獲得一絲絲抒解，儘管高齡近百，全身枯瘦無肉，憂心忡忡的
伏生仍對傳聖賢之道不願放棄的心態在畫中充分表露無遺，可以
得知王維畫人物畫的功力絕對不比山水畫差，高居翰說王維在發
展水墨山水上的貢獻要比人物畫更加著名，他還接著說：

> 「伏生」雖然並非水墨畫，顏色卻極為收斂，只有一些紅
> 色，輕點在描繪肌體的輪廓線上，也點在其他一些稍加水
> 染的地方，中唐以後畫家更少依賴顏色，卻更注重線條的
> 描繪性和表現性力量。[10]

千餘年來，流傳日本的這些文人作品已經將文人畫傳遍中日韓三
國上層美術界，王維在此畫中使用的這個「減色」技巧，和他在
其他山水圖裡用的「減境山水」，對日韓兩國影響極大。他畫圖注
重畫中山、樹、人、馬的比例，不再人大樹小，繪畫也有了前後、
遠近、濃淡、高下之分，著重畫面的安排。大藝術家與鑑賞家宋
徽宗曾在一幅他認為是王維的作品上面親手題上了〈王維雪溪圖〉
字樣，這幅〈雪溪圖〉是中國現存最早的一幅黑白山水畫，他把
中國的畫帶到另外一個截然不同於以往的境界，近處有小橋、野

---

10 同注 67，高居翰原著：《中國繪畫史》，頁 21。

店，遠處溪上還有小船，船上有蓬屋，船頭船尾還有用力划槳的船夫，更遠的岸上還有兩間小房子，充滿人文山水氣息，這一切都覆蓋在皚皚白雪之下，就像多天合歡山、玉山「四顧茫茫皆白雪」的寧靜景象，也像是柳宗元〈江雪〉所要表現的情趣：「千山鳥飛絕，萬徑人蹤滅。孤舟簑笠翁，獨釣寒江雪。」[11]讓人充份感覺到那種天地一片白茫茫的澄淨與安詳，以及天人合一的恬靜安適感覺，雖然風雪中爲生活勞碌奔波的漁夫想法未必如此，他們可能正爲所獲不多而自怨自艾，除非他們能夠徹底感悟人生，活出生活中的真滋味、真感受，進入人生的第三境界，否則他們恐怕很難對風雪奔波釋懷吧！

　　後世喜歡文雅、酖於翰墨的文人畫家，踩在前人肩膀上，傲視後世群倫，自有廣闊的創作空間去讓他們揮灑創新，當然容易走出自己與眾不同，更精緻熟練的路來，喜歡一展長才、發揮胸中丘壑的水墨山水，歲寒三友、四君子、五吉、六瑞相繼興起，而不是只在唐朝和宋朝畫院盛極一時，具職業水準的工筆重彩寫實「金碧山水」或「青綠山水」單軌上面進行繪畫創作，甚至後來能取金碧、青綠山水的地位而代之，後世重水墨甚於設色山水。因爲有王維「意在筆先」的突破窠臼，繼起者才有可能踵繼前人、繼往開來，蹈厲創新，開創出各式各樣的皴法，發展出各式各樣的技巧，豐富中國獨有的山水繪畫內涵，造成中國繪畫獨步全球的特別領域。但像鑽研王維多年的韓國學者柳晟俊所著《王維詩研究》第二章說的王維皴法已經有多麼高明，恐怕也未必，「萬事開頭難」，王維可能也不是故意標新立異，他只是順手拈來，但卻影響後世深遠。

---

11 見王定：《兩位中國古代的大畫家》（臺北：臺灣書店，民國 67 年 6 月），頁 48-50。

二、大唐才人受惠深

　　王維詩在生前以及後世都享有盛名，《舊唐書》〈本傳〉就說他「天寶中詩名冠代」，唐代宗譽他為「天下文宗」（〈擬答王縉進《王右丞集》表手敕〉），唐代從劉長卿、「大歷十才子」、韋應物以至姚合、賈島等人的詩歌表現都或多或少受到王維的影響，後代詩人寫作田園山水題材的詩作，也在不同程度上受到王維影響，清朝王士禛標舉神韻，也是以王維為宗尚，王維詩自唐朝就傳至韓日等國，《丹青記》、《瑯嬛記》還記載他畫的石頭破空飛到高麗，雖屬荒誕無稽之談，但不正表示他已名揚中外，才會穿鑿附會出許多傳奇故事，其他外國也大量翻譯出版摩詰詩作，王維詩對世界的影響並不因為他已過世千餘年而銳減。

　　中國自有歷史以來，就很注重傳統，重視象徵，《尚書・禹貢》當中記載中國歷史上第一個王朝夏朝開始就有所謂的分天下為九州，是以「禹鑄九鼎」，每鼎代表一州，擁有九鼎就是擁有天下，寶鼎重器一向就作為傳國象徵，到了西周，青銅器與禮器關係更為密切，即「藏禮于器」。「鼎」便是中國青銅時代頗具代表性的禮器，而看似簡單的銅鼎，在人文進展上，卻是充滿智慧的設計。「一言九鼎」表示一個人說話很有份量，楚莊王「問鼎中原」，逼近周楚國界，陳重兵問鼎之重量若干，周天子無奈，只好派王孫滿犒師，王孫滿對楚國數十萬大軍面無懼色回答：「周德雖衰，天命未改，鼎之輕重，未可問也。」當諸侯不能保持其宗廟的寶器，就意味著國滅祀絕。因此秦始皇號稱始皇帝以後，為了取得公信力，積極尋覓九鼎，曾有「泗水撈鼎，繩斷鼎沉」的畫像磚記載，從此歷代的帝王都視鼎為帝王王權的象徵，後來項羽「力能舉鼎」，也隱含了「問鼎中原」的意味，爾後漢武帝得一寶鼎，

特別更改年號爲「元鼎」，而中國從商朝到戰國時代，也就是說從
3700 年前到 2200 年前有長達 1500 多年的時間內，中國古代的君
王和貴族在祭祀、婚嫁或訂盟之類隆重的場合，需要使用各種混
合鉛、錫、銅顏色略黃微紅帶點淡青色硬度高、熔點低的「青銅
器」來盛裝食物與酒漿器物，而鼎是商周最重要的青銅禮器，佔
故宮收藏青銅的 1/6，西周中晚期配合禮制形成列鼎制度，《公羊
傳》：「禮祭，天子九鼎，諸侯七，卿大夫五，元士三也。」列鼎
制度表現了明顯的等級秩序。史書中記載著天子用九鼎，但是至
今出土九鼎的西周墓還沒有發現。列鼎制度表示鼎爲周代祭祀儀
禮之重要法器。《淮南子‧說山篇》「嘗一臠肉知一鑊之味。」高
誘注：「有足曰鼎，無足曰鑊。」後世廚灶的發展甚爲進步，不再
以鼎做爲直接烹煮器具，而只做爲承裝貢祭的禮器。然而廚中所
使用的「鑊」，其實正是「鼎」的演變，至今閩南語中也仍然保留
了「鼎」爲鍋的同義詞。

　　由於「鼎」太重要，所以歷代帝王對於寶鼎重器均集中宮廷
小心收藏，周朝藏之「玉府」，漢代藏於「石渠」，六朝書畫藝術
變革興盛，達到空前狀態，帝王甚至庶民對於寶鼎重器無一不愛，
古董收藏由鼎再擴及書畫器物，鑒藏品定和著錄等均已啓其端
緒，隋朝法書藏諸「妙楷臺」，名畫藏諸「寶蹟臺」，唐朝藏諸「弘
文館」，宋代藏諸「密閣」，元代置諸「奎章」，明代收藏「內府」，
至清高宗乾隆年間更是臻於極盛，此一原藏於北平故宮的收藏源
流，實在是源遠流長，是以臺北故宮博物院蒐集之富，舉世罕有
其匹。

　　隋唐官府對書畫的收藏一部份來自前朝舊藏，另一部份來自
私人藏家或民間所有，再加以巧取豪奪，集權勢於一身的晉唐帝
王並非首開收藏繪畫紀錄的人士，雖然唐太宗曾想盡辦法蒐羅王

羲之真跡〈蘭亭集序〉，也曾派蕭翼去騙過〈蘭亭集序〉真跡，也曾將王羲之真跡複製出來分贈皇太子、諸王及近臣，在尚未有印刷術和照相術的當時，太宗如此一做，對於傳播優秀書法作品供人學習上起了積極作用，但他臨終還將〈蘭亭集序〉真跡帶入墳墓陪葬，留給後世人最大的遺憾，當時唐朝帝王的注意力僅及於王羲之等書法名家的書法碑帖，有鍾繇、張芝、張旭、二王書法四百卷，太宗內府所藏法書名畫，往往以鏤牙軸、紫羅標重新加以裝裱，以別於青綾標、玳瑁軸的梁朝舊裝，並以「貞觀」二小印押縫，在歷代帝王鑑藏印璽當中，他是首開風氣之先者，五代時，中國畫的裝裱方式仍沿襲唐制，只有手卷，尚無掛軸，有繪製屏風的時代特色，但對於當時技巧尚未達到巔峰狀態的繪畫作品，不管是山水畫或人物畫，都沒有收藏記錄。

　　王維死後，原本就很欣賞王維詩文作品的唐代宗，要其弟王縉收集摩詰作品，王縉收錄其兄詩作呈獻君王，卻未及其兄畫作，以致於唐朝朝廷當時並沒有留下王維的繪畫作品，他的優美作品因為四散於民間，沒能獲得宮廷那樣良好的呵護保存，導致後來未能見到他的真跡，「不明就裡」應是主要原因，實令人倍覺心痛，而王維在世，就像顧愷之在世時一樣，繪畫地位雖高，但非頂尖，當時人對其繪畫功力與對後人的影響，也未曾真正瞭解，是以才留下如此憾事。

　　九世紀中葉，中唐出身名門的張彥遠才對中國繪畫的收藏加以用心，堪稱收藏典範。張彥遠，字愛賓，大約生於唐憲宗元和十年（西元 815 年），西元八四七年，他以中國繪畫史上第一部完整的繪畫通史著作《歷代名畫記》的作者而名留千古，他總結前人對畫史、畫論的研究成果，開創百科全書式的編寫體例，彥遠出身宰相世家，高祖張嘉貞、曾祖張延賞、祖父張弘靖三人均做

過唐朝宰相，擅長書法，家中原本就有既富且精的書畫收藏，包括鍾繇、索靖、王羲之父子及顧愷之、陸探微、張僧繇等諸多名家真跡，誰知唐穆宗長慶年間（白居易與元稹唱和時期，西元八二一～八二三年）張家因爲得罪閹宦，家產書畫幾乎全歸內府，形同抄家，跟清朝曹雪芹一樣處境悽慘，收藏品流失絕大部分，「存者二三軸而已」，這位世家子弟張彥遠「恨不見家中所寶」的親身痛苦體驗，讓他興起撰寫名畫的念頭，爲歷史存證，促成一部重要畫史出現，畫錄因此出現人間，保留許多古人珍貴的資料，開後世畫史風氣之先，當晚唐以前的畫史論著多已不存之後，《歷代名畫記》更加難能可貴。民國余紹宋甚且將該書比擬爲西漢司馬遷的《史記》，在其所著《書畫書錄解題》中極力誇讚：「畫史之有是書，猶之正史之有史記。」張彥遠距離王維在世時間不過一百多年，對當時流傳民間的王維真跡想必見過不在少數，他在書後將三一零位畫家按自然、神、妙、精、謹細五個等級給予評價，他曾用心良苦地在《歷代名畫記》中這樣讚美王維說：

> 此乃得心應手，意到便成，故造理入神韻，得天意，此難與俗人語也。[12]

貴古賤今原爲人之常情，與王維相去不遠的張彥遠卻肯這樣中肯評論，這評論想必非常貼合實際，張彥遠認爲王維根本就是天縱英才，才能夠如此開風氣之先，不斷創新領導別人跟他亦步亦趨，祇是當時的張彥遠跟社會大眾一樣，對吳道子的運筆還是比較推崇，對王維僅是一筆帶過，他的看法雖比別人進步，但也還未對王維完全肯定，王維改用「破墨」，把比較濃的墨加在畫面某些重點上面，打破向來水墨畫常犯的單調毛病，張彥遠也還沒有看出

---

12 同注 30，張彥遠：《歷代名畫記》，卷一。

摩詰用墨之妙，荊浩說王維：「筆墨宛麗，氣韻高清，巧寫天成，亦動真思。」黃庭堅《山谷題跋》亦云：「筆墨可謂造微入妙。」《唐書》說：「王維繪畫六要，即氣、韻、思、景、筆、墨。」經過後人踵武繼承，發揚光大，讓筆墨變化出多少令人眼花撩亂的產物，朱玄女士對於用墨講得真是地到清楚：

> 五墨加紙地之白又稱六彩。若從乾濕中分別，則又可分為濃墨、淡墨、黑墨、焦墨、乾墨、濕墨、老墨、嫩墨、潑墨、破墨、積墨、飛墨，十二種墨。[13]

有這麼多不同區別的多種墨法，也可見得千餘年來後人對墨的鑽研真是深入，這些無不是受到王維莫大的啟發所得到的許多成果，更足以見得古人用墨之講究，實在已達無以復加的地步。

從以上對王維的種種記載，可以明顯看出王維的畫作在唐代已經受肯定，祇是接受的程度未達登峰造極的程度而已，頂多排行第三而已，但是反過來想，當時備受肯定的畫聖吳道子，至今反而不只是真跡難尋，就連仿作、臨作都少曾聽說，是否也要算是一種反淘汰或是後出轉精的一種表示呢？倒令人難以斷定摩詰如此說來，雖「沒世而名顯」，像梵谷一樣，算是幸或不幸了。

第二節　皴法摩詰導先河

　　王維還和「大李將軍」李思訓共同創立一種新方法，就是畫山石時為凸顯立體感而有「皴筆的使用」，作山水畫最重視陰陽明暗，這樣才有真實山水石頭的感覺，而想要顯示山石百態、陰陽

---

13 同注 20，朱玄著：《中國山水畫美學研究》，頁 304。

明暗，必須皴、擦、點、染，「皴」是當山石輪廓既成之後，將筆與紙面幾乎平行橫臥，蘸水墨染擦，藉以顯現石頭的脈理及其陰陽向背。蘇峰男在《論國畫皴法之發展》說得非常有道理：

> 山水畫裡多以山石為主體而構成畫面的重心，主宰了整幅畫面的氣勢。因此，如何表現山石形式的百態即「皴法」的使用，成為畫家的首要之務。

從五代以來，山水畫一直居於主流的位置，山水畫自古多數不離山水與石頭、樹木、屋宇，偶然還點綴些人物點景，人物與山水構成不可分割的渾然一體，人的感情與自然景物達到共融生動、生機盎然的境地，而山與石是其中最重要的主體，氣勢足以控制畫面全局，因此皴法不能忽略，他又接著說：

> 試看整個中國山水畫的演進及其風格的變遷，無不與皴法息息相關，可說完全是建立在皴法組合形式的演變之中，所以有些人主張皴法乃是中國山水畫的精髓，甚至是中國山水畫的靈魂，實非過論。[14]

皴法的產生使得後世山水畫越來越與人物畫分道揚鑣，宋朝中期以後的花鳥畫日益蓬勃，山水、花鳥、人物三者成為中國畫的三大畫科，後世人也在王維和李思訓所開創的基礎上不停鑽研皴法，至今已使它發展到多達五十多種表現方法，清朝王槩《學畫淺說計皴》上面說得非常清楚：

> 學者必須潛心畢智，先攻某一家皴，至所學既成，心手相應然後可以雜採旁收，自出鑪冶，陶鑄諸家，自成一家。後則貴於渾忘，而先實貴於不雜。

照王槩這樣說，真是懇切確實，凡事都跟繪畫一樣，不可貪多務

---

14 見蘇峰男：《論國畫皴法之發展》（臺北：川流出版社，民國 64 年），頁 3。

得，必須先簡後難，王維始創皴法，如何畫得出多麼艱深的皴法？
而且破墨與皴法這兩種技巧，對以後純水墨畫的發展都很重要，
清朝畫家兼畫論家唐岱《繪事發微》一書說：

> 昔張僧繇作沒骨圖，是有染無皴也，李思訓用點攢簇而成
> 皴，下筆首重尾輕，形似丁頭，為小斧斫皴也；王維亦用
> 點攢簇而成皴，下筆直似稻穀為雨雪皴也，又謂雨點皴。
> 二人始創其法，厥派遂分。[15]

唐岱說李思訓首創小斧劈皴，王維始創雨點皴，從他倆創始之後，
南北分宗，當然這和許多繪畫起源的說法一樣，也是眾說紛紜，
有人認為王維的皴法非常簡單，沒有後世的技法精要，世上任何
事情的開創都是如此「篳路藍縷，以啓山林。」艱辛異常，那能
一蹴可幾？至少王維當時應該已有皴法萌芽。

宋朝以後，皴擦的方法才更加完備，理當如此進步才是正
理，那是後來歷代畫家嘔心瀝血，珠璣寸累，始達圓熟境界，並
非一蹴達成。後世畫家開創出各式各樣皴法，像披麻皴、解索皴、
折帶皴、芝麻皴、雲頭皴、亂柴皴、亂麻皴、泥裡拔釘皴、拖泥
帶水皴、斧劈皴、牛毛皴、荷葉皴、鬼頭皴、骷髏皴等數目多達
五十餘種，常用皴法也有二十餘種，近代大陸名畫家傅抱石還自
創抱石皴，寶島文學教授畫家朱玄之父朱龍盦自創「龍鱗皴」[16]，
凡此種種，真是讓人眼花撩亂，確實豐富中國獨有的山水繪畫內
涵，造成中國繪畫獨步全球的特別領域，皴法、破墨這兩種技巧，
對於後世純水墨畫的發展非常重要，但絕不可因草創初始，技巧
不夠純熟，而抹煞王維的努力。

---

15 見清‧唐岱撰：《繪事發微》　用乾隆刊本排印（上海：古籍圖書出版社，
　　民國 86 年），頁 15。
16 同注 20，朱玄著：《中國山水畫美學研究》，頁 318。

一、水墨山水氣韻高

　　王維中年作畫時不僅與當時一般人注重顏色、線條、形象表現的方式有所不同，他還別出心裁地把山水畫和山水田園詩這兩種藝術的好處揉合在一起，而且彼此之間還能夠互相溝通無礙，這真是他最高明最受後世稱道、歷久彌新而備受後人讚譽的地方，王維的每一幅畫都與造物主分享同等的創造力，由於他將畫畫的技巧盡情移入詩中，因此不論塑景造境、經營位置，通通都能別出心裁，再加上設色對比，全部都創造出一個絕妙而且獨一無二的世界，因為他是水墨山水文人畫的開路先鋒、開創者，當然他要獨享有一些後人所沒法子享有的東西。

　　王維這樣大膽習作努力創新的結果，初看雖平凡無奇，卻耐人尋味，甚至百看不厭，標榜清高絕俗的文人雅不願與普通人同樣喜歡俗豔的青綠山水，意欲與眾不同，王維首創的水墨畫大受後世文人歡迎，以〈輞川圖〉來看，它屬於傳統長卷方式，有多點透視的特點，各段山水相對獨立又相互關連，步移景異，有充分藝術效果，雖然僅是具有郭熙強調的平遠、深遠、高遠多種構圖方式交互運用、穿插的雛形而已，但仍畫面跌宕起伏，配合詩意有「對比法」和「時間交錯法」的寫詩技巧運用，必然富於強烈韻律感，當然引人入勝，原來唐朝認為時間、地點、物象必須統一合理的「三一律」，到五代、北宋有了不同的看法，五代荊浩所寫的〈筆法記〉對王維有不錯的評語：「王右丞筆墨宛麗，氣韻高清，巧象寫成，亦動真思。」又說：「吳道子畫山水，有筆而無墨，項容有墨而無筆。吾當采二子之所長，成一家之體。」（見郭若虛撰《圖畫見聞誌》），他認為王維兼有吳道子與項容之所長，

而成一家之體，氣韻非常高清，郭若虛在書中又說：「王維、李思訓、荊浩之倫⋯⋯。」由此明顯可見，到宋朝時王維地位提昇許多，已經排行第一，吳道子地位則往下降了不少。

對王維畫的重視現象，在宋朝特別明顯，開始重視探討詩畫間如何相互發明，蘇東坡、李公麟、米芾這些文人畫家紛紛起而效尤、臨摹，推波助瀾，終於讓僅用「墨分五色：濃、淡、乾、濕、焦」的「水墨山水」從此與「青綠山水」二分天下，且因僅用水墨，似乎更能表現文人不恡不求的風骨，大大影響後世水墨山水畫的發展，徽宗宣和三年，韓拙寫《山水純全集》時，王維的地位已經攀上中國畫史的最高峰，他說：「唐右丞王維文章冠世，畫絕古今。」文人畫的理論至此正式奠定基礎。

宋末元初的趙孟頫將蘇東坡「詩畫本一律」的獨到見解，用「書畫同源」加以囊括，且高唱入雲，元朝許多文人因為無法在科舉考試上力求發展，紛紛起而效尤，將重視節操、不畏艱困環境的心意寄託在「四君子畫」上面，這種畫當時有人稱為「士人畫」，有人稱為「士夫畫」，有人稱為「士大夫畫」，在中國繪畫發展史上，「文人畫」這個名詞出現得極晚，遲至明代末葉這名詞才開始流行，明末，董其昌提倡「文人畫」，這石破天驚的說法，從此也奠定董昌穩坐文人畫第四把交椅的地位：

> 右丞山水入神品⋯⋯雲峰石跡，迴出天機，筆意縱橫，參乎造化，唐代一人而已。[17]

董其昌這樣說法固然有些誇大，但也不可否認他看出王維在這方面確實有所開創，董其昌並援用禪宗南北分宗的宗派觀念，建立了一套繪畫上的畫派歷史；並且特別將王維推尊為「南宗之祖」

---

17 董其昌《明人畫學論著·畫眼》（臺北：世界書局 民國64年）。

或「文人畫之祖」，真是對王維無上的尊崇，分中國畫壇爲南北兩
派，而由王維創始，影響後世畫壇深遠，董其昌的看法儘管有不
少人反對，認爲太過牽強，但是寫美學史的兗兗諸公全都以董氏
看法爲說法，清朝著名宮廷畫家也是畫論家的唐岱更在他的名作
《繪事發微》當中加以闡發墨韻之美：

> 墨色之中，分為六彩，何謂六彩？黑、白、乾、濕、濃、
> 淡是也。六者缺一，山之氣韻不全矣!墨有六彩，而使黑白
> 不分，是無陰陽明暗；乾濕不備，是無蒼翠秀潤；濃淡不
> 辨，是無凹凸遠近也，凡畫山石樹木，六字不可缺一。

唐岱很重視山的氣韻，強調畫山石樹木時，黑、白、濃、淡、乾、
溼六字不可缺一，缺少一樣，山的氣韻會大打折扣，其實這些氣
韻，何嘗不能在王維那幅中國最早黑白水墨畫〈雪溪圖〉中看出
來呢？徐復觀在《中國藝術精神》一書中呼應董其昌說：

> （董氏）他分宗的主要目的，在標榜他以「淡」，以「天真
> 自然」為宗的藝術宗旨。……他所標舉的「淡」、「自然」，
> 這都是從莊學、從魏晉玄學中出來的觀念，這也是山水畫
> 得以成立的基本觀念[18]。

徐復觀明白指出董其昌標舉的「淡」和「自然」都是中國莊子思
想和六朝魏晉玄學得來的觀念，也是中國山水畫成立一千多年以
來發展的基礎觀念。據高木森在《中國繪畫思想史》一書當中所
歸納，文人畫是繪畫文學化詩、書、畫三者結合有寄託寓意的作
品，最重要的特點不外是下列三項：

> 一、形式上達到詩、書、畫之徹底融合；二、態度上以遊
> 戲翰墨為手段；三、功能上以寓意為目的。……這三個特

---

18 徐復觀：《中國藝術精神》（臺北：臺灣學生書局，民國 65 年），頁 417。

點事實上是互相依存的，都是繪畫文學化的結果。[19]高木森提出三點論看法，確實將翰墨遊戲的文人畫之詩、書、畫三者互相依存的關係講得非常精緻入微，這些無不與繪畫的文學化關係絕大。

二、山水圖畫意當先

王維早年的詩作以少年豪放的邊塞詩居多，畫畫作品很可惜未曾見到三十歲以前隱居嵩山時年輕作品的記載著錄，人過中年，心境穩重，步調穩健，王維四十三歲以後營建輞川別業（附圖七），對輞川歌詠誦吟的作品不只有《輞川集》傳世，其他歌詠山水的作品也很多，而王維對他喜歡的輞川風景絕不會只以題詩爲滿足，當他興趣一來還會提筆作畫，將輞川美景透過圖畫〈輞川圖〉得以保留，蘇軾〈書鄢陵王主簿折枝二首〉當中提出：「詩畫本一律。」認爲詩畫本出一源的主張，宋朝以後繼承王維遺緒，有所謂「詩意圖」，又稱「詩畫」或「詩圖」，是以詩文爲題材，表達詩文內涵的繪畫。「題詩意圖詩」，顧名思義，即關於詩意圖的題詠。

詩與畫雙絕，加上音樂三好，是王維繪畫特色，歷來都有不少後人相當評賞，以手卷形式繪製的〈輞川圖〉又延續六朝以來的敘事畫風格，在觀覽手卷畫時，因爲畫卷的舒捲開合，畫中流動的時空結構以及敘事終始的隨機性，會使得讀者由圖象具現文字，觀圖時會像秦觀一般，感覺正與王維、裴迪同歌「輞川之樂樂悠悠」，其題寫《輞川集》則是追尋理想的紙上神遊，好像也是在淨化解脫「輞川別業」原物主宋之問「吏隱」之苦的過程。

---

19 同注 46，高木森：《中國繪畫思想史》，頁 221。

〈輞川別業〉（後人仿）↓

唐宋山水畫是中國山水畫發展史上的黃金時代，除了山水門畫科自唐代開始脫離「原本只是人物畫的背景，進而成為獨立發展的畫科」之外，人類生活在大自然中，對大自然的探索和研究從來就沒有間斷過，到宋朝更是邁入高峰，道家原本就崇尚自然、親近自然，宋儒重新發覺《禮記·大學》所標示之「致知在格物」[20]的重要性，促使宋人對大自然的觀察與研究更加精深獨到，眼睛觀察絲毫不曾疏忽，才能讓宋朝山水、花鳥畫出眼中的山水、花鳥，很快就豎立了權威招牌。不過，物極必反，南宋時，本是院畫家的梁楷不耐院畫束縛，掛牌求去，人稱「梁瘋子」，他和文人共同具有減省筆墨的畫法、構圖以及創作數量，也創造影響後世及韓日等國山水畫至深的「減境山水畫」── 僅畫出畫家所想要呈現的東西，不像北宋院派畫家那樣，巨細靡遺仔細畫出眼前山水景物，這種減境技巧於是成為文人畫的一大特色。

---

20 見《禮記》（漢）鄭玄注（唐）孔穎達等正義（臺北：藝文印書館《十三經注疏本》影清嘉慶二十年 1815 阮元校刊本　民國 91 年 12 月初版 14 刷），頁 983。

　　就像一切文學皆出自經典一樣，所有中國山水畫的畫風幾乎都在唐宋這一時期建立，成為日後元朝文人畫出心中山水，明、清以及近代中國山水臨摹仿效的對象均遠祖於此。且唐宋開始，中國山水畫的畫史、畫論及畫作，也較豐富又有系統，有足夠的資料可進行繪畫研究，五代到宋朝，尤其是山水畫樹立典範的關鍵時代，不論高山、樹木或岩石，畫家常常使用弧線來統合畫面，例如：郭熙〈早春圖〉裡的樹枝都用「蟹爪枝」來表現；就連綿延的山脈結構，也常以彎曲動感的 S 形來表達；在畫面上營造「空氣感」，就是運用「留白」的方式暗示雲霧的繚繞，增加更多山水自然的蓬勃生氣，以上這些突破前人的技巧，成功營造了中國美學獨有的山水情境，立下後人難以超越的山水畫典範，山水畫因此很快就登上中國繪畫的霸主地位。

　　明代類書當中就輯有《畫學秘訣》，內容主要在闡述畫山水人物的一些訣竅，〈山水論〉、〈山水訣〉大多數人都相信這些確實是王維所著的的論畫之作，清朝趙殿成《王右丞集箋註》附錄三輯有「畫錄一百十九則」，這些都是趙殿成在唐朝至清千年之間各文人筆記、畫記書中提到王右丞、或王摩詰者集做一處，確實是煞費苦心，也可見得歷代一直到清朝，王維受到畫壇尊重的情形，[21]〈畫學秘訣〉的〈山水訣〉當中，王維曾提出許多畫山水時必須注意的事項，不少都是駢句型式，儘管有人懷疑這些語句粗淺，認為「維文章筆墨冠天下，宜有絕妙好辭，以寫其胸中所得之秘。」[22]認為所寫粗淺，斷非王維之作，然縱非維作，應該也是他或當時畫師的生平繪畫經驗結晶：

　　　夫畫道之中，水墨最為上，肇自然之性，成造化之功。或

---

21 同注 1，趙殿成箋註：《王右丞集箋註》卷末附錄三，頁 404-406。
22 同注 1，趙殿成箋註：《王右丞集箋註》卷末附錄三，頁 493。

> 咫尺之圖，寫千里之景。東西南北，宛爾目前；春夏秋冬，
> 生於筆下。初鋪水際，忌為浮泛之山；次布路岐，莫作連
> 綿之道。主峰最宜高聳，客山須是奔趨。[23]

他非常強調以水墨為上，想必是自己有了相當的感悟，而且因為
屬於自己平素遊賞之故，他欣賞「肇自然之性，成造化之功。」
將自然美景呈現於筆下，他認為畫圖「或咫尺之圖，寫千里之景。」
只是短短尺幅，卻能表達出百千里的景色。

> 迴抱處僧舍可安，水陸邊人家可置。村莊著數樹以成林，
> 枝須抱體；山崖合一水而瀉瀑，泉不亂流。渡口只宜寂寂，
> 人行須是疎疎。泛舟檝之橋樑，且宜高聳；著漁人之釣艇，
> 低乃無妨。懸崖險峻之間，好安怪木；峭壁巉巖之處，莫
> 可通途；遠岫與雲容相接，遙天共水色交光。山鈎鑠處，
> 沿流最出其中；路接危時，棧道可安于此；平地樓臺，偏
> 宜高柳映人家；名山寺觀，雅稱奇杉襯樓閣；遠景烟籠，
> 深巖雲鎖。酒旗則當路高懸；客帆宜遇水低掛；遠山需宜
> 低排；近樹惟宜拔迸。

王維對於山水畫中的僧舍、人家、村莊、樹木、山崖、瀉瀑、棧
道、樓臺、寺觀、酒旗、客帆，遠景、近景都有妥當交代與安排，
他有相當的繪畫經驗，清楚知道，何時何處，該隱則隱，應顯即
顯，渡口之處是山水景色交融的人文薈萃之處，不可熱鬧雜遝得
像個菜市場；點景人物稀疏一二，即可表現畫中意境：

> 手親筆硯之餘，有時遊戲三昧。歲月遙永，頗探幽微，妙
> 悟者不在多言，善學者還從規矩。

王維勸人親近筆硯之餘，有時還可繪畫於遊戲三昧之中，他並從

---

23 同注 1，趙殿成箋註：《王右丞集箋註》，卷二八，〈畫學密訣〉，頁 489。

讀禪、參禪、悟禪之中，融會貫通，以禪悟之理通同萬事萬物之理，儘管注重妙悟，但他還勉人要不失規矩日久天長之後，自然可探幽微，若真是他人所作，也將他的禪悟瞭解得太透徹了，另外還有：

> 塔頂參天，不須見殿，似有似無，或上或下，茅堆土埠，
> 半露岩廠；草社蘆亭，略呈檣檸。山分八面，石有三方。
> 閒雲切忌芝草樣，人物不過一寸許，松柏上現二尺長。

王維非常注重講究人物、松柏的大小、比例，以及山石的立體感，許多點景之物，強調似有若無，不願本末倒置，景物喜歡錯落有致。至於〈畫學祕訣〉的〈山水論〉當中，王維強調的則是更為具體實際的論點，王維注重的繪畫祕訣是先有構圖 —— 完整嚴密的腹稿，之後再作畫：

> 凡畫山水，意在筆先。丈山尺樹，寸馬分人，遠人無目，
> 遠樹無枝。遠山無石，隱隱如眉；遠水無波，高與雲齊。
> 此是訣也。山腰雲塞，石壁泉塞，樓臺樹塞，道路人塞。
> 石看三面，路看兩頭，樹看頂鵸，水看風腳。此是法也。[24]

他的看法認為胸中沒有腹稿是不行的，因為中國宣紙下筆即無法更動，不先佈局、構圖，會心中慌亂，不知從何下筆，就連一向以真龍自居的「乾隆」皇帝雖然常在歷代名畫上面題詩，卻也會有不知從何下筆之狀況，題字越寫越無力氣，越寫筆勢越柔軟無力，因為宣紙不像西洋油畫，可以改了又改，後來畫的油彩可以完全覆蓋早先的作品，中國宣紙的生宣下筆之後完全無法修改，寫意水墨山水均用生宣；工筆畫用熟宣，紙張泡過明礬，可以像油畫一樣，一改再改，一塗再塗，水墨山水講究的是暈染效果，「意

---

24 同注 1，趙殿成：《王右丞集箋註》，卷二八，〈畫學密訣〉，頁 490。

在筆先」這種做法真的非常必要,證諸後世相傳是王維作品的〈輞川圖〉、〈雪溪圖〉、〈山陰雪霽圖〉這些圖畫[25],他果真都依此規矩「凡畫山水,意在筆先,丈山尺樹,寸馬分人。」不再有稍早顧愷之「丈人尺馬,寸山分樹。」那種突顯人物尺寸的繪畫表現,尤其是「凡畫山水,意在筆先。」這話早已成為中國繪畫的經典之語,他這種想法是中國山水畫最早存在也特別強調的構圖思想:

> 凡畫山水,平夷頂尖者巔,峭峻相連者嶺,有穴者岫,峭壁者崖,懸石者巖,形圓者巒,路通者川,兩山夾道,名為壑也;兩山夾水,名為澗也;似嶺而高者,名為陵也;極目而平者,名為坂也,依此者,粗知山水之髣髴也。

摩詰對於巔、嶺、巒、川、壑、澗、陵、坂分得是一清二楚,要先清清楚楚瞭解知道這些山陵川澤形式當中的細微分別,才不至於畫得凌亂無章,上下顛倒,依此分得一毫不亂,才能粗知山水畫之髣髴。他接著說:

> 觀者先看氣象,後辯清濁,定賓主之朝揖,列群峰之威儀。多則亂,少則慢,不多不少,要分遠近,遠山不得連近山,遠水不得連近水,山腰掩抱,寺舍可安;斷岸坂堤,小橋可置。布路處則林木;岸絕處則古渡;水斷處則煙樹;水闊處則征帆;林密處則居舍。臨巖古木,根斷而纏藤;臨流石岸,敧奇而水痕。

這些細微的繪畫技巧,若非親力親為,不是素有筆墨經驗者實在很難提得出來,寺舍、小橋、林木、古渡、煙樹、征帆、居舍之間的相關位置,不經一番苦心摸索,那能下筆有神?

> 凡畫林木,遠者疎平,近者高密,有葉者枝嫩柔;無葉者

枝硬勁，松皮如鱗；柏皮纏身，生土上者，根長而莖直；生石上者，拳曲而伶仃。古木節多而半死；寒林扶疏而蕭森。有雨不分天地，不辯東西；有風無雨，只看樹枝；有雨無風，樹頭低壓，行人傘笠，漁父簑衣。雨霽則雲收天碧，薄霧霏微，山添翠潤，日近斜暉；早景則千山欲曉，霧靄微微，朦朧殘月，氣色昏迷；晚景則山啣紅日，帆捲江渚，路行人急，半掩柴扉；春景則霧鎖烟籠，長煙引素，水如藍染，山色漸青；夏景則古木蔽天，綠水無波，穿雲瀑布，近水幽亭；秋景則天如水色，簇簇幽林，雁鴻秋水，蘆鳥沙汀；冬景則借地為雪，樵者負薪，漁舟倚岸，水淺沙平。

王維隱居山中超過十年，對山景林木，早晚冥晦，陰晴雨雪，瞭如指掌，四時景色變化，一清二楚，他不可能閉門造車，他更不可能無緣無故說出自己「前身應畫師」，若非真有心得，實有觀察，怎能分辨得如此歷歷在目，成竹在胸？否則，不是太狂傲自負：

凡畫山水，須按四時，或曰烟籠霧鎖；或曰楚岫雲歸；或曰秋水曉霽；或曰古冢斷碑；或曰洞庭春色；或曰路荒人迷，如此之類，謂之畫題。山頭不得一樣；樹頭不得一般，山藉樹而為衣；樹藉山而為骨，樹不可繁，要見山之秀麗；山不可亂，須顯樹之精神，能如此者，可謂名手之畫山水也。

王維此論觀點清晰，井然有序，是他隱居山中多年摹山狀水的心得所積，文字稍有對仗，但非標準駢四儷六，雖然王維本身駢文極佳，但為了讓多數僅只是粗識文字的畫工參考知曉，兩論均以陳述意義為主，並未因文害意，純屬心得，說明訣法而已，簡明

即可，不必咬文嚼字，有人懷疑這些論點不可能是王維的著作，[26]
皮師述民提出不同主張：

> 它以陳述意義為主，絕不因文害意，不像是賦。再說它的
> 內容，純為畫論，說明訣法，非常簡要，的確是在傳授個
> 人的繪畫心得。我們的感覺，它正是「寫胸中所得之秘，
> 傳為典範，以啟佑後人。」[27]

皮師講得真對，研究者非常認同，因為當時畫家幾乎都是工匠，
標準駢驪，深奧難懂，害人非淺，又炫耀個人才學，有何意義？
而且試看後人對王維〈輞川圖〉的仿作內容，又都能符合王維〈山
水論〉、〈山水訣〉的論點，如以《輞川集》詩中若干山水寫景詩
句與〈畫學秘訣〉相對照，就可以發現王維的山水詩確實非常契
合有唐以來許多山水畫的理論：

> 古木餘衰柳（〈孟城坳〉）→古木節多而半死
> 連山復秋色（〈華子岡〉）→秋景則天如水色
> 不知棟裡雲，去作人間雨（〈文杏館〉）→雨霽則雲收天碧
> 輕舸迎上客，悠悠湖上來（〈臨湖亭〉）→水闊處則征帆
> 輕舟南垞去，北垞淼難即（〈南垞〉）→水闊處則征帆
> 逶迤南川水，明滅青林端（〈北垞〉）→遠水無波，高與雲
> 齊[28]

再說即使這些〈山水訣〉、〈山水論〉真的都只是後人偽作假託，
可也句句都是歷代畫工口耳相傳的繪畫經驗口訣，單就繪畫理論
本身來說，就確實為有唐以來山水畫的基本原理，當時王維也應
該確實曾經親自參與這些畫論心得的著作，而有此輝煌成果，《酉

---

26 趙殿成就是最具代表性的人物，在趙殿成箋註：《王右丞集箋註》卷二十八
　〈畫學秘訣〉說他「卑卑無甚雋言，其為後人所託，又何疑焉？」頁493。
27 見皮師述民：《王維探論》（臺北：聯經出版社，民國88年初版），頁111。
28 同註27，皮師述民著：《王維探論》，頁114。

陽雜俎》記載一則訊息：

> 韓幹，藍田人，少時常為貰酒家送酒，王右丞兄弟未遇，
> 每一貰酒漫遊，幹常徵債於王家，戲畫地為人馬，右丞精
> 思丹青，奇其意趣，乃歲與錢兩萬，令學畫十餘年。[29]

唐朝玄宗時代的畫馬名家韓幹少時曾為酒肆傭工，後得王維資
助，改習繪畫，十年有成，尤精於畫馬，曾經跟王維學畫十餘年，
而且他還卓然成家，名留千古，留下真跡數幅，足以證明功力確
實不同凡響，有這樣的狀元學生，難道真的就沒有狀元老師，固
然學生天賦與自身努力有關，但是身為指導繪畫方法的老師王
維，若沒有兩把刷子，恐怕亦難讓學生心服口服肯花上十餘年時
間學習吧！老師又哪會差呢？

　　王維這樣創新實驗的結果，這種寫意的表現方法得以適當的
安排，對於中國繪畫發生了很大的影響，甚至可以說使得以後的
中國繪畫形勢完全改觀，後起的許多中國畫家，再也不能滿足於
純粹只是繪畫技術純熟而已，也不能僅滿足於光是把自然景物原
封不動的搬到畫紙或絹帛上面而已，他們努力把自然界美化、理
想化、簡化，然後再用藝術語言予以重現筆頭、絹帛、紙端，且
進而更積極追求心象中的理想美、意象美，意象是詩人與讀者所
建立的最直接交往媒介，中國詩人原本就擅長在有限中創造無
限，王維確能畫出「象外之象、景外之景」[30]。

　　王維中晚年畫〈輞川圖〉、〈江山雪霽圖〉揉合自然清美與人
文精神的世界，也比敦煌盛唐壁畫裡面大量出現的青綠山水減色
許多，僅用淡彩微敷淺絳而已，主要是以水墨淋漓來表現山水的

---

29 同注 1，趙殿成箋註：《王右丞集箋註》，頁 503。
30 見王國瓔著：《中國山水詩研究》(臺北：聯經出版公司　民國 81 年三版)，
　　頁 389。

畫作，更能引動後代文人的喜愛，寫出不少的長詩加以歌詠呼應，不只給繪畫注入新的人文生命，也提升了中國繪畫的境界，讓讀者「似見畫中山」，甚至於可以「似與畫師說短長」。

　　後世畫家如荊浩、關仝、董源、巨然、李成、郭熙、范寬、米芾父子均受到王維影響，寧可妙而不工，「寧拙勿巧，寧醜勿媚。」固為書法之理，繪畫亦復如是。因為我國山水畫自從脫離人物、道釋畫的布景而獨立成科以來，本來就是似而不似、不似而似，崇尚筆墨意趣，重在對於自然景物神妙韻味的捕捉，以達到精神相應的境界，而不願意用盡技巧，不尚工巧瑰麗的藝術品，不願徒有形象卻缺乏精神內涵，雅不願作品當中流露出「匠氣」、「俗氣」、「土氣」的毛病。這種從唐代開始摸索出現的「文人畫」風格，到宋代進入發展成熟、開花結果的階段，蘇東坡在《東坡集》裡認為畫畫必須先得「常理」方能有得，他說：

> 余嘗論畫，以為人禽、宮室、器用，皆有常形，至於山石、竹林、水波、煙雲，雖無常形而有常理，常形之失，人皆知之，常理之不當，雖曉畫者有不知。

有了蘇東坡、米芾、李公麟這樣動見觀瞻的名人加以推波助瀾，於是便在北宋中、後期形成巨大的藝術潮流。

　　再加上有宋英宗的駙馬王詵之類，不但勇於自己畫，還努力認真收藏蘇東坡的各類文學及繪畫、書法作品，品評並聘請畫家作畫的潮流，在北宋當時的上層社會文人當中蔚然成風，有人甚至以類似王羲之「換鵝字」的手法，耍出「換羊字」的手段，向蘇東坡索字而無所不用其極。

　　更有不少文人親身參與繪畫實踐，開闢了繪畫藝術的新天地，在宋代繪畫高度發展的基礎上，蘇東坡與其他文人對於繪畫的理論也大量問世，為今日研究古代繪畫提供了重要的文獻依

據，東坡在很多畫作上的題跋，或是品評前人作品的一些詩作，也都逐漸形成了一種不可忽視的風潮，從此，意在筆先的文人畫立於不敗之地。

陳衡恪〈中國文人畫之研究〉上說：

> 文人畫之要素：第一人品，第二學問，第三才情，第四思想。具此四者，乃能完善。

清盛大士《西山臥遊錄》說：

> 畫有士人之畫，有作家之畫，士人之畫，妙而不必求工；作家之畫，工而未必盡其妙，故與其工而不妙，不若妙而不工。

此所講的作家，並非後世說的作家，而是指一般所謂之畫工、畫匠是也，認為不需要畫得多麼相像，但不能疏忽妙趣，意味寧可有美妙意境而不求其工整，僅形似卻不妙，他的見解倒是與蘇東坡論畫持有相同看法，這正是文人畫家相當堅持的所在。

第三節　前身畫師今陶醉

王維自己也在〈偶然作〉六首當中，就曾經既謙虛又略帶得意地說：「宿世謬詞客，前身應畫師。」也就是說他認為自己上一輩子必定是個專門從事畫畫的人，否則不會那麼沈醉在繪畫世界裡面，而且更令他當時想像不到的，應該是明朝董其昌竟然將他推崇為「中國文人畫始祖」、「南宗之祖」，這絕對是他生前始料未及的事吧！中國近代著名美學專家朱光潛曾說：詩是一切文學的核心和通道，唯有從讀詩入手，才能培養出純正的文學趣味：

> 能欣賞詩詞歌賦的人，不但對於其他種類的文藝作品，能有真確的悟解，更不會感覺到人生是乾枯的、無聊的

事，……而詩是一切文學的核心和通道，要養成純正的文學趣味，最好從讀詩入手……而且從鑑賞詩詞歌賦中所引發的美感經驗，是人生中最有價值的一面……人是自己心靈的主宰……美是事物的最有價值的一面，美感的經驗是人生中最有價值的一面。[31]

朱光潛先生真是懂得讀詩三昧，他切實明白鑑賞詩詞歌賦所引發的美感經驗是人生最有價值的一面，在鑑賞詩的過程當中，人真的能夠體會到自己才是心靈的主宰。邱師燮友在《童山詩論卷》當中說到詩歌教學對人生的啓示特別歸類出：詩中的哲理，是生活中的至理名言；詩歌中的境界，反應人生的面面觀；從詩詞中，可以開拓人生的境界；從詩歌中，可以體會收放的人生，並且得到一個結語：詩人的思想和語言，豐富了詩歌的內涵；詩歌的內涵，豐富了彩色的人生。[32]高居翰說：文人畫表現的內容來自畫家的心靈，將繪畫稱爲「心靈的寫照」，人又是自己心靈的主宰，王維在妻子逝去之後悲傷心情的平復期間，想必也時常會提筆作畫、提筆寫詩來治療心靈的創傷，畫下不少「心靈的寫照」，黑白水墨畫出當時自己的心靈感受，誰曰不宜？「心靈的寫照」這句話用在王維身上真是再恰當不過。

其實王維本身除了〈輞川圖〉之外，還畫過不少作品，只是他早年隱居嵩山時的山水畫作不知是尚未卓然成家，還是另有其他原因，未曾聽人提及，他長於山水峰巒，各種雪景，人物畫更是一絕，唐朝時期日本遣唐使有六百多次，人人回國都會搜集一些中國書畫作品，因此日本至今仍保存不少中國唐朝的佳作，由

---

31 見朱光潛：《談美》（臺北：國際少年村，民國 89 年 10 月初版），頁 2。
32 見邱師燮友著：《童山詩論卷》（臺北：萬卷樓圖書股份有限公司，民國 92 年出版），頁 12-17。

於王維死後，其弟王縉奉唐代宗之命收集其兄作品，當時已經「百不存一」，編爲十卷，得詩四百餘首。

王縉不知是近廟欺神，還是真的太沒有眼光，不知其兄在中國繪畫史上是那麼重要的人物，或當時社會風氣真的還不懂尊敬文人、藝術家，都只把畫家認爲是工匠而已，光只知道收集詩文作品，卻未兼及畫作收集，導致唐朝時期宮中即已經無王維畫作，王維在世時畫畫數量絕對不在少數，只是散落民間而未入內府。

過了三、四百年，喜好繪畫、藝術的藝術家皇帝宋徽宗即位，大力提倡文化、藝術，注重畫院功能，讓宋朝成了「鬱鬱乎文哉」的朝代，又由蔡京與名書法家、畫家米芾加以鑑別內府收藏，做成記錄、簡介，將內府所藏 197 家墨跡 1344 帖，做成《宣和書譜》；又將 231 位畫家 6396 軸畫做成《宣和畫譜》，這些就是當時全國傳世書法家、藝術家、畫家的最珍貴紀錄，歷經數百年歲月無情的考驗，披沙瀝金，當時竟還能見到不少王維的畫作，《宣和畫譜》上說：「今御府所藏，一百二十有六。」[33]扣除掉別人的仿作，真跡還非常可觀，顯見得王維當時真是備受歡迎，當時民間應該還有一些王維畫作的私藏作品，數量更是難以統計。可惜的是北宋以後，像靖康之難一般的兵火災劫，層出不窮，加上確實是年深久遠，他的真跡越來越難得一見。

由於王維的作品實在太受人歡迎，僞作、臨摹、仿畫必然也層出不窮，這些當然也間接證實當時王維的畫作確實有市場，有賣點，千餘年過去，至今世上是否還有王維真跡存世，是誰都不敢樂觀的事。但是王維的山水詩與畫，確實能夠契合有唐以來關於山水畫的種種理論，這應該是後世認同他「詩中有畫」的另一

---

33 同注 1，趙殿成箋註：《王右丞集箋註》，卷末，附錄三〈畫錄一百十九則〉，頁 519。

個原因，而且當時流行繪畫青綠山水的風氣，也被王維加以改變了，原先他只是偶然減色、減境，畫得像淺絳山水一般，水墨更是偶一為之，在他的妻子過世之後，他無法像過去一樣拿起綺麗的青綠金粉色彩在畫紙上塗抹，心情落在谷底的畫家僅能用水墨黑白來畫出他的折翼悲痛心情，誰知畫完以後，心情得以逐漸平復，看看成品比起青綠山水更有不同韻味，於是他開始欣賞黑白的人生和黑白的畫作，誰知就這樣竟讓他走出一條康莊大道，創造出前所未有的文人畫風格和技巧，他為後代文人找出一條從來未曾有過的坦途和無限寬廣的空間。

　　院畫家處處受到限制，固然品質有經過管控較有保證，卻也有手腳施展不開的遺憾；文人畫則天馬行空，無拘無束，讓一些有塗鴉繪畫能力的文人，在心情鬱悶時，既無從犯法、犯上，又不能隨意向人傾吐、無法任情發洩的時候有個抒發的管道，隨手拿起身旁的紙筆磨硯，不需昂貴無比的丹青，便能一抒胸中塊壘、抒解一下瀕臨崩潰的壓力，度過人生的低潮階段，未始不是一件好事。

　　清朝寫作《紅樓夢》的曹雪芹、國破家亡的「八大山人」朱耷和「揚州八怪」最著名的鄭板橋，哪一個不是「詩窮而後工」，「文窮而後工」，「畫窮而後工」，一步一顛簸，歷盡艱難險阻，才走過生命中的死亡幽谷。王摩詰在繪畫方面的偉大成就，毫不含糊的被人公認為文人山水畫的始祖，一身兼為大詩人與大畫家、大音樂家，延續前人的腳步，踵武發揚前人的成就沒什麼稀奇；開創另一片廣闊天空，讓後人能夠亦步亦趨，才是困難所在，中外古今能像他這樣雙向，甚至三向，呈現出詩、畫、音律互相影響的藝術情趣，無人能出其右，音律技巧高明，連文學藝術十項全能金牌得主的蘇東坡也望塵莫及，無法比得上王維，確實是「古今中外，一人而已。

第五章　王維題畫詩特色

第一節　詩中有畫畫有詩

　　一般文學史對於謝靈運和謝朓以「山水詩人」稱號稱之，似乎均無異議，但對於王維、孟浩然的稱謂卻不太能取得一個定論，有稱「田園詩人」、有稱「山水詩人」、有稱「自然詩人」、有稱「田園山水詩人」，因爲他們的詩中有表現出像陶淵明大部分的田園詩一樣「牧歌式」的恬淡、自適意趣，表現出山水與田園情趣合流的意韻，但對摩詰的詩中特色「詩中有畫，畫中有詩。」卻少有人持反對意見，宋朝大文豪蘇東坡頗有見地的讚譽王維的一幅畫作〈摩詰藍田煙雨圖〉說：

　　　　味摩詰之詩，詩中有畫；觀摩詰之畫，畫中有詩。

東坡沒有想到他本意只是要形容王維畫煙雨中的藍田那幅畫是「詩中有畫，畫中有詩」，但一則因爲蘇東坡在中國文學史以及繪畫史上「樣樣不肯第一，只求第二」的地位實在太崇高了，他的品味與評價當然也無庸置疑，再說他這兩句話實在形容得太恰到好處了，「詩中有畫」是說王維用文字代替繪畫所用的線條色彩來展現具有詩意的畫面；「畫中有詩」則是說王維的畫裡面色彩層次豐富、形象優美、意境高雅，道出了王維山水詩、畫裡最突出的藝術特色，他讓詩情與畫意得到高度的融合統一。

　　後人審視王維的作品，發現他其他很多作品都有這樣的趨勢

或表現，最後「詩中有畫，畫中有詩」這個評語，竟然擴充成為後世藝評家們對王維其他作品也近乎眾口一致的批評，很少有人提出質疑，即使像明朝末年的張岱曾經提出質疑，但是他提出的理由也是牽強至極，不值一哂，蘇東坡這段話雖然有點以偏概全的意味，但是卻也相當清楚地說明王維的山水詩就像山水畫一樣，是抒情的小品，是情趣的點染，而非情緒的宣洩，比起六朝當時一般與宦遊行旅生涯共詠的山水詩作要含蓄得多，頗符合傳統詩觀的「溫柔敦厚」標準，這種與田園情趣合流的山水詩，是從孟浩然開始首開風氣，但是真正把與田園情趣合流的山水詩帶至最成熟階段的顛峰，且成就最高的這個榮譽還是非王維莫屬。

　　而他最受後人稱道的山水畫更幾乎幅幅都有詩情，因王維能詩能畫，寫山水詩篇時，以畫家的透視再加上詩人的技巧來遣詞煉句，常常突破語言媒介的侷限，發揮語言的啟示功能，直接訴諸讀者的想像。[1]所謂「詩中有畫，畫中有詩。」應該形容王維的山水詩，尤其是與田園情趣合流的山水詩，全都如一張張精美小畫，不但沖淡清靜，更有無限空靈妙用，展現自然萬物的生意，揭示超越雕飾，無不歸真的語言技巧，他不是一句兩句，一首兩首給人這種感覺，而是他的許多詩都圍著「詩情畫意」在迴環流轉，他既是畫家，又是具有高度語言技巧的詩人，「詩中有畫」的句子真是多得不勝枚舉，比較出名的像：

> 荒城臨古渡，落日滿秋山。(〈歸嵩山作〉)
>
> 白雲迴望合，青靄入看無。(〈終南山〉)
>
> 渡頭餘落日，墟里上孤煙。(〈輞川閒居贈裴秀才迪〉)
>
> 漁舟逐水愛山春，兩岸桃花夾去津。(〈桃源行〉)

1　見王國瓔著：《中國山水詩研究》(臺北：聯經出版公司　民國81年三版)，頁265。

漠漠水田飛白鷺，陰陰夏木轉黃鸝。(〈積雨輞川莊作〉)

山中一夜雨，樹杪百重泉。(〈送梓州李使君〉)

大漠孤煙直，長河落日圓。(〈使至塞上〉)

行到水窮處，坐看雲起時。(〈終南別業〉)

荊溪白石出，天寒紅葉稀。(〈山中〉)

落日江湖白，潮來天地青。(〈送邢桂州〉)

這些佳句雖各僅短短兩句，摩詰卻都用他敏銳的眼光加上清新淡雅的筆墨，雖然僅係李公麟式的白描，卻能夠切實抓住大自然的神髓，勾繪得恰到好處，王維的這些詩作雖並未直接題在畫面上，但後世仍以題畫詩論之。

　　摩詰作品當中最爲沖淡清靜、飄逸灑脫，屢屢爲後世愛詩人士稱道、品味、低迴不已的佳作則當推摩詰的一些寫景五言與裴迪《輞川集》那二十首雋永的五言小品，每一首詩都有抽象的意象，令人神往，像是一張張清麗動人、扣人心弦的小型山水畫，「聲喧亂石中，色靜松聲裡。」或「泉聲咽危石，日色冷青松。」和《輞川集》中的「空山不見人，但聞人語響。反景入深林，復照青苔上。」〈鹿柴〉、「秋山斂餘照，飛鳥逐前侶。彩翠時分明，夕嵐無處所。」〈木蘭柴〉甚至已非一般圖畫，而是色澤特別鮮明細緻的水彩畫和油畫，在趙殿成《王右丞集箋註》前面〈王維和他的詩〉文中有云：

> 詩人的彩筆深入到了自然美的奧秘，以敏捷機靈的才能，抓住了他們在特定情況下所呈現出來的異常的光彩和聲響，作了聳動耳目的寫照，使人不能不驚嘆詩人感受的細緻深入和藝術表現力的高超。[2]

---

2 見趙殿成箋註：《王右丞集箋註》(臺北：河洛圖書出版社　民國 64 年) 卷首，頁 6。

詩人能技巧出神入化地捕捉到稍縱即逝的自然現象在變化中顯現
的生命神韻，畫面有如電影鏡頭，隨著詩人導演的選擇和剪接而
作有意義的移動，儘管各詩都是各自成為獨立境界，但呈現在讀
者眼前的景象卻都是清澈、幽靜、空寂，而且還流露出詩人閑淡、
寂靜的心境，以及悠然自適的情趣，和詩人隱居山林、回歸自然
滿懷喜悅的生活態度。他的畫有依詩作畫的〈輞川圖〉也表現得
淋漓盡致，清朝人符曾看出王維在詩、畫、音樂三者上面的成就，
說得更是令人印象深刻：

> 人稱詩為有聲畫，畫為無聲詩，二者罕能並臻其妙。右丞
> 擅詩名于開元天寶間，得唐音之盛，繪事獨絕千古……無
> 聲之詩，有聲之畫，右丞蓋兼而有之。[3]

前文曾敘及最早誇讚「詩為有聲畫，畫為無聲詩」的人是宋朝郭
熙，但是詩畫歷史上二者罕能並臻其妙，不是有相當的文學、藝
術、繪畫修養，要想兩者具工，實在極難達到，符曾非常肯定王
維的詩成名於唐玄宗開元天寶年間，能得唐音之盛，繪畫更是獨
絕千古，他的看法真是高明至極，摩詰假若地下有知，必謂：「得
千古知音矣」。

　　王維確實能將詩畫二者並臻其妙，讓後人非常認同，他的山
水畫繪事獨絕千古，並不止於是自然山水的真實寫生，他還在畫
面尺幅千里相當有限的空間裡面，給人以無限詩情的幽雅感受，
這些應得自於山水的人文感受，也就是感情的部分，因為他在詩
中放入感情，而不像謝靈運，康樂只是客觀描繪自然山水、摩山
狀水像是一幅幅美得驚人的特寫鏡頭而已，完全不牽涉感情，缺
少人文色彩。

---

3 同注2，趙殿成箋註：《王右丞集箋註》卷末附錄五　序文九則，頁560。

　　自然詩需要具備的兩項基本要素就是情與景，靈運無情，描繪山水全不干涉個人，看不出個人心境起伏；王維有情，字字句句彷彿都能看見摩詰個人，差別就在這裡而已，讀來自然會給讀者有不同的震撼心靈感受，摩詰詩特別能夠引人共鳴，好像身歷其境，他寫的自然山水詩當中的景寫得尤其生動，常常達到「狀難寫之景，如在目前」的地步，讀者多唸上幾遍，腦海中往往便如同身歷其境，會呈現出心中想像的畫面，看看他的山水畫作品，詩意自然浮現眼前，這樣的結果豈不就是蘇東坡所謂的「詩中有畫，畫中有詩」嗎？

　　後世觀察禪詩的意境營造方式及美學價值將其禪詩分為禪語詩及禪意詩兩類，禪語詩明引佛語，無異佛理詩，等級不高，有損詩歌的含蓄美感；禪意詩則將禪理勝境融入自然山水的賞玩中，無為而神化，王維中年以後思想成熟期的詩很少直來直往禪語入詩，卻句句充滿禪意，融入山水賞玩，品味當然高出許多尋常作家（詳見後面第四節）。

第二節　田園山水二合一

　　其實東坡對王維〈煙雨中的藍田〉讚美的話還不足以完全表達王維詩的特色，「詩中有畫」僅是王維題畫詩的四大特色之一而已，王維的詩還有其他三大特色：

　　首創於陶淵明的「田園詩」和發軔於謝靈運、謝朓的「山水詩」到王維融合貫通，使得恬靜的田家生活和雄奇壯闊的自然景物得以結合，陶淵明不為五斗米折腰，棄官歸隱田園，構想武陵世外桃源以寄託精神，不慕榮利，愛好自然；「大謝」謝靈運是以

客觀描寫自然景物，取其清奇峭拔，關於這點，在趙殿成《王右丞集箋註》書前有篇近代人的文章〈王維和他的詩〉，當中提到：

> 謝靈運的山水詩有一個很大的缺點，那就是過於注意字句的雕琢，往往顯得晦澀不自然，損傷了真正的美。[4]

許多文學評論家都說「謝靈運乃山水詩之祖」，或「山水詩乃謝靈運首創」，只有王瑤的論點最合實情：「山水詩的醞釀已久，祇是到謝詩才達到高峰。」[5]山水詩其實最早淵源於《詩經》、《楚辭》，漢賦當中有不少山水之作[6]；發展於魏晉求仙、隱逸、遊覽、行旅，特別是到了東晉，山水詩的發展由於終日悠遊山中吟詩作對的詩人經過幾百年的努力，詩句技巧日益進步，終於成熟於謝靈運之手，但是靈運極度講究細緻、生動的對偶刻畫，往往使得作品顯得晦澀而且不自然，田園與山水這兩種詩體從魏晉南北朝醞釀情趣合流的現象，直到盛唐王維才達到成熟自然優美動人階段：

> 王維的山水詩，一方面繼承了大謝細緻工麗的優點，一方面又揚棄他的雕琢晦澀的缺點，語言更優美，聲調更和諧，使自然和工麗完美地統一起來，藝術表現進入一個新的境界，使山水詩的成就達到了高峰。[7]

王維擷取陶謝兩派詩的優點匯於一爐，形成盛唐自然詩的一大特色，塑景優美清麗，像「渡頭餘落日，墟里上孤煙。」「松風吹解

---

4 同注 2，趙殿成箋註：《王右丞集箋註》卷末附錄五　序文九則，頁 9。
5 同注 1，王國瓔著：《中國山水詩研究》，頁 154　註釋 15。
6 同注 1，王國瓔著：《中國山水詩研究》，頁 11-62，描繪山水的詩歌其實早在詩經時期已然萌芽；經屈原作的《楚辭》開始正式給山水文學有了源頭，《楚辭》當中呈現出來的是寫意的「水墨山水畫」；漢賦到六朝之間，山水、田園文學已有非常卓越的表現，有其各種時代思潮與客觀環境交互重疊影響的背景，漢賦作者鋪排出來的場面是一幅幅工筆細繪的「青綠山水畫」，千餘篇作品，《文選》僅存少數，而少數作品中，山水、田園比例如此之重，足見山水、田園的作品在漢賦當中早就有了斐然可觀的成就，祇是不為外人稱道而已，主因當時尚無「山水」之專有名詞，以致使人忽略其早已存在的事實，焉知其他零時不見那一千多篇漢賦裡面，山水、田園作品會少呢？
7 同注 82，馬積高、黃鈞主編：《中國古代文學史 2》，頁 68。

帶，山月照彈琴。」山水風景如畫，洋溢著寧靜與清幽；「田父荷鋤至，相見語依依。」「及此羨閑逸，悵然吟式微。」讓人感覺到田家生活恬靜安適的一面；「行到水窮處，坐看雲起時。」「倚杖柴門外，臨風聽暮蟬。」是多麼悠然自得，而能與自然山水田園環境相即相融，詩中的王維多麼風度瀟灑，心情閑逸，和幽靜的環境渾然為一，他不吝惜將自己如何領受佳景的愉快心得分享給其他觀者，在描寫山水風景的詩中，這種愉悅全都表露無餘。他這種隱居林泉悠閒自適、恬淡無為的生活步調，多麼像陶淵明在田園中發現「採菊東籬下，悠然見南山。」的快樂悠閒情趣，摩詰不只讓讀者看到如畫的山水風景，還讓讀者欣賞到他賞景時的悠閒態度，不僅此也，就連山水好像也感染了他的閒散、恬靜意味，「寒山轉蒼翠，秋水日潺湲。」展示眼前的是一片山水的清幽與自然，無怪乎王夫之評論王維說：

> 右丞工於用意，尤工於達意，景亦意，事亦意。前無古人，
>
> 後無嗣者，文外讀絕，不許有兩。[8]

這話說得的確不錯，雖嫌過譽，但的確「工於用意，尤工於達意。」且摩詰學陶入微，陶詩寫意為主，以意寫境；維詩寫景為主，借景抒情，讀陶詩時，會先見人，後見畫；讀維詩，則是先見畫，後見情。[9]摩詰的詩中以直觀的情感反映於景物之中，是屬於主觀的詩人，其詩有所謂「景與情會」、「觸景生情」、「情景交融」、「即景生情」之處；也有些則採情景分別的寫作技巧：或僅以情到；或僅以景到；或先景後情；或先情後景；或一情一景，兩層疊敘；

---

8 見王夫之：《唐詩評選》《船山遺書全集》（臺北：中國船山學會　自由出版社　民國 61 年）卷三，頁 12。
9 見葛曉音：〈陶詩的藝術成就 ── 兼論有關詩畫表現藝術的發展〉，《文學遺產》1980 第一期，頁 31。

變化多端，真可說是令人看得眼花撩亂[10]。摩詰《輞川集》中的這些自然詩，或一句兩句，或短詩全篇；或畫意明顯，或畫意隱約，或難畫難描，但是均能構成讀者對其「詩中有畫」這一特徵的認同，原本蘇東坡是一句可以稱美任何一首山水田園詩作的漂亮讚語，竟然因為王維留下多首意境優美、動人心靈的自然詩，而成為王維專有獨享的產物，兩者之間早已畫上不可取代的等號，而王維確實也是實至名歸。[11]

第三節　抑揚音韻震人寰

　　王維詩中的音樂感特別強烈。因為王維的祖父王胄就是深通音律正八品的協律郎，王維得此家學淵源，當然對音樂薰陶也大有助益，王維十九歲入京應舉，中解頭，薛用弱《集異記》中記載王維託歧王見太平公主彈一闋〈鬱輪袍〉，得公主舉薦試官，舉為解頭，這個記載如果按照皮師《王維探論》裡面的王維年譜來看，絕對是無中生有，因為唐玄宗是在開元元年當上皇帝，第一件事就是「誅殺跋扈如其母武則天且想重演篡位故事」的太平公主和其黨羽的，以免變生肘腋，那年王維才十三歲，如何可能進京找上太平公主關說「舉為解頭」。開元九年，王維二十一歲考中進士，太平公主早已死了超過八年，屍骨無存，化為微塵，何曾可能幫王維舉薦試官？只是由此故事可以確知王維的確以琵琶專擅一時，當非虛構，考中進士立刻官封主管音樂的太樂丞，可知

---

10 見柳晟俊著：《王維詩研究》，（臺北：黎明文化事業股份有限公司　民國 76 年 7 月），頁 81。
11 見皮師述民：《王維探論》（臺北：聯經出版社，民國 88 年初版），頁 120。

他當時確實名滿天下、聲震京城，所以唐玄宗這位重視音樂表演又自己極有才華的皇帝，才會給一個才二十出頭的毛頭小伙子如此大責重任，因爲他本來就是享譽京師的音樂大師。

音樂與詩、畫結合成爲王維「三好」，讀他的「明月松間照，清泉石上流。」讓人彷彿聽到流水淙淙，動聽感人的流水聲音盈耳，王維善於表現自然山水的精神氣象，他的詩不僅有構圖美、色彩美，因爲他音樂方面獨特的造詣，使他比一般詩人更能精準地感受並且充分表現山水中的音響，詩中還會呈現一般山水畫中難以出現的動態美，將音樂之長融化入詩，讓人感受到音韻之美。

他在〈秋夜獨坐〉中彈奏出如怨如慕、如泣如訴的小夜曲：「雨中山果落，燈下草蟲鳴」；在〈送梓州李使君〉他卻寫下驚心動魄、儆人耳目的森林交響樂：「萬壑樹參天，千山響杜鵑」；他有時還會藏聲於色，〈送邢桂州〉有：「日落江湖白，潮來天地青。」澎湃洶湧的潮水彷彿就隱約藏在瀰漫於天地景色的青光當中；將視覺感受的景色和聽覺感受的聲響融合爲一，讓壯觀的江山圖畫增添無限動態美感，展現壯闊聲威氣勢；而他在〈過感化寺曇興上人山院〉又以動顯出靜的幽深：「野花叢發好，谷鳥一聲幽。」〈清溪〉的動靜互相呼應，鳥叫聲音清脆，更顯山谷清幽：「聲喧亂石中，色靜松聲裡。」或「泉聲咽危石，日色冷青松。」溪水沖亂石與松濤的喧鬧聲響，更能襯托周遭環境的安靜清幽，這些都是傳頌千古，表現山水動態的經典之作，神來之筆。

他感情深厚，表現又委婉曲折含蘊豐富，頗有詩經作者的韻味，令人體會無窮的一些佳作，語言往往卻是非常自然真率，彷彿無意之間脫口而出，但詞語卻是精煉異常，音節又和諧無比，充滿音樂節奏感，情真意厚，繞梁三日，不絕於耳，像贈別的抒情絕句〈送元二出使安西〉：「渭城朝雨浥輕塵，客舍青青柳色新。

勸君更盡一杯酒，西出陽關無故人。」（此詩在唐朝時已和《樂府詩集》題目同樣作爲〈渭城曲〉），在唐人送別詩中數目何止成千上萬，但有唐當時本詩就已傳唱成爲〈陽關三疊〉，不知讓多少有情人哭得潸潸淚下，古今多少相思人因之哭斷肝腸；其他像《唐詩記事》卷十六就特別記載他的〈紅豆生南國〉、〈清風明月苦相思〉在當時已爲梨園樂工傳習不絕，在安史之亂以後，也都一一成了被人傳唱江南的情歌，賺了多少離人情、眼中淚、心中事，更是難以計數。

　　其實在他《輞川集》當中，寫〈木蘭柴〉：「蒼蒼落日時，鳥聲亂溪水。」或〈鳥鳴澗〉：「月出驚山鳥，時鳴春澗中。」或〈欒家瀨〉：「颯颯秋雨中，淺淺石溜瀉。」寫潺潺溪水，或不在《輞川集》的〈送梓州李使君〉：「山中一夜雨，樹杪百重泉。」更寫的是一夜風雨之後，樹杪重重泉水幾乎成爲壯闊無比的交響樂，這些詩中都有無限天籟在詩內輕輕緩緩出現或有音響泠泠不絕於耳的從字裡行間展現，他確實發揮宗炳所提倡的音樂與圖畫結合之趣，所以研究者認爲東坡說的：「詩中有畫，畫中有詩。」還不足以描摩清楚王維的詩畫美學，應該再補充：「詩中有樂，畫中有樂。」方才至矣盡矣。

第四節　佛道兼修入翰篇

　　禪是屬於哲學、宗教的，來自於禪宗，禪宗屬於佛教宗派之一，佛教自西漢哀帝元壽元年（公元前二年）傳入中國，迄今已有兩千多年的歷史。

　　剛開始時，佛教一直維持著印度傳來的原始狀態，經典必須

翻譯成中文幫助瞭解，但也一直是很詰屈聱牙，不曾變質，直到進入隋唐（公元 650 年前後），才有了根本上的質變，從傳承自印度的佛教，演變成為純粹中國的佛教。在漫長的佛教發展史上，為了適應我國社會政治、經濟、文化環境，適合廣大信眾，佛教不斷吸收、融合我國的傳統文化，逐漸褪去了原有的印度色彩，表現出具有中華特色的新風貌，終於成為中華民族傳統文化的重要組成部分的新風貌。

在這丕變的時期，各種不同的宗派，紛紛引經據典成立。當今最盛行的佛門兩宗 ── 禪宗與淨土，就是在隋唐時先後應運而起的。二者同屬於實踐的宗派，但一主自力，一主他力，其基本見解以及修學路線上顯然有所差異。在我國歷史上形成的眾多佛學流派中，主張自力的禪宗堪稱是最具有中國文化特色的一個佛教宗派。

禪宗相傳是初祖達摩自西而來，於六朝梁武帝（502～549）時傳入中國，禪含有靜慮、智慧、禪定等意義，主倡「藉教悟宗，深信含生同一真性，客塵障故。」的教說，因為達摩與梁武帝基本理念不合，一葦渡江，入嵩山少林寺，禪宗從此流行於北中國，其後逐漸由北往南發展，傳至唐代六祖慧能，融合中國傳統思想，而成為中國佛教的代表，禪宗認為道是存在於日常生活之中。行、住、坐、臥都是道的顯現。禪宗從唐朝以後逐漸邁向顛峰，體般若遣相之旨，提倡「直指心性，不立文字。」大變印度風範的宗風。門下發展分立「一花開五葉」，成為臨濟、曹洞、法眼、溈仰、雲門五宗，禪宗至此而稱鼎盛，如今甚至遠播歐西各國，普及世界。有宋以後，佛教大小各宗派均相繼衰落殘破甚至凋零，唯獨禪宗、淨土深入廣被於中國民間，淨土實不讓禪宗專美於前，禪宗非但深入中國民間社會，特別是在上層文人階層植根深入，在

中國佛教史是值得大書特書的一頁。

禪宗影響吾國甚巨，以時人喜言「本性是佛，平常心是道。」而可見其影響力之巨大。歷來禪家之語錄繁多，不勝枚舉，或棒喝交馳；或道樞綿密；或垂機迅利；或隱約微露，而禪宗公案記載師徒間之接引方式，其風各異，是為公案吸引人注意之微妙所在。禪宗大盛於唐代，其關鍵人物則為六祖慧能（生於唐貞觀十二年，公元六三八年～七一三年），由其宣法門人所載之《六祖壇經》，又曰《法寶壇經》，為此禪宗之根本精髓，也是中國佛經，而非東來「如是我聞」的釋迦牟尼佛祖語錄，禪門雖主「教外別傳，不立文字。」此主旨即在不受宥於經論，一切要靠自己體會，體會多少，便能有多少了解和收穫，並非離經論而可獨立為宗，而且有文字記載，經論才能傳之久遠；口傳結繩，均非長久廣遠之計，多少沒有文字的種族與往古的歷史遺跡，不是都埋沒在荒煙蔓草裡獨自對斜陽，可為明證。

禪宗由初祖達摩歷經二祖到五祖，再傳至六祖慧能，不管是思想之承傳或法門之顯揚方面，六祖皆佔有禪宗舉足輕重之地位。慧能雖自言「不識字」，然以『壇經』所弘揚之法，其所扮演之角色與所佔之地位，又豈是「不識字」三字所可涵蓋？其思想精髓必有其來龍，絕非憑空而來，參禪求悟，以禪喻詩，以禪悟詩是六祖之下多用之法，至今一千四百年而未曾少衰，其間歷經數百年之流傳，終因頓悟、漸悟彼此宗風之異而各現其特點。

禪宗至唐朝已脫離印度風格，早已非自漢傳入中土數百年，生吞活剝印度佛學而得來的學問，[12]已經完全中國化，禪宗其實是一種非常生活化的宗教，強調人生的幸福是完全建築在實際的

---

12 以上詳見〈六祖壇經思想之承傳與影響〉：胡順萍撰，國立台灣師範大學國文研究所集刊第 33 期，民國 78 年 6 月，頁 1-154。

人間淨土上。人的生活不限於物質生活，最可貴的是精神生活的富足、完美，禪宗早已在中國這個超級大熔爐裡面融合焠煉出屬於中國佛學的新風貌，是故，今人對禪乃以「中國佛學」稱之，尤其宋儒所提倡之「理學」重在儒道佛之融合會通，此佛之融通可行性以禪宗爲主要內容，一切隨緣，一切靠自己，無法強求。

　　《唐詩三百首》是從五萬首唐詩中精挑細選出來的精粹名著，其中有二、三十首的禪味殊深，王維的〈終南別業〉、〈酬張少府〉、〈香積寺〉尤其是當中最受人稱道的，他首創「以禪入詩、以道入詩」的禪意山水詩，意象美，境界高，具有新境界，開創唐詩新領域，用字很有禪意、禪趣，此外他也有修仙成道的意念存在其間，年過四十以後的摩詰，「若有所悟」時寫下許多哀樂中年的作品，並不像早年思慮不太成熟時，所作佛理詩，或六朝玄言詩和一些禪語詩那樣平鋪直敘，讀來讓人感覺枯燥無味，如同嚼蠟。

　　王維早期詩作明顯可看出他傳承謝靈運的痕跡，刻畫景物雖沒有謝靈運精工，意境卻比謝渾成，他吸取了謝靈運刻畫工致靈巧的長處，揚棄了靈運過度巧似繁複的缺點，套一句近代著名畫家齊白石的名言，他的詩與畫都是在「似與不似之間，不似與似之間。」傳達出筆墨不可描繪的山水精神氣象美學，詩中多處採用反襯寫法，句句都有極深禪味，表現禪意而不露痕跡，開前人所未曾有的寫法與境界，顯示王維有令人驚奇的寫景才能，因為有二十首小詩如同二十顆明珠的《輞川集》，再畫成〈輞川圖〉，足以傳世不朽，他是句句不見禪字、佛字，而禪意自在其中，「道可道，非常道。」「天地有大美而不言」的道趣也自然而然流露在他的詩中，能夠涵融各體，這也是唐代詩歌的一大特色，所以稱

其博大，詩人之多，爲百代之冠。[13]禪本來就是絕處逢生，道又何獨不然？王維以《輞川集》爲代表的詩充滿了「空靈」、「脫俗」、「閑靜」、「淡遠」的境界，便是充分顯現禪趣、禪意、禪境、道通的明證，已達到喪我、忘我、無我的境界，與自然合爲一體。詩中充滿「白雲」、「明月」、「清泉」之類恬靜字眼，以及白、青、黃、綠等顏色清麗脫俗的字[14]，表現的色彩感受也相同，造成獨特的風格。

王維很少用「憐」、「戀」、「惜」、「愛」等主觀情感的詞語，他只是呈現出一幅幅單純客觀的圖畫，但他卻能化景物成情思，使詩意、禪意透過景物而自然流溢出來，禪典、禪跡當然也就不離讀者眼前，與一般自然詩頗異其趣，與他時代相近的殷璠編《河岳英靈集》，收 24 位詩人作品，殷璠評王維詩說：「維詩詞秀調雅，意新理愜，在泉成珠，著壁成繪。」明朝能書畫，善賞鑒的李日華也說王維的詩：「明心寒水骨，妙語出天香。」堪稱盛唐自然詩第一大家，盛唐期間，所有自然派詩人如儲光羲、韋應物、柳宗元、白居易均有歌詠田園的作品，人人均受王維影響，影響至鉅，馬積高、黃鈞主編的《中國古代文學史》對王維說得恰到好處：

> 詩人的心境極為淡泊、虛靜，不含任何雜念，所以對自然
> 山水最神奇、最微妙的動人之處，往往會有一種特別的會
> 心。一草一木，一泉一石，觸處皆見性，觸處都是美。

因爲王維心境淡泊、虛靜，所以他才能對山水田園的自然景物有這樣特別會心，體會到山水最微妙動人的所在，在他心中、眼中，刹那就是永恆，想必也和英國布萊克：「一粒沙中知世界，一朵花

---

13 見邱師燮友著：《童山詩論卷》（臺北：萬卷樓圖書股份有限公司，民國 92
　年出版），頁 43。
14 見邱師燮友、皮師述民、左師松超等八人合著：《中國文學史初稿》，（臺北：
　萬卷樓圖書股份有限公司，民國 91 年出版），頁 499。

中見天堂。」有著相同的感受吧！作者同時還接著說：

> 他對自然山水的最愛，總是透過朦朧的禪理，亦真亦幻地
> 形諸筆墨；這與謝靈運等山水詩人單純描摹自然是有區別
> 的。王維借助禪家的頓悟，開通了中國山水詩逐漸向心靈
> 走近的美學歷程，並表現出一種空零清靜的禪悅之境。[15]

是王維的努力，讓禪宗的頓悟使得中國山水詩逐漸向心靈走近，
這個「美學歷程」著實獨到，帶給無數後人空靈清靜的禪悅感受，
許多詩禪合一的山水詩為摩詰贏得「詩佛」雅號。

王維絕非浪得虛名，所謂「詩為禪客添花錦，禪是詩家切玉
刀。」（元好問〈贈嵩山儁侍者學詩〉，《遺山集》卷三十七），由
於禪的引入，使藝術別開生面，擅長寫禪的王維、蘇軾，比其他
詩人的作品更充滿機巧美與智慧美，更容易「深得我心」。

王維生當六祖倡立「頓悟自性，便可成佛。」的南禪宗時代，
曾為「世界一花，祖宗六葉。」的六祖能禪師寫過碑銘，[16]同時
摩詰還是頓教道光禪師的俗家弟子，唐玄宗開元二十七年道光禪
師圓寂，時任監察御史的摩詰寫〈大薦福寺大德道光禪師塔銘〉
[17]，文中特別強調自己「維十年座下，俯伏受教。欲以毫末，度
量虛空。」是以三十歲左右，摩詰已經皈依南禪宗了。他雖未到
達「大徹大悟」境界，可也在「若有所悟」境界徜徉許久。

早期摩詰跟六朝以來許多和尚、文人一般，寫了許多佛理詩
來勉力陳述佛理，年過不惑，摩詰逐漸「若有所悟」，以禪入詩，
將山水自然詩與禪意詩合而為一，使山水詩因為有禪意，內容更
空靈圓融；禪意詩也因為藉由山水詩表現，而有了新的表達方式，

---

15 見馬積高、黃鈞主編：《中國古代文學史 2》（臺北：萬卷樓圖書出版公司，
　　民國 87 年），頁 73-74。
16 同注 2，碑文太長，詳見趙殿成箋註：《王右丞集箋註》，頁 446-449。
17 同注 2，碑文太長，詳見趙殿成箋註：《王右丞集箋註》，頁 459-460。

擴大領域，他開啓了山水詩的新契機。摩詰的詩裡朦朧帶些禪意，含些禪趣，有了己悟悟人的啓發，讓人有了些拿捏不住的美感，他畢生禪化的過程與程度是漸進由淺入深的，作品當然也呈現了禪化深淺的差異，皮師述民在〈王維以禪入詩的新境界〉中分析得非常精闢：

> 王維從禪宗的模式，學習到寫詩的模式，……他既皈依了南禪宗，又是出色的自然派詩人，重視靜中的關照，善於用象徵、比喻作言外之意的啓示，所謂：「青青翠竹，盡是法身，鬱鬱黃花，無非般若。」（《景德傳燈錄》）因此，便逐漸開拓了以禪入詩的新境界。

這段話說得真是一針見血，從六祖的以悟喻詩，王維學會以禪喻詩，王維想將這「天地有大美而不言」的美表達出來，他不像其他人那樣平鋪直敘採用「賦」的寫法直接鋪陳，他發現《詩經》六義中的「比興」更有發揮空間，更容易感悟世人，他找到新的方向，他掌握了新的技巧，「成功創造了以一瞬爲永恆，以當下包攝了過去、將來，以有限表現出無限的境界。」[18]

　　明朝王士禎在〈蠶尾續文〉上也說：「王、裴輞川絕句，字字入禪。」王士禎稱此境界爲「入禪絕境」，在王維的那些山水詩當中，詩理、禪理相通，詩趣、禪趣盎然，他採用最樸素淺近、毫無雕飾、人人明白的字眼連綴成一幅幅超越雕琢、反璞歸真、仿若優美絕塵山水小景的山水小詩，因爲他能夠充分感受陶淵明的恬淡、自適田園詩所散發出來的空前吸引力，他將陶謝優點綜合寫成每一首小詩，又都是一幅幅小型山水畫，由於王維對於自然樸素的山水美景有獨到的慧眼，他的心靈與山水的巧妙呼應幾

---

18 見王洪、方廣錩主編：《中國禪詩鑑賞辭典》，（北京：中國人民大學出版社，民國 81 年）。

近天成，雖然他用的都是些一般平常語，描繪的只是平常境，卻能達到十足神奇，讓人流連忘返的藝術勝境，禪宗意識已融入摩詰的藝術思維，《輞川集》是他山水詩禪趣化的最佳代表作。

　　輞川之作表面上雖只是自然山水的佈置與描繪，其內在實在具有王維清修的一些理想寓託，每一幅輞川山水畫面就像電影鏡頭由著詩人這位導播自由自在選擇、剪接和移動，呈現出來各自獨立的境界景象，而每一幅都是清澈、幽靜，甚至有些還是空寂、遼夐的，同時還在字裡行間流露出詩人閒淡、寂靜的心境與他隱居山林、回歸自然、悠然自適、好道修佛的生活態度與情趣，著實難能可貴。

　　通常大家都認爲王維晚年篤信佛教，一般不太提他詩中的道味、仙氣，其實王維固然佞佛，但也一直不忘崇道，王維自己說：「中年頗好道，晚家南山陲。」因爲不管是修道、參禪他都很用心盡力，其實並不應該忽視他在修道、參禪兩方面都曾做了若干程度的努力，也同樣可以讓人在他的詩畫作品當中追尋出很多蛛絲馬跡來，王維《輞川集》諸詩當中多首也都具有濃濃的道味，讀通老莊的摩詰不會比東坡少領略道的高妙，〈孟城坳〉、〈華子崗〉、〈鹿柴〉、〈宮槐陌〉、〈辛夷塢〉、〈椒園〉塑境孤絕，寫景清冷，充滿對神仙世界的嚮往，人生虛幻的感傷；他在〈竹里館〉萬竹叢生的深山當中靜坐、長嘯、彈琴，種種行徑都是道家修爲術中常見之事，模仿巫峽猿嘯於高山之頂；高柳蟬嘯於華林修竹之下，也都是王維常用的修練之法，[19]他的〈金屑泉〉詩嚮往道家長生不老之說，求長生，煉丹，服丹砂，內外修爲，已臻上乘之境；他的〈文杏館〉讀來令人頓生道家飛昇凌雲、羽化登仙之

---

19 同注 10，見柳晟俊著：《王維詩研究》頁 24-26。

想。

　　親身經歷妻子的死亡、人生的無常、感情的昇華之後，自然產生遊仙成道的渴望，這種遊仙成道、長生不老的慾望非自王維始，是秦始皇以來，古今多少帝王將相富比王侯者心頭最大、最難以割捨的隱痛與夢想，卻很難在肉體實質上達到這個境界，因此他在覺悟之後，轉而專注於當下，於是在社會上他的表現是儒家，在人生理想的實現上面他表現的內涵卻是不折不扣的道家，《輞川集》的終極內涵，不光只是山水的自然形象而已，更是作者與道契合的心靈語言表達，當心中了無牽絆之後，無奈之餘，只有藉著一篇篇如畫之詩，來發揮心中的濃濃道趣與絲絲禪機，留給後人無限嚮往，其實，仁者見仁，智者見智，各個層次者對他的詩自有不同感悟。

第五節　文簡意賅不弄險

　　明朝高棅的《唐詩品彙》首先將唐詩分成初唐、盛唐、中唐、晚唐四個時期，歷來未有反對意見，邱師燮友在《中國文學史初稿》上將唐詩說成是四季花開的花海，真是說得好極了：

> 初唐的詩像春花嬌豔，那沈宋上官，以及王楊盧駱的詩，便是輕豔如桃李；盛唐的詩像夏花明麗，那王孟的自然詩素淨如白蓮，高岑的邊塞詩鮮豔如沙漠的仙人掌花，浪漫如李白，寫實如杜甫，那該是牡丹、玫瑰、鬱金香，成串成串的花團錦簇了；中唐的詩似秋花楓葉：那韋應物柳宗元的詩，是秋風中的黃花落葉，孤芳峭僻，元白的新樂府有如傲霜的菊花，韓愈、賈島、孟郊枯澀如苔華，是內斂

性的孤芳；那晚唐的詩，便是冬花：杜牧、李商隱的詩，
有如雪中之梅，皮日休、陸龜蒙的詩，有如素蘭。唐詩四
季花開，各盡其態，總之，唐代將近三百年，是四季花開
的花海。[20]

邱師燮友說唐詩如同四季盛開不同花朵繽紛亮麗的花海，各擅勝
場，各有本領，各自發揮，真真不錯，尤其將王維的詩說成是素
雅的白蓮，更是說得恰到好處，花海一片，看得人眼花撩亂，一
朵白蓮反而在萬花斑斕繽紛當中顯得格外出色，清新可人，且蓮
花可以令人聯想到觀音菩薩坐蓮臺，正合乎王維的「詩佛」名號。

　　王維詩中用字非常簡單，而含意卻具有相當的深意，王維本
身雖然各種體材的詩均有創作，而且各擅勝場，不管是邊塞詩也
好，山水田園詩也行，送別詩、應制詩他也都非常本色當行，不
管是什麼詩，他都用簡單之字，表達無盡之情，他使用的都是些
最樸素淺近、毫無雕飾、人人明白的字眼，正是素淨的詩中白蓮，
他不曾在字裡行間調書袋，也不用一些深奧冷僻的典故，很少借
代，不玩花樣，不會讓人看不懂，不像《詩經》需要鄭玄箋註；
也不像李商隱的詩晦澀難懂，金代著名詩人元好問的〈論詩絕句〉
有云：「詩家總愛西崑好，獨恨無人作〈鄭箋〉。」恨不得有人能
夠像鄭玄一樣，幫忙詳細箋註李商隱的無題詩一番，王維詩卻不
需如此，人人懂得，殷璠在《河岳英靈集》說王維之詩：「一句一
字，皆出常境。」都是一些平常境況，所以即使三、五歲幼兒亦
懂得字面粗淺意義；想學佛禪悟、修道求仙的人有另一層面的解
釋，人人各自有其不同的感受，因爲每個人生階段各有不同程度
的領悟，大家皆大歡喜，世界更見圓融美好。

---

20 同注 14，邱師燮友等八人合著：《中國文學史初稿》，頁 519。

　　摩詰的山水詩就像山水畫一樣，都是抒情的小品，他只是情趣的點染而已，絕非情緒的宣洩，他每首詩都不會給人狂風驟雨，強烈感情澎湃的感覺，比起一般六朝以來與宦遊生涯共詠的山水詩作諸多前輩，摩詰的山水小詩要含蓄多了，非常符合傳統《詩經》以來詩教、詩觀的「溫柔敦厚」標準，一篇篇平淡的景物在素樸的色彩下構成一個個圓滿字在、和諧空靈的境界，這種與田園情趣合流的山水詩，唐朝是從孟浩然開始首開風氣，但是孟浩然詩中還不時會有「不才明主棄，多病故人疏。」那充滿怨懟之語的作品，而摩詰詩中卻不見如此意味，清朝王士禎《師友詩傳續錄》有云：「五言最難於渾成故也，要皆有一唱三歎之意，乃佳。」所以真正把與田園情趣合流的山水詩帶至最成熟階段，且成就最高的這個榮譽，還是非摩詰莫屬。

　　摩詰用簡單的字眼，卻連綴成一幅幅超越雕琢、反璞歸真、優美絕塵山水小景的山水小詩，因為他充分感受陶淵明的恬淡、自適田園詩所散發出來的空前吸引力；因為他真正達到運字如神的奇幻境界，巧妙掌控中國的文字、書法、繪畫意境，將這些材料全都靈活自如地運之掌上，白居易的詩號稱老嫗能懂，其實摩詰的詩才真的達到這個人人懂得的上上境地，就拿研究者黃口垂髫小兒時期就朗朗上口都是摩詰的詩便可為證，不管懂或不懂詩中的真正意思和境界，人人琅琅上口，會唸〈送別〉、〈竹里館〉、〈鹿柴〉，就表示這些作品比起〈長恨歌〉、〈琵琶行〉更淺顯易懂。

　　因為盛唐詩人李白、杜甫、王維已將寬廣的抒情道路寫作盡淨，中唐詩人不得不另闢蹊徑，才能展現不同的個人風格，韓愈以下的詩人只好開始重視詩歌的創作技巧，並以散文的方式入詩，走上奇崛險怪的道路。有人做過韓愈和王維詩中用字的研究，韓愈愛用怪字、寫險韻、辭賦筆調，顯示遣句造辭才華的怪誕派

代表詩人韓愈詩中所用的字，數量竟然不下一萬之多，且多半詰
屈聱牙；摩詰用字則不到兩千，僅是韓愈用字的五分之一而已，
中國常用字識得三千，即可日常看書報，不會產生問題，則韓愈
與王維詩作相比，其間難易顯然可知。

　　反璞歸真、一派清淺的摩詰詩，為何人人喜愛；韓愈、孟郊
詩為何歸入怪誕派，其間道理，由遣詞造句之難易區別，自然不
難明白，用平常語來寫平常境，而能道出前人所未道之處、之情、
之景，以禪喻詩，以詩繪畫，以畫傳音，水乳交融，異彩紛呈，
無怪乎，摩詰詩作會成為唐詩之白蓮精品，誰曰不宜？

第六節　形象鮮明氣韻生

　　盛唐真是詩的王國，詩歌創作的黃金時代，大家輩出，佳作
如林，詩壇各種流派層出不窮，各種不同風格，各擅勝場，造成
百花齊放、光輝燦爛，美不勝收，目不暇給的場面，王維以他千
古獨步的山水田園寫景詩，在當時詩壇散放閃耀光芒，成為田園
山水詩派的領袖人物，其他優秀詩人如孟浩然、儲光羲都有各自
獨特成就，但總的說來，成績還是瞠乎其後。

　　偉大的浪漫詩人「詩仙」李白、寫實詩人「詩聖」杜甫雖也
創作不少寫景名篇，但展現自然界的豐富多彩，以及表現詩人對
自然的深入細緻感受方面，還是得退避三舍，距王維甚遠，遜色
不少，許多自然美精緻動人的五律、五絕寫景名篇，將盛唐詩壇
的繁榮局面點染得更雅麗，更多層面，是盛唐詩壇不可或缺的精
美典雅之作。

　　李白善用生花妙筆變化多端多岐多樣寫出無所不包、無所不

能的作品，不管詠懷、詠史、游仙、哲理、田園、山水、飲酒、懷古、登高、宮體，都面向多樣，難以歸類，不管是濃豔、淡靜、頹悲均有無餘，但始終在浪漫主義詩歌發展上引起新高潮，「無論寫情道景，說理詠懷，活潑舒暢，如春江活水，綿延不斷。」21

　　孟浩然（689～740）一輩子隱居鄉間，過著閉門苦讀、灌園種竹的生活，早年還摻雜著思慕榮華富貴的念頭：「坐觀垂釣者，空有羨魚情。」四十歲時，雖曾想應進士第，卻鎩羽而歸，其詩以主觀爲主，致力描寫自然山水，鄉村園林，境界恬淡、閒適，詩中時有活潑鮮明之景跳躍於字裡行間。

　　李白、孟浩然兩位在自然詩方面還是得讓賢王維，四十歲時，王維同樣遇到轉折關鍵期，他開始半官半隱於終南山別墅、輞川別墅，對現實社會和功名利祿都逐漸失掉興趣，日漸嚮往道家養性全真與佛家出世，官卻越作越大，往後之詩多寫田園山水，詩境閑淡高逸，以客觀爲主，所用詩語華麗，融以禪境，尤其以分爲二十，合爲整體的《輞川集》最爲出色當行，悠閒清逸，最受後人稱道，一般詩評家的評價認爲「自然詩人」的冠冕還是非王維莫屬。

　　明人胡應麟評王維〈鳥鳴澗〉及〈辛夷塢〉讀之讓人「身世兩忘，萬念皆寂。」因適切傳達出「動中極靜」的靜態美，不管是寂寞中自開自落的辛夷花，還是風中冥想的兩岸楓葉，或在蕭瑟萬籟中參差的林木樹影，或是寂靜春澗中的一聲鳥啼，乃至秋雨石溜中驚起復落的白鷺，還是春潮急漲的野渡旁一葉寂寞孤舟，或是飄去人間行雲布雨的一片孤雲，《輞川集》中的佳作，無一不是表現空寂而絕不激動的境界，澄懷觀妙，存乎一心，騰踔

21　同注 14，邱師燮友等八人合著：《中國文學史初稿》，頁 490。

萬象，終歸一空，而現鳥鳴春澗、群花開落的靜境。

〈欒家瀨〉呈現出來的是秋雨颯颯，山溪急流，驚鷺跳波之景，萬物無不在動，表象熱鬧，仔細體味，則處處洋溢靜謐訊息，惟有環境寂靜才有可能聽到颯颯秋雨；惟有土地安寧、心頭恬靜，詩人才有可能悠閒自得觀溪急流與驚鷺跳波之盎然趣味，「白鷺驚復下」這場虛驚，將這片園地無憂無煩無擾無威脅的狀況清楚鮮明表達出來，而氣韻自然產生，迥異於官場濁惡，充滿爾虞我詐的生態，是詩人內心多年追求嚮往的樂土，詩中清新表達白鷺跳波受驚復下，也明確展現詩人內心渴望，正是這種受驚復下最後全歸平靜的狀態。

其餘像〈鹿柴〉、〈竹里館〉也幾乎篇篇都能以寂襯動，自然流瀉世間恆有的生命靜謐極樂，描繪的形象鮮明而且充分闡釋生命，卻避免了一般後世效法王維寫自然詩，亦步亦趨，卻往往難以逃避落入窠臼的「枯寂」、「死寂」，讓詩人在寧靜與愜意中體驗了縱令拈花微笑，亦難以言說的鮮活生命滋味。

甚至在宋元以後，衍發成水墨山水畫那「寫意不寫實」的氣韻，庇蔭許多後代文人，有抒發心情鬱悶廣闊無比的空間，即使隱居不仕，還可以動筆寫字畫畫，唐寅因涉科考弊案，索性罷考，鬻畫維生，元四家、清初四僧石濤等名動公卿的文人畫藝術家，不都是像唐寅一般，仿效王維的作法嗎？

宋朝「蘇門四學士」之一的晁補之談論書法時說得好：「學書在法，而其妙在人。法可以人人而傳，而妙必其胸中之所獨得。」《雞肋集》[22]，其實，豈止書法如此，詩、畫又何獨不然？世間哪種事物不是都妙在胸中之所獨得呢？

---

22 宋・晁補之：《景迂生集・雞肋集》（臺北：臺灣商務印書館　民國 72 年）

第六章 《輞川集》詩圖內涵

第一節 文情意畫四美具

　　輞川園能夠成為唐代園林的代表作和典範實在不是偶然的，因為他不僅有園林存在的事實，還有千古不朽的文、情、意、畫四者並茂的詩文圖畫記載，而且這二十景其實每一幅圖都可以當作一個獨立單位來看，這才是王維最受後人稱道的地方。據《舊唐書》〈本傳〉所載：

> 晚年長齋，不衣文彩，得宋之問藍田別墅，在輞口，輞水周於舍下，漲竹洲花塢，與道友裴迪浮舟往來，彈琴賦詩，嘯詠終日。嘗聚其田園所為詩，號《輞川集》。[1]

晚年的王維連鮮豔彩衣都不穿著了，那麼，他畫圖當然也收拾起綺麗的丹青，單用水與墨濃淡加以變化，便能將圖畫搞定，輞川，水出終南山輞谷，北流入灞水，據《陝西通志》記載：

> 輞川在藍田縣南嶢山之口，去縣八里，川口為兩山之峽，隨山鑿石，計五里許，路甚險狹，過此豁然開朗，村野相望，蔚然桑麻肥饒之地，四顧山巒掩映，似若無路，環轉

---

1 見後晉・劉煦撰：《二十五史・舊唐書》臺北：新文豐出版股份有限公司，民國 64 年）卷一九〇下〈王維傳〉，頁 2159。

　　而南，凡十三區，其美愈奇，王摩詰別業在焉。[2]

輞川流經終南山麓，海拔六百到九百米高，山谷綿延曲折，向南流經大約二十里路，王維發覺了二十處風景點，這也是王維獨到之處，他有計畫地表現一個輞川風景區，一處一景，即景命題，即景賦詩，即景繪圖，為後世「西湖十景」、「日月潭十景」、「臺灣十景」、「豐山十景」之類景觀群落提供一個最佳範例，模仿者不計其數，但任何地區都未能像王維一樣能連續製造出二十景，而且還能寫出二十首詩，又畫出二十幅連成一體、一氣呵成的圖畫來，這是至今一千三百年無人能夠超越的成就。有山有水才是好風景，有水有山才能顯出「山谷鬱盤，雲水飛動。」的壯闊氣勢出來，有山無水不成詩，有水無山難入畫，輞川景物的靈動感人，完全肇因於輞川當時有的那些小小山泉溪水，匯集於山谷下方的敧湖時形如輪輞形狀，故名輞川，但是這二十首詩其實之間無啥聯繫，各個獨立，祇是整體上卻可以互相映帶，共同表現輞川之美好風景。輞川別業原來是初唐著名詩人宋之問（公元 656？~712 年）的藍田山莊，宋之問與唐初的沈佺期同樣以對律詩成立有特殊貢獻而留名青史，所作律詩號稱「沈宋體」，宋之問有《藍田山莊》詩：

　　宦遊非吏隱，心事好幽偏。考室先依地，為農且用天。

　　輞川朝伐木，藍水暮澆田。獨與秦山老，相歡春酒前。

詩中充分說明不是為了「吏隱」，只是為了喜好幽偏的輞川是一個有山有水，環境清幽、隱密的所在，山上盛產林木，足供山中所需，輞水又有豐富的水源足以灌溉，可以自給自足，這裡又很少有外人能夠闖進來，想要進入這裡，很像要去陶淵明敘述的「桃

---

2 見趙殿成箋註：《王右丞集箋註》（臺北：河洛圖書出版社　民國 64 年），卷七，頁 122。

花源」一般，必須先經過一道危險的峽谷洞穴，過了峽谷，路才
一下子開闊起來，此地除了輞口莊之外，另外也住了幾戶農家，
屋前屋後種滿了桑樹和各種花卉、果樹，使得四周山巒起伏的輞
川，看起來更像是一處人人嚮往的世外桃源，當春風吹綠了輞川
美麗的山谷，嬌嫩的木蘭和辛夷、文杏、茱萸在綠樹叢雜間競相
次第開放，柳棉初吐，也染亮了輞谷一帶的天空，還有許多不知
名的紅色、黃色、紫色、白色野花，在敧湖水邊草地競放芬芳，
二三溫馴的鹿兒在香氣馥郁的花草間飛奔嬉戲著，踏花歸來，芳
香四溢，招惹得幾隻翩翩飛舞的蝴蝶追逐著翻騰的鹿蹄，忽上忽
下，忽左忽右，如此多嬌江山，怎不令天下英雄為之盡折腰。

　　文人園林極力躲避市井喧囂的環境和通俗喧嘩的嘈雜，中國
古代園林經過兩千多年的發展，到明清達到鼎盛時期，出現大批
能工巧匠，也造就一批從事造園的專門人士，其中最突出和最具
代表性的就是明朝的計成，計成在 52 歲時寫成一本造園專著《園
冶》，計成能文能畫，又具有豐富的造園實踐經驗，《園冶》從園
林的選址、立基，到園林建築的種類、式樣；從堆山、選石、造
牆、鋪地到園林景觀的設計都作了詳細的論述與總結，這部書是
對中國兩千多年造園經驗的系統總結，造園首先要選地，《園冶》
開卷第一篇即為〈相地〉，計成分析山林、城市、村莊、郊野、傍
宅和江湖地的不同特點，提出個別造園原則。第一卷〈興造論〉
就特別提出：「園林巧於因借，精在體宜。」不管是房屋位置、朝
向、式樣，都要因地制宜，借景巧妙，必須處理得「精巧合宜」。
應用原有的樹木、水流，建亭、造榭，選擇建築式樣，也都與一
般住房不同，宋之問蓋「藍田山莊」很有經驗又考究，「考室先依
地」，蓋建築物乃百年之基業，不能不因地制宜，重視選址，日照、
風向、排水的問題，這是非常實際的事情，「事先處處用心留意」

可以避免「事先隨意事後修正」所帶來的種種困擾。輞川這片江湖地，因爲有「悠悠煙水，澹澹雲山，泛泛漁舟，閑閑鷗鳥。」在「江干湖畔，深柳疏蘆之際，略成小築，足徵大觀矣。」[3]只要略築小舍，即足以表現園林大觀，所以輞口莊、文杏館、木蘭柴、臨湖亭、南垞、北垞、竹里館這些形形色色的建築，有的皇皇巨製，有的竹籬茅舍，有的紅瓦白牆，有的涼亭四柱，一棟棟相繼出現在輞川園裡。

　　早在唐睿宗先天元年（西元七一二年），王維十二歲時，宋之問因罪被殺，他的子孫可能因爲實在過不慣山居的簡單樸實生活，也可能早已星散四方避難，山莊荒廢有年，確實無法永保用享，後來或許是迫於生計，或許是看到山莊荒廢也是可惜，既然有人想要割愛，當然也不會加以珍惜，宋之問死後三十年，順水推舟轉賣給了喜好山居清幽的王維，建築最豪華，背山面湖的輞口莊，當然成了別業中心。

　　當時王維四十三歲[4]，因爲母親崔太夫人「褐衣蔬食，持戒安禪，樂住山林，志求靜寂。」所以在自己的別業附近，爲母氏「營山居一所，草堂精舍，竹林果園。」（〈請施莊爲寺表〉）[5]輞川別業這裡有許多盛景，王維特別欣賞以敧湖爲中心的四周風景，但是因爲這裡荒廢三十餘年，當然需要花費一段相當長的時間重新加以規劃整頓，王維將之營建成爲有二十個景點的輞川別業，當年「勝概冠秦雍」，是出了名的風景勝地，列名的有以下這二十處，王維自序云：

　　　　余別業在輞川山谷，其遊止有孟城坳、華子岡、文杏館、

3　詳見樓慶西著：《中國古建築二十講》（臺北：聯經出版事業股份有限公司，民國92年8月初版頁213-217。
4　見皮師述民：《王維探論》（臺北：聯經出版社，民國88年初版），頁169。
5　同注2，趙殿成箋註：《王右丞集箋註》，頁320

斤竹嶺、鹿柴、木蘭柴、茱萸沜、宮槐陌、臨湖亭、南垞、欹湖、柳浪、欒家瀨、金屑泉、白石灘、北垞、竹里館、辛夷塢、漆園、椒園等，與裴迪各賦絕句云耳。[6]

這段序文內容同樣也見於《王右丞集箋註》中，趙殿成還在其下有注云：

唐書本傳稱維嘗聚其田園所為詩，號《輞川集》者，即此二十首，是蓋當時自為一帙耳。[7]

這座佔地廣闊，有竹林花塢，景色秀雅，在輞水環抱之中有諸多勝景的輞川別業，是王維四十餘歲以後隱居安頓身心，在此度過了多年半官半隱生活的地方，特別是當輞川別業二十景剛剛整理完成不久，內容新鮮有趣，特別令人興趣勃勃，他與志趣相諧、同好山水的友人裴迪「浮舟往來，彈琴賦詩，嘯詠終日。」經常詩酒相邀共遊盤桓，寫了許多意境清新，文字雋永的輞川山水詩，他們兩個人為輞川這裡的每一處風景都各有一首五言絕句題詠，柳晟俊將這二十篇詩可分成三類：

1、〈柳浪〉、〈漆園〉為一類，活用陶淵明、莊子的典故，顯示王維對宦海浮沈的厭惡，因為他不滿現實，所以想要避世隱居。

2、〈文杏館〉、〈斤竹嶺〉、〈木蘭柴〉、〈茱萸沜〉、〈臨湖亭〉、〈南垞〉、〈欹湖〉、〈欒家瀨〉、〈白石灘〉、〈北垞〉為第二類，描繪優美景色，心情寧靜愉悅，流露開豁健朗之情。

3、〈孟城坳〉、〈華子崗〉、〈鹿柴〉、〈宮槐陌〉、〈金屑泉〉、〈竹里館〉、〈辛夷塢〉、〈椒園〉為第三類，塑境孤絕，寫景清冷，充滿對神仙世界的嚮往，人生虛幻的感傷。[8]

---

6 《全唐詩》第二函第八冊王維詩有〈《輞川集》並序〉（臺北：復興書局，民國 56 年），頁 713。
7 同注 2，趙殿成箋註：《王右丞集箋註》卷 13，頁 241。
8 見柳晟俊著：《王維詩研究》，（臺北：黎明文化事業股份有限公司 民國 76

柳晟俊的這種分法，是純粹從詩的內涵角度來區別，丁成泉將這二十首詩用另一個角度來區分：

> 從寫法上看，大致可以歸納為三類，即以神似或形似為主各一類，形神兼備一類。以神似為主者，如〈孟城坳〉、〈斤竹嶺〉、〈南垞〉、〈金屑泉〉、〈白石灘〉、〈竹里館〉、〈漆園〉、〈椒園〉等；以形似為主者，如〈木蘭柴〉、〈敧湖〉、〈欒家瀨〉、〈北垞〉等；形神兼備者如〈華子崗〉、〈文杏館〉、〈鹿柴〉、〈茱萸沜〉、〈宮槐陌〉、〈臨湖亭〉、〈柳浪〉、〈辛夷塢〉等。[9]

這種看法其實已經有些以山水畫的立場來看，或者說他的著眼點是從「詩中有畫，畫中有詩。」的詩畫合一立場來說，才會以形似、神似或形神兼備的觀點來分析，形似是說此類詩摹山狀水，景致清晰；神似則是此類詩為將重點放在山水之上，別有寄託；形神兼備則指詩中既寫景又抒情，情景交融，因為在魏晉六朝山水詩尚未正式產生以前，詩人詩中寫景，往往都是想像當中的虛擬之景而已，到了著名詩人謝靈運奠定山水詩的基礎之後，山水詩正式宣告成立，當時詩人乍然學寫滿目風景，經驗不足，也不懂後世文人習用的減境山水技巧，當然也不懂「看山不是山，看水不是水。」這個竅門，寫景幾乎全係眼睛所看到的實景，少有其餘感受存在，虛景容易流於空疏；實景又往往失之板滯，摩詰則將虛景、實景加以綜合靈活運用，表現高人一等、形神兼備的新境界寫景技巧，一新時人耳目，當然引人入勝。

當時王維並彙編這四十首詩成為《輞川集》傳世，雖然他們兩人都沒有對全園各個景點作詳細的介紹，但是這一組四十首非

年 7 月），頁 103-106。

9 見丁成泉著：《中國山水詩史》（臺北：文津出版社，民國 84 年 8 月），頁 80。

常別緻的輞川山水詩卻像牡丹綠葉一般，組合起來就是輞川園的整體，給人悠閒輕逸的情趣感覺，王維依照《輞川集》所畫的全景〈輞川圖〉，千餘年來非常有名，詩與圖兩相印證，一再有人臨仿傳世，特別能讓人了解蘇東坡「詩中有畫，畫中有詩。」對他的這幾句評論為甚麼深受後人肯定，幾乎少有人持相反的意見，其實摩詰並不只是「詩中有畫，畫中有詩。」連文章都畫意不絕，在〈山中與裴迪秀才書〉一文裡，王維欣然寫道：

> 北涉玄灞，清月映郭，夜登華子崗，輞水淪連，與月上下，寒山遠火，明滅林外，深巷寒犬，吠聲如豹，村墟夜舂，復與疏鐘相間。……

摩詰寫他孤身獨往終南山下月夜幽靜清寂的輞川別業，不禁思念起往日同遊共飲的好友，於是提筆寫了這封千古名信，四字一句，駢文氣勢，多麼簡明扼要、生動寫實，雖然不是詩，卻有詩的意境，還有一些具體意象，河水、山林、村落，配上清、寒等形容詞，讀之讓人怦然心動，一封書信寫盡友朋之間篤厚的情誼，他在信後還熱情邀請裴迪來年一起賞春：

> 當待春中，草木蔓發，春山可望，輕鯈出水，白鷗矯翼，露濕清皋，麥隴朝雊，斯之不遠，倘能從我遊乎？非子天機清妙者，豈能以此不急之務相邀，然是中有深趣矣，無忽。

春天的景色在詩人筆下是多麼美麗的一幅畫，草木長出一顆顆有如綠色鑽石一般的鮮嫩翠芽、開出五彩繽紛漂亮耀眼的花朵，野花處處，漫山遍野，萬象昭蘇，生意盎然，有魚兒跳躍水面，發出「 潑喇」聲響，白鷗展翅低空飛翔，露珠在水邊濕地上的葉尖滾動，雉雞清早在麥田壟上啼鳴，這種景象好像現代所說的「虛擬實境」一樣呈現在裴迪面前，也讓讀者參與此行，產生親臨其境的幻覺，由此可以發現其實有些古文也是很平易近人的，讀過

此文，更印證了王維精擅駢文的功力。

　　這篇文章駢句不少，用「草木蔓發，春山可望，輕鯈出水，白鷗矯翼」這樣一幅生動誘人的春景圖來請裴迪到此共享春遊之樂，作者以想像未來春天景象的寥寥幾筆，就勾畫出一幅生機勃勃的圖畫，自然引出寫信的本意。「非子天機清妙者，豈能以此不急之務相邀？」他以商量的口氣約請朋友，委婉懇切，又顯得尊重對方。可說是對朋友的高度讚許，更加重懇切相邀之情和誠摯相知之意，足以想見王維其實不只是「詩中有畫」，連他的文章當中，也一樣是以濃濃的畫意詩情，呈現在讀者眼前。

第二節　多人題詩在後頭

　　任何作品一有名氣，就會有不少的人想要臨摹，根據《陝西通志》說：「舊有〈輞川圖〉四幅，沈國華摹十二幅，舉世寶之。」[10]有那麼多臨摹品出現，可見〈輞川圖〉當時受歡迎的程度。

　　但是太完美的東西易遭天忌，就是經過收藏者日日親手撫摩愛不忍捨，久而久之也會有害於原品真跡的保存，或者甚至有人會像唐太宗那樣因為太欣賞〈蘭亭集序〉，竟然愛之入骨，不忍捨之，達到將真跡帶入墳中陪葬的地步；甚至可能有人像南朝的梁元帝蕭繹，一生愛書畫成癖，金帙玉軸，汗牛充棟，當西魏大將于謹兵臨城下，他竟將畢生蒐羅寶藏的宮中法書名畫堆積如山，全部付之一炬，自己還要以身為殉，此類毀滅古代優秀文化遺產事件竟然舉不勝舉，[11]從此真品銷聲匿跡，徒留後人無限嘆惋和

10 同注 4，皮師述民著：《王維探論》，頁 166。
11 見楊仁愷主編：《中國書畫》，薛永年、楊心、楊臣彬、穆益琴、單國強等

扼腕，實在令人椎心浩嘆不已。

到北宋時候，摩詰〈輞川圖〉大約也遭遇一樣，真跡不再輕易露面，一般人就只能看到臨摹本了，「蘇門四學士」之首的黃庭堅，就曾經看過兩幅，在《黃山谷集》上說：

> 王摩詰自作〈輞川圖〉，筆墨可謂造微入妙。然世有兩本，
> 一本用矮紙，一本用高紙，意皆出摩詰不疑，臨摹得人，
> 猶可見其得意林泉之髣髴。[12]

黃庭堅說王維〈輞川圖〉筆墨已臻造微入妙之境，當時〈輞川圖〉就有兩本，而且他還說該圖「臨摹得人，猶可見其得意林泉之髣髴。」表示當時確實已有人臨摹得相當像，「蘇門四學士」另一位出色當行的秦觀則曾經寫過有名的「秦少游書〈輞川圖〉後」，正可以印證〈輞川圖〉的流傳有緒，足以想見當時王維的作品確實還很容易看見，他和黃庭堅同時以「蘇門四學士」的響亮名號活躍於北宋文壇，看到的不知是否為同一幅畫，應該就是兩幅當中的一幅吧！更妙的是〈輞川圖〉竟然還有癒疾之效，真是匪夷所思，秦觀是這樣說的：

> 元祐丁卯，余為汝南郡學官。夏得腸癖之疾，臥直舍中。
> 所善高符仲攜摩詰〈輞川圖〉示余曰：「閱此可以癒疾。」
> 余本江海人，得圖甚喜，即使二兒從旁引之，閱於枕上。

中國畫和西洋裱框畫有很大不同之處，中國畫可以方便於攜帶，以手卷形式繪製的卷軸可以隨身攜帶，這真是中國人高明的所在，書畫作品可以隨身攜帶，想看就看，不會因為畫框太大，搬動不易而增添煩惱。[13]而且隨身攜帶可以便利隨時展畫以觀，沒

編撰，（上海：上海古籍出版社，民國79年出版），頁1。

12 同注4，皮師述民著：《王維探論》，頁166。

13 清高宗乾隆南巡經過濟南，看到眼前風景極為熟悉，驀然驚覺眼前就是趙孟頫畫的名畫〈鵲華秋色圖〉，立即要人快馬進京，取來趙孟頫的〈鵲華秋

有搬運不變的煩惱，是中國卷軸特別的長處，黃公望最負盛名的《富春山居圖》一畫三年，卻沒有對著實景刻畫，那不也正是文人畫的特徵之一。

〈輞川圖〉亦是如此方便，況其圖又延續六朝以來的敘事畫風格，元祐丁卯年間，當時擔任汝南學官的秦觀得腸癖之疾，臥病在床，但有好友高符仲得知，攜帶據說有治病功能的王維〈輞川圖〉來，給在宿舍當中臥病在床的秦觀（字少游）一觀癒疾，兩個年輕僮僕在他觀覽手卷畫時，從旁引之，因為畫卷的舒捲開合，畫中流動的時空結構以及敘事終始的隨機性，會使得秦觀由優美動人的圖象，具現形神兼備的《輞川集》文字之美，彷彿正與王維、裴迪同歌、同遊、同行、同樂「輞川之樂樂無窮」啊：

> 恍然若與摩詰入輞川，度華子岡，經孟城坳，憩輞口莊，泊文杏館，上斤竹嶺，並木蘭柴，絕茱萸沜，躡宮槐陌，窺鹿柴，返於南北垞，航欹湖，戲柳浪，濯欒家瀨，酌金屑泉，過白石灘，停竹里館，轉辛夷塢，抵漆園。

以王維原序二十個景點的排列順序，對照秦少游看圖臥遊的先後次序，他少看了臨湖亭和椒園兩處景點，不過少游也真能設想，竟然忘記自己正被官職綁在汝南，閱圖之後幾天他就豁然病癒，他說自己是：

> 幅巾杖屨，棋弈茗飲，或賦詩自娛，忘其身之鉋繫於汝南也。數日疾良癒，而符仲亦為夏太沖來取圖，遂題其末而

色圖〉詳加比對，果真就是該圖，此圖構圖、寫景、用色、筆法頗似王維〈輞川圖〉，祇是趙孟頫當時是為療治籍貫濟南卻從來沒有去過濟南家鄉的周密，特別憑印象畫記憶中的濟南，以解周密鄉愁，其中的華不住山與鵲山東西方位正好顛倒，而且其間相距數十里路，但詩人只管憑印象記憶去畫，文人畫不像院畫家那樣精細，哪裡需要計較方位對錯與否，距離拉近，位置顛倒搬動，只要畫出畫中精確意思，方位對錯那又何妨？

歸諸高氏。[14]

少游的神遊不光是遊而已，他連自己的畫中的神遊行為和服飾動作都有清楚的計畫與交代，但少游對各景點的行程，僅以一個動詞：「度、經、憩、泊、上、並、絕、躡、窺、返、航、戲、濯、酌、過、停、轉、抵」交代得要言不繁，實在因為宋朝人作詩擅長使用動詞，一個動詞辭簡意要，非常清楚明白，短小精幹。東坡有一首著名的題畫詩〈韓幹馬十四匹〉也有類似狀況，分別用許多動詞賦予各匹馬以不同的精神面貌，動靜相間，前後呼應，詩中呈現生動又多變的畫面，難怪東坡自詡：「韓生畫馬真是馬，蘇子作詩如見畫。」北宋有許多名家寫的山水小品文成效斐然，無論在敘事、寫景、謀篇、布局的技巧方面均十分精當純熟，且靈活有致，而在主題意境的呈現方面，不僅知性樂觀，而且非常超然自適。更難得的是在那些山水小品文中常有一份對民生、社會、邦國的關懷，常見一種以天下為己任的偉大仁人胸襟。這種文如其人，溫柔敦厚的詩教展現，不僅唐代罕見，即使在明人山水小品中亦難覓如此佳作，秦觀此文正可顯現這些北宋山水小品文，受到承襲前代山水小品文之發展、宴游文學、山水畫、園林興盛、儒釋道融合、隱逸流風所尚的眾多影響，是在多重影響滋潤下流淌出來的絕妙佳作，與王禹偁、范仲淹、歐陽脩、蘇舜欽、曾鞏、王安石、蘇軾兄弟、黃庭堅等大家名文相比，此文實在不遑多讓。

皮師認為秦觀敘事功力不凡，但他卻同時認為語意太簡，不太夠充分加以描繪輞川景色，研究者對此略有不同看法，仔細對照過故宮館藏的明人仿「郭忠恕臨王維的〈輞川圖〉」，研究者倒

---

14 同注 4，皮師述民著：《王維探論》，頁 166。

是認爲少游用字佳妙,而且已經畫龍點睛,點到爲止,能夠僅僅用一個動詞即相當傳神地表達了輞川園的佳趣,真是太神乎其技,因爲秦觀「遂題其末而歸諸高氏」,足見此文應該是寫在輞川圖的拖尾上面[15],絕對不像乾隆皇那樣有時大筆揮灑在古畫留白之處,題得洋洋灑灑,因爲不是空間龐大的鴻文巨製,所以無法用長篇鉅作寫得一清二楚,沒有交代得明明白白,但秦觀並沒有因陋就簡,仍然短小精幹地僅用十八個不同的動詞,便把各景的佳妙差異表現得恰到好處,真是功力深厚,實在令人嘆爲觀止。

　　故宮自民國 93 年 10 月到 12 月底展覽的書法作品中展出一幅「傳秦少游書〈輞川圖〉後」的蝴蝶裝冊頁,灰灰帶藍的紙上內容竟是秦觀第二次看王維〈輞川圖〉後的心得:

> 余曩臥病汝南,友人高符仲攜摩詰〈輞川圖〉過直中,相示言能愈疾,遂命童持於枕旁,閱之悅,入華子岡,泊文杏、竹里館,與裴迪諸人相酬唱,忘此身之匏繫也,因念摩詰畫意在塵外,景在筆端,足以娛性情而悅耳目,前身畫師之語非謬已,今何幸復睹是圖,彷彿西域雪山移置眼界。當此盛夏對之凜凜如立風雪中,覺惠連所賦猶未盡山林景耳,吁!一筆墨間,向得之而愈病,今得而清暑,若觀者宜以神遇而不徒目視也,五月二十日高郵秦觀記。

秦觀真是說得太好了,他認爲謝惠連所賦猶未能盡述山林景色,他想必非常贊同摩詰「前身應畫師」之語,同樣一幅圖畫,摩詰都是「意在塵外,景在筆端。」而秦觀兩次看了以後,同樣是「娛性情而悅耳目」,但感受卻完全不同,效用也不相同,一次癒病,一次清暑,他題畫的時間是農曆五月二十日,大約相當於國曆六

---

15 中國畫裱畫完畢有些會預留給人題詩的位置,像蘇東坡著名的書法作品〈寒食帖〉裱完後面預留十幾尺拖尾,自云:「留予他人自品題」。

月二十日左右，盛夏溽暑，正熱得人發昏，秦觀竟然在看了〈輞川圖〉之後，覺得有如西域雪山就在目前，豈不就像置身冰庫了嗎？真是達到清暑的神效，這麼看來，〈輞川圖〉的功效簡直是神奇到無以復加的地步了，祇是令人百思不解的是為什麼只留下題跋而缺圖，應該跟第一次看過一樣都是題在拖尾上面，不知是有人因為原畫已舊，需要重裱，所以裁下拖尾文章另裱，還是因為另有其他原因那就不得而知，足以見得當時已較早先畫家題字盡量隱密，不破壞畫面時期有了較長篇題跋的風氣，但秦觀此段文字正足以說明秦觀假如沒有看過、題過第一次的觀後作，就絕不可能寫出第二次的觀後心得，但除了他個人題字，是否還有別的宋人筆記對此有所紀錄，那就還有待考證，目前尚不得而知。

洪邁在《容齋隨筆》與藍田縣鹿苑寺主僧的一番對話，也是記在〈輞川圖〉軸上，邁云：「鹿苑即王右丞輞川之第也。」但是這幅和秦觀看過兩次都有題字的那幅，必定都不是現存故宮的這一幅〈輞川圖〉，足見當時王維畫的〈輞川圖〉絕對並不只是畫一幅畫而已，確實可能是有不少幅臨本。洪邁這一段話最發人深思，王維輞川的營構，不論從詩、畫或山水本身，處處都有禪者的痕跡，已達到喪我、忘我的最高境界，而與天地萬化自然冥合而為一，無怪乎王維早早即有「詩佛」的尊號，但是王維早年還沒有以自然景物展示真如宇宙的表現，王維早年奉佛，其母師事大照禪師三十餘年，禪宗是王維主要的學習內涵，此外他也兼修華嚴、淨土。[16]

---

16 王維以南北禪為主要的佛學濡染，見於蕭麗華〈論王維宦隱與大乘般若空性的關係〉，收於《唐代詩歌與禪學》頁 73，（臺北：東大圖書公司，民國 86 年版）。陳允吉認為王維受華嚴宗影響，如〈王維與華嚴宗詩僧道光〉一文，收於《唐音佛教辯思錄》頁 39，上海古籍出版社，1988 年版。至於淨土思想，或從卷 20〈西方變畫讚並序〉，頁 367-368、〈給事中寶紹為亡弟故駙馬都尉于孝義寺浮圖畫西方阿彌陀變讚並序〉等知其略有關涉，頁 375-376。

　　四十歲以後的中晚年，王維半官半隱輞川「中歲頗好道，晚家南山陲。」（卷三〈終南別業〉），之後他的作品，才漸漸有「對境無心，不生是非，不起憂樂，不染塵念。」的種種體現。王維的輞川「輞水淪漣，與月上下。」（《王右丞集箋註全集》卷十八，頁 332，〈山中與裴秀才迪書〉）又佈置輞川二十景，一一入詩，一如《華嚴經》云：「二十佛剎微塵數世界圍繞，純一清淨。」令人不禁興起他的輞川營構與禪佛世界應該相關的聯想，王維的輞川巧妙營構，必定也是出於展讀《華嚴經》以後所得到的靈感，否則他不會如此恰恰好就佈置出二十個景點，一個不多，一個不少，輞川二十景，就如同華藏二十佛剎微塵世界，有如佛國淨土般予人無限感悟與聯想。

　　《輞川集》的創作時間約於唐玄宗開元中葉到天寶年間，是安史之亂以前完成的心平氣和作品，兵荒馬亂之際，逃難猶恐不及，誰能像謝安那樣還能強自鎮定，登山臨水？很多人以《輞川集》絕句對照故宮現存應為後人仿郭忠恕所臨的〈輞川圖〉，或者是對照《關中勝跡圖志》，大自然景物在他的詩中處處流露出許多似有若無的禪光佛影，結構編織成一處空靈、寂靜的世界，《輞川集》二十首以遮撥手段為其藝術傳達特徵的典型之作，是先有禪悟，進而引向意境體驗的山水詩作，可見到對於能臻於禪悅境界的遮撥手段的直接藉用，「適然」、「非有非無」或者「非非有非非無」，可以充分對王維的「輞川別業」了解其當年的大概情況。

　　由時間的今昔，空間的遷移，與人事新舊的代謝，輞川二十景因而織入存在的許多思考與王維得自於禪佛的獨特視野，表面是輞川山水，實際上無不含融著王維對無常、無我、生滅世界的

觀照，[17]這些觀照裡面包含了王維對人生如寄的感受、人際關係的變遷、人事變化的生滅、人生幾何的慨嘆、緣起緣滅的各種感傷，凡此種種，無一不在詩中化身出現。

第三節　輞川原為宋家業

〈孟城坳〉是輞川第一景，由外地想要進入輞川，需要先經過一道危險的峽谷，輞川別業是在六、七百公尺的山丘地帶，過了峽谷，道路才一下子開闊起來，孟城坳就是扼守此咽喉的一座古城堡，因而得名，王維自宋之問被殺之後，從他後裔手中購置這份別業，重加修葺，做為母親崔氏持戒安禪的居所。

許多當代名教授的文章或書中都認為王維之母崔氏住在輞口莊，王維住在孟城坳，王維《輞川集》以〈孟城坳〉為第一首，這是王維結廬「居」住的地方，〈孟城坳〉詩云：

新家孟城口，古木餘衰柳。來者復為誰，空悲昔人有。

裴迪有詩：

結廬古城下，時登古城上。古城非疇昔，今人自來往。

王漁洋《蠶尾續文》曾說：「王維輞川絕句，字字入禪。」即是表面不著一字，其實深通禪理不立文字之旨，在其曠達的人生視域及存有世界的開拓之外，其實有超越存有的指向 —— 即佛家之「空」，關於此詩，前人評述頗多，胡震亨《唐音癸籤》云：「非為昔人悲，悲後人誰居此耳，總達者之言。」近人俞陛雲《詩境淺說續編》云：「孟城新宅，僅餘古柳，今雖暫為己有，而人事變

---

17 見吳文雄：〈試論遮撥藝術在王維山水詩中的運用〉　文大中文學報，第四期，民國 87 年 3 月，頁 129-143。

遷，片壤終歸來者。後之視今，猶今之視昔，摩詰誠能作達矣。」
前人對此詩的評述多著一「達」字，顯然從魏晉美學的角度來。
其中以徐增與沈德潛的說解較爲詳細，徐增《唐詩解讀》卷三有
云：

> 此達者之解。我新移家於孟城坳，前乎我，已有家於此者
> 矣，池亭臺榭，必極一時之勝。今古木之外，惟餘衰柳幾
> 株。吾安得保我身後，古木衰柳，尚有餘焉者否也。後我
> 來者，不知爲誰？後之視今，亦猶吾之視昔，空悲昔人所
> 有而已。

徐增此一脫胎於王羲之〈蘭亭集序〉感嘆的說法有些令人好笑，
此處最早設立應該也只因爲是個捍衛關中制高點的一座古城堡、
關隘而已，未必是宋之問當年居住處所，當年有守城將士駐紮，
將軍卻未必需要「家於此」，住在此處，沈德潛在《唐詩別裁》卷
十九則云：「言後我而來不知何人，又何必悲昔人之所有也。達人
每作是想。」這些說法旨在體現達人境界，但是這種「後之視今，
亦猶今之視昔。」（王羲之〈蘭亭集序〉）的悲傷、嘆息、憤鬱情
緒，有人生無常、萬事皆空之感，更顯無比深沈。而研究者在故
宮這幅圖畫上，卻僅看見一圈部分塌陷的城牆，圍著孟城坳空盪
盪的古老遺址而已，完全不見有任何建築還存在的蛛絲馬跡，確
實只有「古木餘衰柳」而已，無怪乎王維會「空悲昔人有」的悲
傷，發出和陳子昂「前不見古人」相同的感懷，唯未如子昂般愴
然涕下罷了，究竟王維是否來此遺址住過？還是他和裴迪起初也
是都無法進住，照《三民大辭典》637 頁對「口」的解釋第 7 說：
「凡江海、山谷、邊塞等供人往來出入處。」皮師的看法認爲王
維住在輞口莊，研究者也認爲王維應該無法住在孟城坳，王維的
新家在孟城口，也就是孟城邊上，而非就必然住在孟城坳裡面，

因為孟城坳在故宮〈輞川圖〉上僅餘三四株古木、衰柳，如何住得？未來誰住？昔人當是曾經擁有過輞川別墅的宋之問，或更早五胡亂華時代控扼輞谷出入的守城將士住此，宋之問本人當年「考室先依地」，應該是住在輞口莊那座巍峨巨宅當中，宋之問也不是傻瓜，建築物為可存在數百年以上的物業，不能不因地制宜，重視選址，整個輞川園範圍多大，要住就住在背山面湖交通四通八達的中心區，又不必像明成祖建都北平城，為的是要防守北方胡虜外患一樣，必需據險以守，方便指揮軍隊，對只想要參禪修道的王維來說，身外之物並不會非常重視，但也沒有可能去營造那樣豪華的巨宅，而輞口莊卻是那麼規模宏麗，唯一的可能就是他祇是接收原物主宋之問當年的舊物業，再加以稍微整理、裝修、清掃，即已夠富麗堂皇，住進了輞口莊，否則何必說他接手？

裴迪詩應是說當年結廬扼守此咽喉的一座古城堡的將士們，住在城內常登城上，而今已經今非昔比，今人只能自來自往，無從進住，而秦觀曾經親眼看過圖，也是說「經過孟城坳」，而非「憩孟城坳」，研究者對此深有同感，孟城坳在王維當時已是僅供後人憑弔之處的古蹟而已，才會引起王維那麼多感慨，「孟城口」指的應該就是孟城坳外頭，就是說他住在輞川園吧！

唐朝至宋，〈輞川圖〉一向流落民間，不曾進宮，才會有黃庭堅、秦觀、黃伯思紛紛《跋〈輞川圖〉》後，才會有《陝西通志》說：「舊有〈輞川圖〉四幅，沈國華摹十二幅，舉世寶之。」的情況，何時進宮已無法查考，至少清朝初年乾隆年間此〈輞川圖〉已經存放宮中，乾隆才會鈐上「乾隆御覽之寶」的大印，一些清代學者大約沒有如此榮幸，得蒙聖召，都不曾真正看過〈輞川圖〉，才會望文生義，認為王維新家於是，一處廢墟遺址，絕對不可能進住，要在古木衰柳的遺址上，重新整理不會如是簡單，否則後

人臨畫哪有可能將一座新家臨得不一樣到如此離譜，若如是就不能稱爲臨摹了，郭忠恕是宋朝初年著名的院畫家，最擅長畫眼中山水，一分一毫全部寫實，絕對不可能畫出心中山水，王維原畫如何，他就如何畫，當不至於如此蠢笨，畫他原圖沒有的東西吧！同時也要後人再臨郭忠恕的作品，才有可能讓一千三百年前的〈輞川圖〉留存至今，縱使一臨再臨，那也絕不至於離譜至此。

　　研究者比較無法苟同許多明清迄今的名家看法，說是王維住在孟城坳，崔太夫人住在輞口莊；研究者比較認同皮師看法，王維應該是自己居住在輞口莊，再營建母親崔太夫人的草堂精舍，輞口莊又是當年宋之問曾經「考室先依地」居住過的好地方，依照古人建築慣例，絕對不會草草了事，即使幾十年未曾住人，也還不至於壞到哪裡去，稍事整理一番，應該就會規模仍舊，王維再照《華嚴經》二十佛世界的描述，逐漸規劃整理出二十個遊山景點。

　　其實他也並不是辭官隱居輞川，而是在長安爲官，稍有一點空暇時間，便去輞川探望陪侍老母，在輞口莊作時間稍長的盤桓，這是他的同僚和皇帝都願意接受的事實，後來他五十歲母親過世，在二十五個月守喪期滿之後，他就沒有充分的理由再去長住輞川，甚至於將近一年都無法回別業一次，但是他對輞川園不能忘情，念茲在茲，母親死後，他將母親所住草堂捐出爲清源寺，等王維死後，大家也遵其遺願，埋骨輞川清源寺西側，相信就是在其母崔氏太夫人的墓側，這有二十景的輞川園，繼宋之問、王摩詰之後，有人來此園憑弔摩詰，卻沒聽說誰是這裡的第三任主人，摩詰死前將輞口莊捐給清源寺，輞川園下落則不得而知，實在令人嘆息。

第四節 美景繽紛細説明

1、華子岡前秋色冥

〈華子岡〉是輞川第二景，林木森森，王維「夜登華子岡」，可以在月光下從這座可愛的小山岡上面俯瞰「輞水淪漣，與月上下。」金光閃爍、浮光躍金的起伏波動，偶然還能看到靜影沈璧，想必是非常幽絕動人的絕妙感受。王維有詩云：

飛鳥去不窮，連山復秋色。上下華子岡，惆悵情何極。

裴迪則是：

落日松風起，還家草露稀。雲光侵履跡，山翠拂人衣。

王維此詩歌詠的是黃昏的景象，全篇有如詩人以大筆水墨揮灑出來字面未曾著色或淺絳色彩的秋山暮色圖，卻讓人如見漫山遍野斜暉慘澹、黃葉飄零的圖像，沒有「秋山紅葉、老圃黃花」的繽紛熱鬧，黃昏時飛鳥聒噪歸巢，才會去不窮，在華子岡附近上上

下下飛來飛去，連山秋色連綿，他的輞川二十首多純寫自然，幾乎全部不著情語，但此詩中情意明顯，畫在意中，畫意隱晦，頗難作畫，此詩中尚留有「惆悵情何極」，連山的秋色、無窮的飛鳥，加上詩人不盡的惆悵情懷，交融形成深沈淒迷的意境，情景交融，惆悵者何？明顧起經註王維此詩爲「蕭然更欲無言」[18]，顯然王維此詩已經輕輕點出生命存在的某些難言感受，更傳達了這種心境，應該是面對生命根本存在所產生的一些憂懼心境，只要是人好像都對未來相當疑惑，孔子才會回答樊遲說：「未知生，焉知死。」又說：「未知事人，焉能事鬼。」[19]世人很難不感慨驚懼於生命的短暫，東晉的王羲之在《蘭亭集序》中也同樣有此種感慨：

> 向之所欣，俛仰之間，已爲陳跡，猶不能不以之興懷。況
> 修短隨化，終期於盡……，每覽昔人興感之由，若合一契，
> 未嘗不臨文嗟悼……，後之視今，亦猶今之視昔。[20]

皮師說這種惆悵是陳子昂〈登幽州臺歌〉的「念天地之悠悠，獨愴然而涕下。」研究者也是持如此看法，這不也正是蘇東坡「長恨此身非我有」，「此身雖在堪驚」之類的「恨」與「驚」，最能和王維詩恰切涵融，表達此意。

　　裴迪說的是比較現實，敘述動人的夜景，祇是令人疑惑的是依照王維二十景是先有孟城坳，後有華子岡，可是故宮這幅畫卻是先有華子岡，後有孟城坳，或許畫家當時根據〈與裴迪秀才書〉，設想此岡應在園外吧！不知何者爲是，而秦觀所見之圖又與故宮

---

18 見明・顧起經注：《王右丞全集類箋》（臺北：學生書局，民國 59 年版），頁 717。

19 見《論語》先進篇 12 章（魏）何晏等注（宋）邢昺疏（臺北：藝文印書館《十三經注疏本》影清嘉慶二十年（1815）阮元校刊本　民國 91 年 12 月初版 14 刷），頁 97。

20 見唐・房玄齡著：《二十五史・晉書・王羲之列傳》（新文豐出版股份有限公司，民國 64 年），頁 1360。

所展示者次序相同，實在令人疑惑不已，真是莫衷一是，莫非應以王維自己說的次序方爲正確，或者即使華子岡雖在園外，仍因登之可以俯瞰園內，仍算一景，而且其實輞川園是環狀存在，但因畫成平面圖，所以位置稍有更動。

2、家住輞口不消說

　　對於輞川園裡最高的主要建築物 —— 輞口莊，王維沒有片言隻字介紹，王維自宋之問遺族手中購置這份別業，重加修葺，自己來此閑居與做爲母親崔太夫人持戒安禪的居所，也許他不當這棟輞口莊住居是一景，秦觀汝南觀畫卻有意在此休憩，可見得秦觀也認爲這裡是王維之住家，研究者與秦觀恰有同感，覺得這是一棟了不起的建築，由其界畫技巧的高明可以看出這是一棟絕佳的歇山重檐式四合院三層樓六進的巨大建築，四面迴廊環繞，裡面家具擺設高雅，顯現居住者絕對有相當品味，王維母親崔太夫人一向居家念佛參禪，不大可能居此豪華山莊，倒是王維或是原先的主人宋之問，常常都有三朋四友時相往還，似乎這才應該是王維或宋之問當年居住待客之所，不啻富貴氣象，三樓上面窗戶

前面還背對園外擺設有三張明式家具的黃花梨靠背椅，可見得這絕對不可能是郭忠恕所臨的〈輞川圖〉，否則身為宋朝院畫、界畫名家的他，畫圖絕對是全部忠於原味，畫的盡是眼中風景，絕對不會逾越規矩，郭忠恕如何畫得出未來構造簡單精巧的明式家具？因此研究者大膽推論：故宮收藏的這幅〈輞川圖〉應為明人所為，而且顯然還不是非常高明的畫師所繪，乾隆皇帝因此僅蓋一個「乾隆御覽之印」而已，並沒有題詩作對，大事讚美，乾隆皇帝是高明的收藏家與鑑賞家，少有看走眼的時候，但由於該畫家也是技巧純熟，界畫功力頗為可觀，可以推知此圖作者絕非普通畫匠而已，再對照王維結識的一位詩、畫、道三方面志同道合，趣味相投的朋友張諲，摩詰有〈戲贈張五諲之二〉詩云：

　　　秋風自蕭索，五柳高且疏。望此去人世，渡水向吾廬。

他須要渡水才能抵達「吾廬」，以輞口莊論及林水之間的相對位置，又證明輞口莊應比位居群山之中的關隘 —— 孟城坳更有可能是王維的住所，朋友乘舟過敧湖，登岸即可抵達，用來招待朋友，輞口莊是比孟城坳那個荒涼古蹟更適當的居停所在，才合乎常理。

3、文杏館前景色奇

〈文杏館〉是輞川第三景，背嶺面湖，一座絕佳的好所在，王維以香茅鋪頂，文杏為梁，簡簡單單的一棟中式建築：

　　　文杏栽為梁，香茅結為宇。不知棟裏雲，去作人間雨。

裴迪則有：

　　　迢迢文杏館，躋攀日已屢。南嶺與北湖，前看復迴顧。

這座文杏館是就地取材，以輞川文杏館旁土生土長的高大名貴文杏樹做梁，以香茅覆頂蓋成古樸的建築，又建在高高的山頂，就像處在虛無縹緲的仙山靈館，以輞川的環境來看，這首詩居第三處，從「孟城坳」一路往上走，經過「華子岡」，至此應為山巔，

秦觀說泊文杏館，因為此館三面臨水，要過去，不泊而何？而秦觀為病人，只能泊舟湖岸，望館興嘆，裴迪日日攀登，也已相當習慣，「文杏裁為梁，香茅結為宇」兩句排比句式，大有《楚辭》神韻，表示這個文杏館是非常古樸的山野茅廬建築，李瑛《詩法易簡錄》云：「玩詩意，館應在山之最高處。山上之雲自棟間出而降雨，而猶不知，則所居在山上之絕頂可知。」

　　然而再細味詩旨，「文杏」「香茅」所結的廬舍，除了物質世界外，亦應統合著作者精神存在的領域，借物抒情的他有意借歌詠出塵世又為人間造福的佛教理想世界，在文杏尊貴厚實的棟樑與瓊茅香味之中的世界，靜坐其間，欣賞窗外文杏盛開滿目的美景，香風徐徐，佈滿鼻管，當更能發思古之幽情，不正是王維〈過香積寺〉：「不知香積寺，數里入雲峰。」當中所曾經想望、追尋過的境地嗎？

　　這首詩確實是形神兼備的佳作，「棟裏雲」正是王維入此世界，又思其出，於是原本只是「棟裏雲」，結果卻化為「人間雨」，這兩句用流水對句式，詩意流貫而下，寫得輕爽自然，這樣的美妙景色，豈非縹緲如在雲端的人間仙境，讓人頓生道家飛昇凌雲、羽化登仙之想，因為高峻，雲彩常常從館內棟樑間冉冉洩出館外，就像文大教室也常有雲霧自由進出教室一樣，飛向人間，化作甘霖，就像宋玉〈高唐賦〉有：「旦為朝雲，暮為行雨。」[21]，特別是當雲霧滿山飄飛之時，當更能感覺輞川在縹緲的雲霧之間若隱若現的豐肌玉骨之美，實難以筆墨盡情描繪。

　　作者巧用虛景點畫實景，讓小小文杏館，竟成雲伯雨師棲息之處，給這棟尋常建築塗抹上一層神秘色彩，令人引發無限悠渺

---

21 見梁·昭明太子蕭統編：《文選》（臺北：藝文印書館　民國 61 年 9 月 6 版），頁 270。

的遐想；裴迪還補敘這棟迢迢處於高山之上的文杏館，日日攀登，至此已經來過許多次了，此館景觀極佳，可以向前仰視巍巍的終南山，又能向後俯瞰廣闊的北湖 —— 敧湖，氣勢確實不同凡響。

4、斤竹嶺內綠意深

　　〈斤竹嶺〉是輞川別業第四景，為輞川別業裡面生長具有經濟價值的植物園地，嶺上栽種了名貴少見的斤竹，故宮〈輞川圖〉裡一棵一棵高大散生的斤竹長滿小山坡，地面上還有不少竹筍悄悄露頭，不知是否正逢雨後，春筍滿山遍野，露了個夠，王維賦詩：

　　　　檀欒映空曲，青翠漾漣漪。暗入商山路，樵人不可知。

裴迪則是：

　　　　名流紆且直，綠篠密復深。一徑通山路，行歌望舊岑。

王維遊到斤竹嶺這處所在，美好青翠的竹林深處，綠意盎然，掩映著一條空寂曲折的小路，看看竹林，似乎入神，詩中以「空曲」為現在的時空，青翠的竹葉和竹幹與水中盪漾的漣漪互相輝映，接著詩人卻問樵夫是否知道山路遙遙究竟走向何處？是否通向「商山路」？

　　商山在陝西商縣東南，是終南山支脈，林木薈鬱，形勢幽勝，那幽僻渺遠，神秘莫測的地方，傳說是秦末漢初四位隱士東園公、甪里先生、綺里季、夏黃公因避秦亂隱居處，各個都年過八十，鬚眉皓白，人稱「商山四皓」，就連長年打柴山中的樵夫都不知道，那條林中小徑可就是通向「商山四皓」隱居地的捷徑？在這幽秘的道路上，空間與時間頓時陷入「無」性，樵夫均不知此路通向何處，呈現著的是「不可知」的狀態，莫非王維認為這條路是通向有著眾位隱居仙人群居的「桃源行」、「商山四皓」勝境？於是畫面有了縱深，追溯到千年之前的秦末，不再僅是平面的唐朝而

已，此所謂文人畫必有寄託，言外之意就此出現，暗示著王維也有意效法隱士，此詩應該說是形神兼備，情景俱全，而且交融相和；裴迪則不管又密又深的竹林當中還有一道清溪緩慢迂迴流下去，他還打算循著山間小路，且行且歌，吟嘯自若，回望舊山，綠篠依舊又密又深。

5、鹿柴清幽人語響

〈鹿柴〉是輞川別業第五景，也是《唐詩三百首》上精挑細選出來的著名詩篇，柴是柵欄之意，王維在此地應該養了一些可愛的鹿，偶然他也來此地行功打坐，故宮〈輞川圖〉上也是畫了滿山有鹿跳躍奔馳，〈鹿柴〉詩云：

> 空山不見人，但聞人語響。反景入深林，復照青苔上。

裴迪則是：

> 日夕見寒山，便為獨往客。不知松林事，但有麏麚跡。

這首拗絕是形神兼備的詩篇，王維有時來到山中深林裡面，在無人打擾的竹里館打坐行功，這是一個人跡罕至的僻靜處所，偶爾遠遠有人走過林邊，傳來隱隱約約的說話聲，有隱約人語越顯山林寂靜，收功睜眼，時常見到青苔上有射入林中的最後一抹夕陽餘暉，更顯深林幽暗，杳無人跡的看不見、摸不著的幽靜景色，卻用夕陽照在青苔上有形無聲的實景加以映襯，霎時生動具體，形象可感，在早期山水詩尚未正式成立之前，詩人寫景多屬虛擬，容易流於空疏；當謝靈運正式奠定山水詩優美基礎之後，幾乎全從實景落筆，往往又失之板滯。

王維是詩人當中首創虛景、實景交替運用之法的著名詩人，一方面表現高超寫景技巧，達到景物形神兼備、情景交融的最高境界，此詩從「空」入手，為虛，空山「無」人，卻「有」人語，深林「無」日光，卻「有」反影復照，為實，以動寫靜，以聲寫

寂，以光寫暗，以虛寫實，詩中處處都採用反襯寫法，句句都有極深的禪味，表現禪意而不露痕跡，開前人所未曾有的寫法與境界，顯示王維令人驚奇的寫景才能；裴迪則未能領悟及此禪味，和一般俗人如我輩者相同，他偶然也獨自到深林打坐，收功但覺林幽山冷，不能忍受真寂靜、真安寧，非看到活蹦亂跳的鹿，他不覺得滿足，縱使不想打獵，也覺見獵心喜，有生機盎然的鹿跡，才不再感覺鎮日與寒山相對，淒清孤寂無比。

從「不知松林事，但有麕麑迹。」可以得知當時的輞川確實山深林密，野鹿四處奔馳，好不暢快。「輞川別業」實際上正有如佛陀之「鹿野苑」一般，是王維的心靈寓所，也是王維的心中淨土，更是他中晚年以後寄頓身心靈的好所在，《輞川集》的終極內涵，不只是有些山水自然形象，更是作者與道契合的心靈語言之最佳表現。

清朝初年著名宮廷畫家王原祁畫〈輞川圖〉時就讓鹿群四處徜徉遊走，不是光關在鹿柴而已，日本京都附近的奈良東大寺也讓鹿群穿梭於園林遊客之間，好像佛陀之「鹿野苑」，或是王維的輞川鹿柴重現東洋的人間世一般，給人非常祥和溫馨的感覺。只是奇怪的是在故宮〈輞川圖〉中，鹿柴卻是畫在宮槐陌之後，南垞之前的第八景，秦觀所看的圖與故宮圖次序相同，但兩者與《輞川集》序上王維自序的次序有所不同。

6、木蘭柴旁彩翠明

第六景的〈木蘭柴〉同樣是是輞川別業裡面栽植生長具有經濟價值的植物園地，佛家〈心經〉裡面講到的「六塵」，世人應該盡量規避，如如不動的東西，但是色、聲、香、味、觸、法「六塵」都是詩人、畫家習作時的絕佳材料，王維也早已將這些東西剪裁入詩，譬如〈鹿柴〉一詩寫聲音、光影，聲音不易用畫筆表

達出來，但〈木蘭柴〉一詩則寫顏色，全詩卻一目了然，當中完全不帶任何佛典經語，有畫無情，最宜入畫，但兩者都有其佳妙之處。〈木蘭柴〉詩云：

　　秋山歛餘照，飛鳥逐前侶。彩翠時分明，夕嵐無所處。

裴迪則是：

　　蒼蒼落日時，鳥聲亂溪水。緣溪路轉深，幽興何時已。

這首詩確實以形似為主，王維這首詩寫從木蘭柴遠望，霎時所見備極變幻的景象，在秋山殘照將歛的那一刹那，山色瞬息萬變，光影、彩羽、山嵐，一大片眼前景致是無以言說之境，眺望秋山，歸巢飛鳥，大畫家王維對色彩的感覺特別敏銳，他注意到光與色彩的捕捉，展現的是夕陽殘照當中，飛鳥、山嵐與前後競逐的飛鳥彩翠羽毛，在上下撼動當中明滅閃爍、瞬息變幻的奇妙景色，奇妙瑰麗，給人鮮明的印象和豐富的美感享受，就像一幅西方印象派大師的精彩寫生畫幅，或是一幅色彩鮮豔繽紛的油畫。在色塵世界精微的幻化中，只有像王維這樣高妙的畫家詩人，才能以短短的二十個字在有限的文字當中寄寓無限豐盈妙意，刹那間寫永恆，展現色空世界的無盡妙藏，彩翠「生」在眼前，及「滅」在夕嵐殘照當中的生滅之機，不曾沾染一字經典，但二十個字的短短篇幅寫出詩的韻味、畫的意境，有色有聲，文情並茂，絕對不只是「一片鳳凰鳴」而已，實在難能可貴。

　　裴迪的詩則相當寫實，好像是在幫光顧著看眼前遠景的王維補敘近景，落日時候青蒼的山脈裡面，充盈於耳的是歸巢鳥雀震耳欲聾的鳴聲，以及近處潺潺溪流不絕於耳的聲響，沿著山路的幽絕風光，讓人充滿幽興而流連忘返，實在令人對木蘭柴更加神往不已，兩位詩人盡顧著遠景、近景敘述，絲毫沒提到木蘭柴因而得名的木蘭，自然生長又高又大的木蘭樹，花大，外紫內白，

還是皮師比較仔細，神遊輞川還想採木蘭帶回去，[22]故宮〈輞川圖〉上就畫著幾株隨著山勢錯落有致生長的木蘭大樹，枝繁葉茂，相當寫實，多有意思。

7、茱萸沜裡花自開

〈茱萸沜〉是第七景，也是輞川著名景致，沜是水邊，大概是王維看到湖邊小丘的竹林當中雜生著許多高大的山茱萸樹，故名此處為茱萸沜，茱萸花謝，結了果子紅紅綠綠，遠看還像是花朵又再度開放，好不熱鬧：

> 結實紅且綠，復如花正開。山中儻留客，置此茱萸杯。

裴迪則是：

> 飄香亂椒桂，布葉間檀欒。雲日雖迴照，深沉猶自寒。

王維把結滿果實像花朵盛開的半月形水池想像成是大自然特別製造的斟滿葡萄美酒的大酒杯，這酒杯盛滿的美好風光，定能讓客人陶然沈醉，樂而忘返，此詩王維用了兩個比喻，一個明喻，一個暗喻。

裴迪則強調茱萸的花香，讓他誤以為是桂花或椒花，雜生在竹林當中的茱萸，即使有太陽出來的天氣，仍讓人有幾分寒意，茱萸是江淮蜀漢一帶相當普遍的產物，南方常見，北方難得，所以原籍山西太原府祁縣，後來生長於蒲州的王維頗以輞川園有此茱萸感到欣慰。

皮師在《王維探論》180 頁中說此茱萸樹在南方到處都是，司空見慣，茱萸又叫做艾草，是一種落葉小喬木，分山茱萸和食茱萸兩種，山茱萸開小黃花，食茱萸開淡綠色花，均會結果，果實可入藥，有溫中、止痛、理氣等功效，在臺灣產於低海拔森林

邊緣地區或道路兩側，為我國傳統藥用植物，諺云：「菖蒲益聰，
茱萸耐老。」可知在古代茱萸即與人們生活息息相關，是中國人
習慣在九月九日重陽節這天登高，並加以佩帶來辟邪的藥用植
物，唐人詩中多見，如郭元振的「辟惡茱萸囊，延年菊花酒」，此
外對茱萸欣賞的有杜甫的「醉把茱萸仔細看」，和孟浩然的「茱萸
正可配，折取寄親情。」王維在他年方十七歲時，寫〈九月九日
憶山東兄弟〉詩，詩中也有「遍插茱萸少一人」的感人詩句。竹
子原本有很強的排他性，竹林之中很難有「非我族類」的其他植
物存在，全世界的竹子數百種，大別則有叢生與散生兩種，北方
的竹子多為散生，如孟宗竹、斤竹之類；照裴迪的詩來看，茱萸
並沒有單獨成林生長，而可能大量散生於竹叢之中，才會香味濃
烈，讓裴迪誤會，但是故宮〈輞川圖〉裡王維並沒有將竹林、茱
萸雜畫一處，足以見得王維確實是文人畫的始祖，文人畫裡面很
重要的一個原則就是「省筆」、「減畫」，雜亂無章的東西在文人畫
裡面是絕對不會出現的，文人畫已將很多院畫家必定寫實表現的
東西全部都加以單純化、理想化、秩序化，而不會讓雜亂的物品
或叢生的植物在畫中表達，既然此區為茱萸沜，王維繪畫時便以
茱萸為主，不及其餘，簡化、省境，去除無謂的筆墨。

8、宮槐陌中落葉繁

〈宮槐陌〉是輞川著名的第八景，古木參天，這些應該都是
上百年以上的老樹，想必是當年宋之問營建別莊時已經存在的景
色，十年樹木，才能有碗口粗，照故宮〈輞川圖〉看來，這些樹
木早已多歷年所，絕非短時間所能為，王維詩為：

　　仄徑蔭宮槐，幽陰多綠苔。應門但迎掃，畏有山僧來。

裴迪則是：

　　門南宮槐陌，是向欹湖道。秋來山雨多，落葉無人掃。

此詩也是形神兼備的作品，照王維所言畫山畫樹畫人畫馬「丈山尺樹，寸馬分人」的標準，宮槐陌上的宮槐幾乎每棵都與輞口莊一樣高，那表示這些長到三層樓高的樹一定得花上少說七、八十年光陰，狹隘的小徑兩邊有參天巨大宮槐遮蔭，因此在陰暗潮濕的路邊長滿青苔，每次山僧造訪，王維必定叫僮僕掃去落葉，杜甫有詩：「花徑不曾緣客掃，蓬門今始爲君開。」以免山僧笑說：「何不掃葉迎僧？」裴迪的詩淺顯明白說出這條宮槐陌是通向敧湖的大道，秋來山雨特多，溼透滿地的落葉，僮僕都來不及打掃，想必也帶來許多困擾。

故宮〈輞川圖〉裡，宮槐陌側有平房一棟，畫家畫了一個在本圖當中身材最大、面目最清晰的紅袍紅帽中年讀書人造型是主角王維，坐在廳前太師椅上，彷彿正在等遠道而來的朋友，旁邊一個僮僕抱著裝在琴套裡的琴進入廳中，應該是準備給音樂家王維彈奏供朋友聆賞用的，廳前有僮僕兩人持帚掃地，和詩意完全配合，王維詩的意境常常是靜中有動，以動襯靜，在完美和諧、動靜映襯的活生生圖畫中，情景交融，參透著詩人的個性，這便是王維詩文突出的美學效果。

宮槐陌原本是一條長滿青苔的幽僻小路，王維將仄徑加以重新整修，便成爲一條直通敧湖的通道，巨樹參天的宮槐夾道，卻使它成爲曲徑通幽的林蔭小徑，倒是對比強烈的幽絕之景。

9、臨湖亭邊迎上客

故宮圖裡第九景的臨湖亭是一棟建在四面水中央的亭子，這座亭子兩層三進，畫中有兩個面目並不清晰的人（正合乎王維〈山水訣〉：遠人無目）坐在面前各放四道菜的長條桌前舉杯對酌，中國人到宋朝以後才時興圓桌吃飯，之前都講究個人衛生，一人一份菜餚，王維的〈臨湖亭〉詩是：

輕舸迎上客，悠悠湖上來。當軒對樽酒，四面芙蓉開。

裴迪則是：

當軒彌溈樣，孤月正徘徊。谷山猿聲發，風傳入戶來。

王維山水詩有「情景交融」的，此首臨湖亭即是其中「景中帶情」者，字面以景為主，其實摹景寫心，更覺詩旨深渾，妙境無窮，是形神兼備的好作品。四面荷花香遠益清，王維坐在臨湖亭內，一面欣悅觀賞湖上怒放盛開的荷花，一面等候友人，眼看著湖面上動作輕快的大船，正悠悠然將老友從輞川園外，一路優遊自在地擺盪過來，他滿心歡喜，連忙打開窗戶，開樽斟滿酒杯，靜待客人光臨，以敘契闊。

　裴迪的詩則是補寫晚上亭中觀賞孤月在天空徘徊的景緻，窗外湖波映月，蕩漾不已，山谷裡還有猿猴哀叫的聲音，順風傳進亭中，聽來讓人倍感悽涼。由於中國式畫卷看一段捲一段，一個人兩手攤開畫面頂多五十公分，每一段畫彼此之間不必有什麼關聯，一景一詩，一詩一景，是以此臨湖亭畫面中，面前放了四盤酒菜對酌的人物即是男主角王維與男配角裴迪，因為如此正符合王維等待輕舸帶來老友上客的詩意，只是不知為何王維卻連一朵荷花都沒有畫入畫中，或許因為唐朝當時還不時興花鳥畫，直到北宋末期以後花鳥畫才逐漸獨立畫科，而北宋理學之祖周敦頤有不朽傑作〈愛蓮說〉，此後蓮才逐漸被人視為出淤泥而不染的君子，宋徽宗偏愛冊頁，小景漸漸流行，花鳥畫遂逐漸成為畫院畫家的繪畫重心，至於最先是從誰開始畫蓮花？還缺乏此方面的資料，在南宋之前之前三、四百年的唐朝王維當時，尚以花開富貴的牡丹花最受世人歡迎，白香山詩有「一束深色花，十戶中人賦。」恐怕壓根兒還沒人想到以蓮花代表君子，也可以獨立入畫吧！

10、南垞隔浦望人家

輞川別業第十景是南垞，王維的〈南垞〉詩是這樣寫的：

輕舟南垞去，北垞淼難即。隔浦望人家，遙遙不相識。

裴迪則是：

孤舟信風泊，南垞湖水岸。落日下崦嵫，清波殊淼漫。

南垞、北垞是位在敧湖的南北兩端的兩個景點，必須由臨湖亭乘舟盪槳來往其間，輕舟搖櫓，擺向南垞途中，遙望北垞，越隔越遠，淼茫難即，那邊的山與人家，慢慢看不清楚，煙水浩淼，何處是人家？摩詰此詩寫的是遠景；裴迪之詩說近景：船兒順風到了南垞岸邊泊岸，夕陽下山之後，別說北垞看不清楚了，就連南垞這邊山水也越來越模糊，只見一片煙波浩淼。

而裴迪寫的則是孤舟信風漂泊，在南垞所看到的夕陽西下、敧湖清波浩渺的近景，景色確實多采多姿，壯闊無比，後來蘇東坡在〈前赤壁賦〉上敘述：「縱一葦之所如，凌萬頃之茫然。」與摩詰和裴迪此兩首〈南垞〉詩，彼此之間不知是否有任何關聯或啟示？故宮圖上南垞是一棟平房，房內有鼎、爐、瓶、燈、桌、硯、水盂、調水器，放在空無一人的室內，這些物品正是明朝博古圖盛行之後，書生書房內清賞必備的器物，又一個證據證明故宮這幅畫應該是明朝文人所畫，而南垞在空間上，與北垞正好是以輞口莊為中心，隔著廣闊浩淼的湖水成為南北相反的兩個方向的建築物，前面兩句王維是泛寫北垞渺遠；後兩句借遠望若隱若現的人家更具體地反襯其渺遠，以當時的邏輯思考模式，繪畫很難表現立體的空間，畫家只好將兩地平攤開來做平面的描繪，王維先寫從南垞望北垞的遠景，淼遠難即，遙隔南北的南垞、北垞之間的空間距離感和來往一趟的時間距離感，都會讓人產生滄海桑田的變化感慨，從有到無，從無到有，色即是空，空即是色，

詩人以「去——遠」「近——即」的變化方式，在一去一即之間體驗「此在」存在的世界，每一個「現在」頓時成爲「過去」之遙與「未來」之淼的綜合性時間，真是禪味十足，將過去與未來同時表現在現在這個當下，是得要費一番功夫。

11、敧湖美景譜詩篇

輞川第十一站王維描繪敧湖美景，這一大片煙波浩渺，衆水流貫淳汀的山中湖，是輞川山中二十美景的重心，所有輞川園裡的景點莫不環敧湖而存在，也是對外聯絡的交通要津，有山無水不成美景，有水無山沒有深景，山水景色缺一不可，所謂：「仁者樂山，智者樂水。」焉可或缺？王維〈敧湖〉詩曰：

　　吹簫凌極浦，日暮送夫君；湖上一回首，山青卷白雲。

裴迪詩爲：

　　空闊湖水廣，青熒天色同；艤舟一長嘯，四面來清風。

明人唐汝詢《唐詩解》說：「摩詰《輞川集》並偶然託興，初不著題模擬。」唐氏真是王維知音，倘若摩詰每首詩均拘泥描繪輞川風景，則與靈運詩篇何異？尚有何餘韻無窮之趣味可言？這首詩前兩句從正面寫送客情景，湖光山色從送別中自然可以帶出，由於敧湖不但是山中二十美景的重心所在，還是對外交通要津的樞紐，讓訪客可以不必翻山越嶺，忍受渾身大汗淋漓之苦，乘舟御風逍遙，一路賞景而來，遠山如畫，來時王維因故未能遠迎，在泊舟處臨湖亭裡把酒迎賓，暢遊輞川園終日，此番日暮時分，君子離園歸去，聊表心意，王維親自登舟，送君歸去，吹簫以寄惜別之意，簫聲縈迴，如怨如慕，如泣如訴，表現出依依不捨、哀婉纏綿的情懷，接下去由對面著筆，湖上回首一望，白雲環繞青山，僅此青、白二色便表現無比禪意，總是無限美景相伴，乘興而來，興盡而能帶得彩雲歸去，實爲人生一樂，同時借「白雲舒

卷青山，不肯竟去。」來烘托自己不捨摯友離別，含不盡惆悵之
意，以景結情，詩意悠長，耐人尋味，詩中連用《楚辭‧湘君》
中的吹簫、極浦、夫君等詞語和意象，將九歌的民間風格溶於近
體詩中，是王維相當大膽的創造。

　　裴迪寫的則是湖闊天廣，長煙一空，水天一碧，逍遙舟中，
迎風長嘯，又是道家修為之一，帶來怡然自樂的絕妙感受，清風
拂面，也是別有一番滋味，裴迪此詩也有禪機在內。故宮〈輞川
圖〉裡欹湖畫得非常廣闊，因為唐式山水畫不出立體的欹湖，有
如近代畫地圖時，使用的「橫麥卡托投影法」畫，此法會將國土
攤開拉長，使得北方的蘇俄、格陵蘭均變得領土非常廣闊，同樣
的道理，唐式山水也會將環湖景色拉長攤開，此〈欹湖〉詩王維
寫送行回首，見到輞谷青山有白雲繚繞，與〈欒家瀨〉詩意互相
配合，故宮〈輞川圖〉裡欹湖和欒家瀨畫在同一處。

12、柳浪綺麗入清漪

　　輞川第十二景是臨湖亭對岸的柳浪，柳樹多如浪湧，非常壯
觀動人，王維在〈柳浪〉中揭示「無住」的真諦，他說：

　　　　分行接綺樹，倒影入清漪。不學御溝上，春風傷別離。

裴迪則為：

　　　　映池同一色，逐吹散如絲。結陰既得地，何謝陶家時。

王維這首柳浪寫得形神兼備，一行行排列在池水邊的柳樹連倒影
都進入清澈的湖水漣漪當中，水中隨風款擺柳腰，是那般濃密美
麗，他們更不必憂愁會像京城御溝旁的楊柳，春天老是被人折枝
送行，充滿淒涼哀怨之意。

　　裴迪寫的則是柳樹池水一色，楊柳絲絲弄碧，風吹柳浪柳浪
舞揚，舞得盡興淋漓，裴迪認為輞川湖畔的柳浪濃蔭覆地，和陶
淵明門前的五棵柳樹同樣幸福，受人關注。柳樹「住」於岸邊，

分行綺麗，其影則「住」於湖上，清漪動人，究竟那一邊景色才最美最真？岸上與湖面何者爲真實？如果執實固執，就難免僅爲御溝之柳而已，柳者，留也，唐人喜歡灞橋折柳傷別，希望留住行人、商旅、將士的行腳，特別是將士出征的征途，希望能夠留住柳營笙歌的征途行腳，詩人知道這顛倒的色與空全屬虛妄，因此說：「不學御溝上，春風傷別離。」這也是輞川二十首詩中，少有「存在」的「憂懼」，而多了一份清明與禪悅之因；故宮〈輞川圖〉圖上畫的正是敧湖邊上水中柳樹茂密，柳腰款擺的美景，煞是惹人動心注目。

後來西湖十景之一，有「柳浪聞鶯」甚爲著名，杭州知州蘇東坡清西湖淤泥，修築蘇隄，一道長堤橫亙湖面，分出裡西湖、外西湖，堤上種滿柳樹，柳浪澄波，漣漪輕擺，鶯聲婉轉，燕語呢喃，確實浪漫至極，此「柳浪聞鶯」的靈感，以東坡對王維的充分認識，坡仙翁應係得自王維《輞川集》、〈輞川圖〉的柳浪！

13、欒家瀨中白鷺鷥

輞川第十三景是欒家瀨，在故宮〈輞川圖〉是位於臨湖亭旁邊，寫〈欒家瀨〉清幽山水景色中的有趣鏡頭，和敧湖那首詩一樣，起頭不是由正面著筆，巧妙運用「眾賓拱主」手法，層層鋪墊烘托，末尾才讓主題凸顯，[23]詩中也有較明顯的「憂懼心境」：

颯颯秋雨中，淺淺石溜瀉。跳波自相濺，白鷺驚復下。

裴迪則爲：

瀨聲喧極浦，沿步向南津。泛泛鳧鷗渡，時時欲近人。

這首詩不但可以純作自然動態寫景詩「秋澗白鷺圖」來看，秋雨、急流、跳波，繪聲繪色的聲響動態，描繪的是動態情景，烘托主

---

23 見陶文鵬選析：《明月松間照詩佛 —— 王維詩歌賞析》（臺北：開今文化出版 民國 82 年），頁 54~55。

角爲受驚白鷺，爲生存鍥而不捨、全神貫注等候啄食水中游魚，實則還有更深的境界，寫詩詞曲因字數少，最好不重複，但維卻不避忌，颯颯、淺淺造成疊字之美，使得此詩的形神兼備、情景交融更見突出，表面看來固然在講白鷺鷥，其實深層來說，何嘗不是在說王維自己。

俞陛雲《詩境淺說續編》即說得很清楚：「秋雨與石溜相雜而下，驚起瀨邊棲鷺，迴翔少頃，旋復下集，惟臨水靜觀者，能寫出水禽之性也。」[24]但在主客不二，「物我相即相融」[25]的「世界」之中，白鷺之存在，正是詩人之存在，白鷺不就是詩人自身的呼應嗎？白鷺之會受「驚」，其實也正是詩人之「驚」。在颯颯秋雨當中，水流激增，尋找食物果腹的棲鷺，任石上湍瀨急流沖激，但爲了覓食，不得不跳波相濺，避開大股的水花，難免會有危疑不安之「驚」。因爲現實生命是「有相」的，自然不能圓滿，有其矛盾與衝突存在的地方，而理想生命是「無相」的，能使「坎坷」復位，[26]得到圓滿寂靜，在白鷺之受「驚」而又「復下」的動作當中，深深體會得到各種生物爲了求生存均全力以赴的努力不懈，王維此詩真是全篇如畫，絲絲入扣，讓人一目了然，一般動物並不像人那樣城府甚深，很多表情並不寫在臉上，動物的任何驚恐均會表現在一舉一動當中，王維對生命存在的本質已有非常真實的詮釋，在現實生活當中，他何嘗不得不如是，只是多數時候他已跳脫出來，並不加以表現在外，王維的田園山水詩多學陶、謝風格，但亦有所相當開創，短詩當中重複字多，易使讀者

---

24 轉引自《千首唐人絕句》（上海：上海古籍出版社，民國 74 年版），頁 115。

25 王國瓔：《中國山水詩研究》指出王維詩能捕捉住剎那間的自然現象，「也就是與物俱化，物我相即相融的體現。」，頁 408。

26 見陶國璋《生命坎坷與現象世界》，陶氏透過現象學解釋生命存有的「坎坷」本質，並以中國傳統儒、道、釋思想之「無相境界」作爲生命復位之資。（香港：中華書局，民國 84 年版），頁 5

反感，但王維詩中像此首善用疊字如「颯颯」、「淺淺」者，不在少數，卻能使詩意入妙，音調諧和，讀來鏗鏘有力，澹淡遠致之情遂油然而生，此詩表象寫白鷺的一場虛驚，其實是要反襯欒家瀨的安寧、幽靜，無論人和動物都可在此過得無憂無慮。

裴迪寫的詩中則是清楚明白地表示水聲嘎響震耳，水鳥已經陶然忘機，時欲近人，無所恐懼。這兩個人寫詩講同一處景致，但是兩人觀景的感覺與表現意境果真不同，這跟當時他倆的年齡與社會歷練可能多少也有些關係（一個四十餘歲接近中年，一個三十左右青年）吧！故宮圖後拖尾上有後人仿元朝冀丘李衎（號「息齋道人」善畫竹石窠木著《竹譜》）題詩曰：「欒家瀨前兩舟上，柳浪一尺清風狂。」因為其中一艘大船上正是畫著王維送別裴迪，一起逍遙乘舟，通過欒家瀨，浪花四濺，船夫努力划槳，王維與裴迪則欣然指著山青水明的景色縱目觀覽，另一艘遠處小船上則畫兩個漁夫正在撒網捕魚，大舟旁水裡畫了兩隻鷺鷥：一隻白鷺受水花太大的驚嚇，振翅飛起；另一隻則無畏無懼，低頭正在為食辛苦為食忙，將王維詩意清楚表現出來。

14、金屑泉水期望多

故宮〈輞川圖〉第十四景是從蜿蜒的山間做六、七層轉折潺潺流下的壯觀瀑布 —— 金屑泉瀑布，這瀑布清泉給王維帶來綿邈無盡的聯想：

　　日飲金屑泉，少當千餘歲。翠鳳翔文螭，羽節朝玉帝。

裴迪則為：

　　縈淳澹不流，金碧如可拾。迎晨含素華，獨往事朝汲。

王維的這首〈金屑泉〉詩，依照皮師《王維探論》197 頁上的看法，這首詩根本就是遊仙詩，真的是一點都不錯，金屑泉因為泉水當中隱隱有金光閃閃，如同金屑，故名「金屑泉」，摩詰想要是

天天喝金屑泉，久而久之必定可以脫胎換骨，活上千餘歲，還能
坐著上天派來神龍翔鳳的車隊儀衛，拿著羽毛裝飾的旄節，上天
朝拜道教最尊貴的玉皇大帝。道教始祖老子李耳，唐朝是李家天
下，因此以道教爲國教，王維二十六歲時就曾經非常時髦走在時
代前端，辭官隱居嵩山修道，雖然他後來認真參禪，但也不能就
此否定他繼續修道的可能，研究者認爲他是很標準的在進行佛道
雙修生涯，他只是沒有像周敦頤那樣提出「儒釋道三家合一」的
理學新主張而已，他早就在如是默默在進行三者合一的行動。

　　裴迪的詩寫的則是泉水欲流又止，陽光之下金光閃閃，確實
像有金碧之物探手可得，裴迪打算每天清晨起來，就到金屑泉來
汲取第一道最具靈性的泉水，提桶挑水，上下山徑，維持平衡，
步履維艱，久而久之，自然功夫大進，這不正好是武俠小說裡面
有武功有修爲的老和尚每天讓初學的小沙彌必修的武功入門基本
課嗎？在王維心中一定認爲原本少不更事的裴迪真是越來越知道
長進了，這首詩是屬於神似爲主。

15、白石灘頭景色幽

　　輞川第十五景是白石灘，跟欒家瀨比起來，白石灘的溪水平
緩，清清淺淺，水中大大小小白石磷磷如玉，更顯得突出，如臺
東秀姑巒溪的「秀姑漱玉」，王維的〈白石灘〉這麼寫：

　　　　清淺白石灘，綠蒲向堪把。家住水東西，浣紗明月下。
裴迪則爲：

　　　　跂石復臨水，弄波情未極。日下川上寒，浮雲淡無色。
白石灘真是名符其實的白石灘，故宮〈輞川圖〉上畫的白石頭果
真都畫得非常醒目，白石磷磷，高出水面甚多，〈輞川圖〉中以圖
畫上方爲重心，許多景點都鋪排在畫面的三分之二上方，爲的是
要充分表現房屋正面與內部陳設，圖畫下方在臨湖亭對面畫的是

柳浪，柳浪左手邊一尺左右畫的是白石灘，與第十六景的北垞隔水而望，馬積高讚美王維：

> 善於用清新的筆調、勻潤的色彩細緻入微地描繪山水田園的優美境界，表現他生活在此中的閒情逸致。

王維不光是在白天出遊輞川園而已，在明亮的月色與溪水、白石相互輝映之下，他不用秉燭夜遊，便可以成行，飽覽月色，照馬積高的說法，這首〈白石灘〉真正的是將：

> 寧靜的景色與歡快的勞動氣氛，融合在春意盎然的春夜氣息中，構成了色澤鮮明純淨的畫境。[27]

← 〈輞川圖〉之白石灘

王維寫皎潔明亮的月光下，鋪滿晶瑩白石的淺灘，清澈的流水晶瑩剔透，水邊香蒲長得正綠得誘人，綠香蒲和白石頭對比得非常出色，詩人由此聯想到春秋時代越溪浣紗的西施（王維有〈西施詠〉一篇），夜色當空，明月照射之下，住在溪水兩邊的田家少女，時常像西施一般在月下的溪中浣紗、洗衣服的形象，剎那間躍然紙上，這些開朗活潑的氣氛，也帶來溫馨甜美的生活氣息，讓整個詩境、畫面都跟著活起來了，鄉村生活氣息頗濃。溪流、清水、淺灘、白石、綠蒲與浣紗少女相映成趣，毫不著力把明亮的月色襯托出來，也使得平平凡凡的白石灘之景的詩意倍增，正是司空

---

27 見馬積高、黃鈞主編：《中國古代文學史 2》（臺北：萬卷樓圖書出版公司，民國 87 年），頁 71。

圖（837～908）《二十四詩品》所推崇的「不著一字，盡得風流。」的高超境界。

　　裴迪寫的是他像天真的兒童一樣，忘情所以地捲起褲腳走入溪中，在溪中玩水、踢水、嬉水不厭，不知太陽已下山，夜晚山上溪水帶著寒意，天上只有淡淡幾片微雲，奇怪的是人人都只談論王維詩中有禪意，有佛理，卻無人提及裴迪詩中偶然也有禪味出現，此處「日下川上寒，浮雲淡無色。」不是清楚表示裴迪頗受到王維薰陶，兩句詩是相當有禪意、禪機、禪境、禪趣之句嗎？

16、北垞水秀明滅間

　　輞川第十六景是北垞，在終南山的山腳下，北垞隔著欹湖與南垞遙遙相望，王維的〈北垞〉是這樣寫的：

　　　　北垞湖水北，雜樹映朱欄。逶迤南川水，明滅青林端。

裴迪則是：

　　　　南山北垞下，結宇臨欹湖。每欲採樵去，扁舟出孤蒲。

王維寫南垞時是從南望北，寫北垞時是從北望南，兩首詩寫的都是遠景，北垞在湖的北岸，岸邊有紅欄杆與不知名的雜樹錯雜生長得非常茂密，深深淺淺的綠色，與紅紅的欄杆互相呼應，紅、綠交映生輝，對比得相當明顯，這紅、綠兩色實屬於中國新年喜慶常見的吉祥顏色，正巧也是西方耶誕節花環的正色，蜿蜒曲折的南川之水，一明一滅在林端閃爍，「逶迤南川水，明滅青林端」是藉生滅變化之「色」來詮釋「空」。

　　裴迪寫的則是位在終南山腳下的北垞，房子正蓋在欹湖邊上，想要去森林內採樵，都必須靠扁舟進出；故宮〈輞川圖〉裡畫著王維坐在北垞的平房內桌旁看書，桌上放著一尊佛像，屋外畫了四棵有元明味道盤曲錯節、枝葉多數開展在樹幹後面的松樹，摩詰並未描繪雜樹，全部採文人畫所注重的減境山水技巧處

理，松樹旁則畫了兩隻姿態幽雅的仙鶴，一隻收著翅膀低頭覓食、一隻正快樂亮翅翔舞，彷彿有示好求偶的意味，「松鶴延年」向來都是國畫常見的祝壽題材，但摩詰當時應該還未產生這種連結，旁邊有村人或僮僕二人在交談作為陪襯點景，顯得北垞果然寂靜到連仙鶴都不畏懼陌生人，對人在旁視若無睹。

17、竹里館旁少人行

輞川第十七景的〈竹里館〉向來被視為《唐詩三百首》收錄的佳句名篇，有些文學史認為他所表現的是他對人間的冷漠與孤獨感，也是輞川著名的景致，這棟建築可能是建築在竹林深處的皇皇竹舍（附圖），是王維修道之處，他的詩這樣寫：

〈輞川圖〉之竹里館 ↓

> 獨坐幽篁裡，彈琴
> 復長嘯。深林人不
> 知，明月來相照。

這首古絕寫王維沒有別人在側，僅有明月、竹林相伴身旁自得其樂的狀況，此詩寫出竹子的高潔、竹林的幽靜、自然環境之幽靜、之美，深深打動人心，不重寫景而景自現，詩人自我一邊彈琴，一邊正好是可藉道教長聲呼嘯的方式，以抒發感情的高雅所在，順便還可以練練道家功法，與自然身心交融，化合為一，何樂而不為？此詩運用動靜相襯手法，首句靜態，次句動態，三四句一

靜一動，越顯得動中之靜躍然紙上，這首偏重寫情的詩，前兩句先說情，後兩句才寫景，「獨坐」與「彈琴」、「長嘯」相對比，彈琴長嘯聲極大，別人所以不知，是因竹林極深極廣，唯獨天上明月會來照明，獨坐幽篁，悠然彈琴，冥合萬化，自得其樂，明唐汝詢《唐詩解》云：「林間之趣，人不易知，明月相照，似若會意。」因為月亮知情會意，就像李白「月下一壺酒，獨酌無相親，舉杯邀明月，對影成三人。」月下獨酌，邀月來飲，此種情趣為一般人所不易知者也，很像彈無弦琴的陶淵明，王維則是真正音樂家，彈的是文人四好的有弦之琴，從〈輞川圖〉第八景宮槐陌有僮僕攜琴入房，可以證實王維確實有彈琴的習慣。王維山水詩中常用這類好閑、好靜的字眼，像這首的「獨坐」、「彈琴」等表現詩人閑適生活皆由於心情閑適使然。裴迪的詩則是：

> 來過竹里館，日與道相親。出入惟山鳥，幽深無世人。

　　裴迪詩裏說的這「道」，也就是王維的超然物外、與山水自然相合之道，王維這首竹里館表現了濃厚的道教意味，裴迪詩也明白的寫出「與道相親」，充分表示王維與裴迪兩人確實意趣相投，互相引為知己同調，可以推斷此處應該是他們從事修道之地，而非參禪處所。輞川二十首裡面很多地方充滿這種「先」與「後」環環相生，無窮無盡的時空遷移，流轉變化出來的虛實趣味；故宮〈輞川圖〉畫的這棟竹里館是位在竹林深處的四合院竹製館舍，當竹影搖曳，明月照人，彈琴長嘯，發洩胸中濁氣，又可與道相親，李白和王維同屬盛唐，同為修道中人，李白比王維更勤，與王維都表現出能夠自得其樂之趣，頗有異曲同工之妙，確實讓人感覺舒暢，雖南面王亦不易也。

18、辛夷塢內花開落

　　輞川第十八景為辛夷塢，〈辛夷塢〉（見附圖）一首顯出在如

此刹那短暫的時間當中所產生的生滅,王維詩為:

〈輞川圖〉辛夷塢

木末芙蓉花,山中發
紅萼。澗戶寂無人,
紛紛開且落。

裴迪則為:

綠堤春草合,王孫自
留玩。況有辛夷花,
色與芙蓉亂。

辛夷本身屬於中藥材
的一種,別名木筆
花,味辛性溫,歸肺、
胃二經。具有引胃中
清陽之氣上升,通於頭腦,及宣肺中風熱之功效,臨床是主治鼻
炎及鼻竇炎、眼睛眩暈和牙齒疼痛等症狀。栽種辛夷的這片花塢,
由於地近湖邊長堤,過去就是山形如同門戶的澗戶,辛夷在生命
力的催動下,雲蒸霞蔚地盛開在高高的樹梢,俯臨深澗,這裡並
沒有住家,無人欣賞,辛夷花是那樣高標傲世,詩人化用了《楚
辭・九歌・湘君》「搴芙蓉兮木末」[28]的句意,表現出辛夷花的生
氣蓬勃,每到春來,順應自然的本性,雖然花開似錦般燦爛,像
芙蓉般炫麗,卻無人到此欣賞,隨著時間推移,最後紛紛揚揚向
人間撒下片片落英,「花自開放花自落」,當然也會「花自飄零水
自流」,花卻仍然自滿自足,仍有聲有色的怒放著,有著堅強生命

---

28 同注 21,蕭統著:《文選》,頁 474。

脈搏的跳動，以及甘於寂寞超然絕俗的感情存在，花並不企求有人欣賞，花開花落，祇是萬物生生不息的自然法則；王維這首詩表面是寫花，其實何嘗不是在借花寓意，實則寫人呢？

　　摩詰寫佛理詩寫到出神入化之境，只帶片字隻言的佛典經語，僅用一個「寂」字，便涵蓋了一切空寂之相，世界到處都可捕捉到超越語言的天籟 ── 天地情、人間愛，大自然是宇宙萬物永遠的生命樂園。在這首以動襯靜的禪意詩中，詩人以豔筆反襯出幽淡冷豔之渾然天成意境，辛夷花曾經「紅萼」燦發，紅極一時，詩人卻在瞬間從其「開」寫到「落」。時間在王維這些作品中，似乎已不分三、四月或七、八月，也不分朝夕春秋，彷彿只在彈指的短暫刹那間，這些草木卻已然瞬息萬變，刹那歷經千劫。正如英國詩人布萊克詩中所說：「一沙一世界，一花一天堂。」王維早已將《輞川集》中的一草一木，寄寓著「諸行無常」乃至於「諸法無我」的道理，那開時之「生」，落時之「滅」，事理明確，合乎自然，不用「生滅」之字，仍然確切表達了「生滅」之相。蘇東坡讀此深有所感，貶官居海南儋州時，無意中從民間得到唐末四川畫家張氏所畫的「十八大阿羅漢」，以為是奇遇，於是分別為十八尊羅漢像寫了頌詞。其中第九尊者的頌詞有「空山無人，水流花開」，幽淡淵妙，世稱妙悟，不就是跟摩詰此詩同樣的意境嗎？明人胡應麟《詩藪》讚賞此詩乃：「入禪之作！讀之身世兩忘，萬念俱寂！」[29]說得比較抽象、玄奧，葉維廉認為山水美感意識中「感悟」與「外物」之間有三階段，其最高妙的第三階段是「即物即真」，「摒棄語言和心智活動而歸回本樣的物象」，他認為王維的詩「景物自然興發與演出，作者不以主觀的情緒或知性的邏輯

---

29 見胡應麟《詩藪》內篇，卷六，（臺北：齊魯書社　民國 86 年版）頁 16，總頁 122。

介入,去擾亂眼前景物內在生命的生長與變化的姿態。」[30]葉氏這話對王維在語言運用及美感捕捉上的成就,作相當貼切的說明。

裴迪補寫除了辛夷花開得像蓮花一般艷紅外,更使人留連的是湖邊的「綠堤春草」,沒別人欣賞也無妨,自己賞玩,孤芳自賞一番吧!故宮〈輞川圖〉上畫的這片山坡栽種一些紅艷辛夷花,每棵樹都有半人高,花塢中果然無人欣賞,俗鄙如研究者不禁想替兩位古人發點「有花堪折直須折,莫待無花空折枝。」的感喟。

19、漆園風韻憶莊子

漆園是輞川第十九景,東周戰國時代,莊子曾經當過漆園吏,在中國古代,漆樹因為可以做漆器,比起青銅精巧又方便、輕巧、耐用,是當時平民生活的必需品,所以在塑膠製品出現之前,漆器一直是相當吃香的物品,甚至於有「一兩黃金一兩漆」之說,由於漆樹只要在樹幹上挖個洞裝根竹管,便可以日日流漆不絕,是以需要設官經管,以防有人私採盜賣,王維輞川園中僅有數棵巨大的漆樹,並沒有莊子當年所經管的漆園那麼規模宏大,但是已經讓王維歡欣雀躍不已,還以之命名一景,足見其重視程度,王維的〈漆園〉詩如下:

> 古人非傲吏,自闕經世務。偶寄一微官,婆娑數株樹。

裴迪則為:

> 好閒早成性,果此諧宿諾。今日漆園遊,還同莊叟樂。

王維和裴迪這兩首詩的內容其實都是在說道家的南華真君 ── 莊子,王維寫莊子不諳世故,個性和一般俗人格格不入,並非他特別驕傲,只是他做芝麻綠豆大的小官,也算是人生的寄託,任其浮沉而已,同時他還悠閒逍遙,怡然自得地享受在漆樹林間婆娑

---

30 見葉維廉〈中國古典和英美詩中山水美感意識的演變〉收於《飲之太和》(臺北:時報文化圖書公司 民國69年版)。頁128。

起舞之樂，此詩以神似為主。

裴迪詩則是寫裴迪自己也是好閒成性，早先做過一些微不足道的小官，如今終於宿願得償，無官一身輕，四處任逍遙，今日一遊漆園，才了解莊子居「微官」而安然自樂的心情，果天地寬闊，逍遙自適，不需要為許多官場的事情，屈膝折腰侍奉鄉里小人。在故宮〈輞川圖〉上，漆園只是在小山坡上，畫了幾棵枝葉繁茂、參天高大的漆樹而已，但看得出來，這位畫家寫景功力的確深厚，將每一片樹葉都畫得非常精確有條不紊，一絲不苟，基本功確實非常紮實，作畫態度仔細認真。

20、椒園道家風采明

輞川最後一景是椒園，王維的〈椒園〉詩也寫得跟漆園一般，充滿道家思維，他是這樣寫的：

　　桂尊迎帝子，杜若贈佳人。椒漿奠瑤席，欲下雲中君。

裴迪則為：

　　丹刺冒人衣，芳香留過客。幸堪調鼎用，願君垂採摘。

王維想要用椒子製汁來祭神，最能表示誠敬，再配上桂酒、鮮花來禮拜天上玉帝、西王母、仙女和雲神，他心中誠摯地認為，總有一天會有天上神仙下凡，引渡有緣之人飛昇，椒園一詩亦同漆園詩一樣，是以神似為主，對於園內景色幾乎完全沒有鋪陳。

裴迪則寫椒樹多刺，不易採摘，但芳香過人，正好可以用來試探人間過客的毅力，用椒子煉丹製藥尤不可少，「幸堪調鼎用，願君垂採摘。」還可以有雙關語意，解作自己頗堪大用，但願主管人間官祿有無的皇上千萬不要輕言拋棄他這個人才，字裡行間是有點求官意味。

故宮〈輞川圖〉上椒園這處景色，跟漆園一樣，都只是錯落有致地畫了滿園枝葉茂盛的椒樹而已，同屬別無其它景物的文人

畫減境畫法。

第五節 《輞川集》秀意閎深

　　摩詰早年尋訪高僧問道，廣參佛典探求真理，並依照六朝以來大家的通例，著筆寫成佛理詩；後來他自行參悟，觸目均有許多禪意、禪境，提筆寫詩，禪意、禪境自寓其間，陳振盛學長在其博士論文《王維的禪意世界》中說得極有道理：

> 王維在〈輞川集〉中，借助於輞川山水中富於特性的二十處景物，抒發了他在隱居中的歡樂閒適和孤寂苦悶的情懷，並對鮮明美麗的形象和悠遠空靈的意境，表達出他在參禪過程中的某種感悟。[31]

輞川二十景詩含意相當豐富，字面看似簡單，其實令人咀嚼再三，回味無窮，〈欹湖〉的「湖上一迴首，山青卷白雲」，〈欒家瀨〉的「白鷺驚復下」，〈北垞〉的「逶迤南川水，明滅青林端」，都是藉生滅變化之「色」來詮釋「空」。人與萬物住於此世，其實都不曾真正居「住」，不曾實有，只是暫住罷了，只是經過罷了，因為此世界因緣生滅，非永恆之地。在王維的山水詩裡，不僅融化了詩人主觀領悟到的「空」、「寂」禪理，也揭示了許多客觀存在的澄淡幽靜之美，「反景入深林，復照青苔上。」〈鹿柴〉，在深山幽澗旁有「木末芙蓉花，山中發紅萼。」〈辛夷塢〉詩人諦視反景青苔、山中紅萼，身心都融進客觀景物當中，達到「山林吾喪我」〈山中示弟〉的境界，花開花落，萬物自由，各得其所，但是加上「澗

---

31 見陳振盛著：《王維的禪意世界》（中國文化大學史學研究所博士論文　民國93年），頁215。

戶寂無人」、「空山不見人」，就立刻呈現感情幽冷孤寂的詩人形象，表面上，似乎不見詩人存在，其實詩人的情感早已豐富又默默融化在這些外界景物之中，絕句貴能語淺情深，寓有微旨遠意，又能一氣呵成，詩人王維也藉著這些詩意，存在於千古的永恆之中。

王維在〈柳浪〉中揭示「無住」的真諦，他說：「分行接綺樹，倒影入清漪，不學御溝上，春風傷別離。」說到柳樹是暫「住」於岸邊，分行綺麗，而其影則是暫「住」湖上，水中清漪動人，「有錢難買水中色」，究竟那一邊才最美最真？岸上的綺樹與湖面的倒影，有如莊周與蝴蝶，何者才真？如要執實以觀，就難免僅爲「御溝之柳」，只夠資格灞橋傷別而已，傷心傷懷，此處柳樹較之又多份清明與禪悅，這正說明了禪的境界不是知識論而已，必須講究更高更深一層的境界，因此語言必須是「非分析性」、「非邏輯性」，就像禪宗所說，一方面要「不立文字」，一方面又要「不離文字」，口傳文學很快就會因爲傳之不得其人而消失無蹤，也無法傳之久遠，沒有文字，禪宗無法廣傳四海；沒有文字，經典無法深入人心；沒有文字，任何文明都無法久存於世，但不能執著於文字的字面意思，使得文字展現「空寂」之美當中的神妙、深邃、自由與萬有的生機，那才是談禪說理的最高本事，詩人並太不理會外界的制約，像近體詩的嚴革格律，疊字重複，他都不太避忌，這哪是王國維所謂的人生三大境界，僅到第一、第二境界之人就能表達出來的呢？

以對比法來說，《輞川集》中從起始的〈孟城坳〉、〈華子岡〉、〈文杏館〉等，就已運用時間的各種相對性來表達；有些詩如〈斤竹嶺〉、〈鹿柴〉等則運用素彩靜喧來做對比；〈木蘭柴〉、〈南垞〉中寫到「不可知」、「無所處」、「不相識」；〈漆園〉中的莊子形象

「非傲吏」，只是「偶寄一微官」而已，生命寄於此一人世間只是一個偶然，只是暫寄而已，他應有他最終的去向，其中的出離感是相當強烈的，這也正是王維源於禪佛影響的世界觀所造成的。

他能入山水、出山水，而且能夠在語言與美感上均達上乘的表現境界，且是其中最高妙的第三階段「即物即真」境界，使《輞川集》能如司空圖《二十四詩品》所謂「不著一字，盡得風流。」像嚴羽《滄浪詩話》所謂「詩有別材，非關書也；詩有別趣，非關理也。……禪道惟在妙悟，詩道亦在妙悟。」又說：「如空中之音，相中之色，水中之月，鏡中之象，言有盡而意無窮。」必須「羚羊掛角，無跡可求。」也能表達出東坡所謂「空山無人，水流花開。」的神韻。禪的境界並不是知識論，因此語言必須是「非分析性」「非邏輯性」的[32]，一方面要「不立文字」，一方面又要「不離文字」[33]，文字可以展現出「空寂」之美中的神妙、深邃、自由與萬有的生機，千變萬化卻又不即不離，才是最高禪境。

其他像漆園、椒園等都是些生長具有經濟價值的茂盛植物園地，總之，這個讓摩詰魂牽夢縈多年的「輞川別業」，是個林木茂盛，土地肥沃，湖光山色，風景十分優美的山莊，除了自然景色之外，還加上不少人工美化，是臨湖築「臨湖亭」、背嶺建「文杏館」、竹林藏「竹里館」、沿堤植「柳浪」、道旁樹「宮槐陌」為步移景易的自然山水庭園美景。

以時間觀來看《輞川集》，可分成三種：

---

32 見周裕鍇《中國禪宗與詩歌》，（上海：人民出版社　民國81年　年版），頁302-314。

33 佛教經典中有許多「不立文字」的主張，如《大方廣寶篋經》卷上云：「不著文字、不執文字。」《維摩詰經‧入不二法門品》云：「無有文字語言，是入不二法門」等，但三藏教乘之法仍多載於經籍、燈錄之中，因此破文字之執，轉文字之用，便是其中巧妙處，李淼《禪宗與中國古代詩歌藝術》對此有一番辯證，頁19-26。

一、傷時感逝，韶光不再：孟城坳、華子岡、木蘭柴、敧湖。

二、上友古人，下盼仙界：漆園、金屑泉、椒園。

三、物我兩忘，活在當下：

（1）物我合諧，彼此相伴：竹里館。

（2）物我同歸自然，各顯其向，各得其所：鹿柴、辛夷塢。

（3）人跡全無，萬物萬象，物各自然：文杏館、斤竹嶺、茱萸沜、宮槐陌、臨湖亭、南垞、北垞、柳浪、欒家瀨、白石灘。[34]

王維先感覺到無常，接著想要遊仙，最後他則是專注於當下，從「長嘯」、「服藥」錬藥「辛夷塢」、「金屑泉」、「玉帝」，在社會上他表現是儒家悲天憫人、忠孝傳家作為，其實人生理想上他是相當具有道家思維。

王維除了 20 首《輞川集》，喪母之後他就沒有充分的理由再去長住輞川，甚至於將近一年都無法回別業一次。在闊別輞川一年之後，重回輞川，想必相當高興，在〈輞川別業〉詩上他說：

> 不到東山向一年，歸來才及種春田。雨中草色綠堪染，水上桃花紅欲然。優婁比邱經論學，傴僂丈人鄉里賢。披衣倒屣且相見，相歡語笑衡門前。[35]

綠色會綠到可以染色，紅色會紅到幾乎燃燒，這樣的景色描繪，真是寫得非常清新可人，發古人所未曾發，無怪乎，千餘年來，許多文人雅士願意像歌詠桃花源一般，一再歌詠頌揚題繪輞川不已，離開輞川一年再回來，許多鄉間方內、方外人士都歡迎得不得了，紛紛披衣倒屣相迎，在輞口莊前表現熱情歡笑的熱烈場面，

---

34 見余蕙靜：〈論王維《輞川集》中的時間觀及聲情技巧〉文大中文學報第五期，89 年 3 月，頁 223。

35 同註 2，趙殿成箋註：《王右丞集箋註》，頁 186。

讓王維感動極了。王維在「輞川閒居」詩中寫著:「時倚簷前樹,遠看原上村。」那種心滿意足的閒適感受,洋溢於字裡行間。

中晚年的王維常常靠在屋簷前面的大樹下,遠遠眺望遠處平原上的村落,或者「倚杖柴門外,臨風聽暮蟬。」長日和好友裴迪以輞川別業為生活中心,有時划著小船四處遊玩,有時下下棋,有時彈彈琴、作作詩、畫些畫,生活真是非常愜意,合成《輞川集》,畫成〈輞川圖〉,那應該都是輞川別業剛剛落成時候的往事,由於五言絕句最適合描寫短短一剎那的印象,要把在短短時間中自己的感受表達完全出來相當不容易,王維卻能夠將詩境、實境表現得淋漓盡致,實在難能可貴,因此王維著實是以五言絕句獨步中國詩壇,在〈山中與裴迪秀才書〉一文中他有這樣的敘述:「攜手賦詩、步仄徑、臨清流。」正是說他期待和裴迪兩個人手牽著手,一起作詩,一起在山中小徑上面緩緩的散步,一同坐在清清的山溪旁邊,共同享受大自然賦予輞川的奇妙風景。

以輞川別業與裴迪詩文為輔,進行王維輞川二十景的詩畫意境分析,可以發現在王維四十來歲半官半隱的輞川生活當中,只有天邊無聲無息輕輕飄過翠綠山峰的白雲,只有滿天紅紅的落日餘暉中騎牛晚歸的牧童,只有盈耳淙淙瀑布流泉經過的幽靜山林和幽谷,只有置身天地之間而怡然自得的垂釣漁人和農夫。他自身的半生無奈,幾許淒涼的種種感受,在大自然的薰陶下,全部淨化得乾乾淨淨,他的心胸變得十分舒暢開朗,透過空間經營、材料運用、設計手法及意象塑造的分析美學表現,瞭解王維筆下詩畫意境及詩意空間的塑造,影響感官才能發揮傳遞信息的作用;中國式的園林空間是透過整體環境的創作,並綜合一切可以影響人的感官因素,獲得意境美感,這一切應該正是王維徜徉於輞川美景之中,並且提筆作畫時的最佳心靈感觸吧!

第七章　王維山水詩畫美學

第一節　人文之美

　　繪畫、書法、詩文三者是中華文化的核心，此乃人盡皆知之事，古代善繪圖者注重繪畫的教化功能，中國與西方一樣需要教化廣大無知的群眾，必得靠圖畫來廣闊周知，東西方一樣有聖人與經典；中國的孔子在中國人心中不可侵犯，地位不亞於西方的耶穌，有些聖經畫、歷史畫、人物畫，往往都附經而行，東西方一樣，都是圖史並傳，人物為主。

　　較諸世界上其他的文明而言，中華文化由於孔老莊等先聖先哲大方向的正確指引，配合上中國獨特的自然景觀與得自儒、釋、道思想綜合後所產生出來的豐富內省精神，讓中國繪畫、書法、詩文很早就與西方分道揚鑣，繪畫、書法、詩文的存在，不僅意謂著藝術家個人才華的凝聚，而且也是全民族對此人文理想，不停探索心靈的軌跡記錄，中國人在這三者的表現都讓西方有見解的人士嘆為觀止，因為西方根本沒有可能產生書法，也不會對古代文書感到興趣，對中國文化有深入認識也是著名漢學家的世界語言學巨擘 ── 高本漢（Bernhard Karlgren，1889～1979）說：「中國學生即使在低年級裡，必須背誦幾種大部的經典，並須熟記歷代名家所作幾百篇的文章和幾百首的詩歌。這種學習的課程，採

用了已經二千年，養成大家於古代文書具有特別的熟悉；結果，對古代的歷史和文學，又發生了一種崇視敬愛的心理；這種實在是中國人的特色。這種聚集成功的大資產，已供中國著作家任意的使用，在文辭的修飾上，自然能得到有效的結果。」這些就屬於是對人文存在的重視。

「盡善盡美」、「文質彬彬」、「中正平和」這些都是孔子提出，是以中庸為尺度的審美思想，中庸不只是審美尺度，更是哲學觀與道德規範，早已成為中華民族世代相傳的共同審美標準，[1]可說是中國在承平時期的審美觀，都是以人為本、重視文化傳承、情理和諧、美善合一等的全人教育要求，孔子的美育思想肯定人性、發揚人倫、陶冶人格、追求人道、尊重歷史文化，實可以「人文的美育思想」一語涵括之。

孔子以美育作為統整人格的重要方法，對美育教材慎加選擇，避免庸俗文化腐蝕人心，追求完滿、喜樂、自由、美善的人生；在功能與目標方面，除能自得其樂之外，最重要在透過美育達到仁的完美人格，以至於安邦定國的最高境界；在內容與方法上，從「興於詩」、「游於藝」、「成於樂」、「化於山水」四個方面進行，「尊重宇宙萬物的價值」、「面對現實人生的執著」、「強調情感作用的直覺」、「保持事理兩端的調和」四者是孔子美育思想的四大原則，可說孔子美育以周朝優美的文化作基礎，以精神修養為階梯，以達到人格健全及精神自由的目標。

摩詰的詩雖然受到六朝以來陶淵明以及大、小謝等田園、山水詩人的影響，但他並沒有籠罩在他們的陰影之下，他的風格與前輩不同，成就更加斐然，因為在摩詰詩中，比陶謝諸人多了許多人

---

1 同注 17，見陳望衡著：《中國古典美學史》，頁 91。

文之美，所謂人文，指的是人的文化、制度、人事，均屬人文，人處在大自然中，體會到的種種感受，亦屬人文，陳振盛學長在其博士論文《王維的禪意世界》中說出許多前人的心聲，極有道理：

> 在詩人看來，輞川的一草一木，一山一石，一花一鳥都蘊藏著豐富而深刻的哲理和象徵，充分折射出他內心的情感和追求。鳥鳴落花、山澗明月、綠草、青苔都具有了人性，滲透著詩人追求一種樸實無華、平淡自然、靜謐無喧的情趣和韻味。〈輞川集〉中靈性處處流動，逸筆草草卻有無限深情的原韻，這正是詩人參禪心態下審視自然、審視人生的結晶。[2]

這「審視自然、審視人生的結晶。」正是所謂的人文之美，王維借助於輞川山水這二十處富於特性的景物，抒發他隱居山中多半時候的歡樂閒適，以及偶然發露顯現的孤寂苦悶情懷，並對這些鮮明美麗的形象所帶來的空靈悠遠意境，表達他在參禪過程中的某些感悟，他這種將自己回歸自然、融入自然的表現手法，實在已經達到「一切即一，一即一切。」[3]的境界，他把禪學很重視的澄心觀照運用到出神入化的地步，運用到詩歌創作去，這是極端高明的手法與技巧，使他後期作品迥異於早期的「佛理詩」與「佛意詩」，而他所參悟的靜又是寓於動之中，這種「寓靜於動」的技巧造就他達到南北朝詩人王籍的〈入若耶溪〉：「蟬噪林愈靜，鳥鳴山更幽。」詩句所展示的意境與特定的藝術性格，由於靜的精神實在難以描繪，惟有以動態反襯靜態，才能夠明白展現，王維

---

2 同注 86，陳振盛著：《王維的禪意世界》，頁 215。
3 見元‧宗寶編：《六祖大師法寶壇經》，《大正新修大藏經》，（臺北：新文豐圖書出版公司，民國 72 年），〈般若第二〉，頁 350。

抓住這個高明技巧，賦予原本靜態的畫像成為動態的寫真，使得
靈性得以在宣紙或絹布上再現風華。

　　王維情感豐富，不時興起感觸，很多細微事物觸動詩人更細
微的神經末稍，其中最膾炙人口者不外乎下列數端：偶趨孟城口，
對古木而興懷，望衰柳而結嘆；還是上下華子岡，緣物生情，引
發他無限低迴；或是冥想中看到裁做屋樑的文杏，結為屋宇的香
茅，他都能望雲而生幻，且情有獨鍾；或是見到斤竹嶺上綠竹猗
猗，讓他想到商山四皓，以及丘樊間的隱士們；或在在通往敧湖
的仄徑上，到處被宮槐遮蔽，不見黃埃，偏多綠苔，往往會懼怕
山僧行將來訪，滿地落葉，未曾灑掃；或見柳浪綺樹，倒影清美，
則勝境扣心，平添清趣，偶傷御溝之柳；或寄情欒家之瀨，在春
風秋雨之中，屢動幽思；或對月下浣沙之女，懷想吳越西施，淺
灘、溪流、白石、綠蒲莫不與西子千載神交，相映成趣；或詩人
抱琴自彈，呼嘯抒感，明月在天，竹林在側，陶然忘機，幽然神
往；或寄獨往之意，閒觀辛夷之花，在自然生命力的催動下，漫
開樹梢，俯臨深澗；相信莊子逍遙之意，儼然得其三昧；或思以
椒園中的椒子，製汁祭神，兼釀桂花之酒，配以芳郊杜若，虔心
禮拜，上告諸天，信仙靈以下凡，渡有緣人飛昇，凡此種種，不
一而足，王維人文才思之富豔，於此可見，而其詩興風發，詣多
獨造，在在顯示其身隱詩海之中，情滿萬象之際，對人間的萬事
萬物，並未冷眼旁觀。

　　王維所處的這個輞川世界，並非渺無人跡的荒阪寒漠，他喜
愛表現靜夜的輕動微響，他絕少寫些「山雨欲來風滿樓」的壯闊
氣勢，「歌盡樓臺扇底風」的喧囂排場，他特別沈醉自然界的靜態
美，對他來說，一切紛繁都能導向靜穆，別開意境，不管是獨自
開落的辛夷花；還是風中蕭瑟的竹影，都能化做陣陣琴聲，與風

交響；或是夕陽垂地，眾鳥歸林，彩羽共陽烏爭耀，長林與飛禽
共鳴；還是秋雨石溜，霞鷺爭飛；或月下浣紗之女，笑語盈盈；
或春潮急漲之日，野渡無人；或借「白雲舒卷青山，不肯竟去。」
來烘托自己不捨摯友離別，絲絲惆悵，耐人尋味，不僅表現了詩
人送別的迷惘感情與詩的情調融合一致，且景色的青山、白雲都
好像具有感情似的，這些無一不是表現著閒靜空寂卻絕不激動的
境界，澄觀一心，騰踔萬象，而後能現鳥鳴春澗、群花開落的靜
境，處處地方充滿的均是豐碩的人文之美。

　　王維這二十首輞川詩有許多清新明麗，雖以形似為主，卻每
首都以淡淡的彩筆，抹上一層詩人面對輞川山林園囿，美色佳景
的喜悅與欣賞，這份感情可以清楚從字裡行間體會得到，無一不
是豐碩的人文之美。

第二節　線條之美

　　同樣使用毛筆，形成書法、繪畫這兩樣藝術，形式雖然不大
相同，一重色彩、形象；一重線條，但書法與繪畫都在進行線條
造型創造，進而講究筆墨情趣，且二者的藝術精神、美學觀念十
分接近，皆強調抒情、達意、暢神、求趣等。在美學理論上，我
們往往希望能有科學的方法，具體說出事物的好在何處，事實上
這點非常困難，每當碰觸到美的本質時，總覺得光憑理論實在無
法描述，所以講到王羲之的字時，只能說「宛若游龍」，就像龍在
天空閃動一樣，非常抽象難解。

　　屬於中國獨特藝術的書法，雖然僅是平面的抽象藝術，僅僅
用「計白當黑」黑白對比的線條來組成文字，但也講究能表現成

爲立體的畫面；繪畫表現物像儘管只是在平面上呈現，也希望能表現出立體的感覺出來，中國書法藝術的第一個高潮是在漢末桓、靈二帝時期，立碑風氣極盛，漢末著名學者主張「字字飛白」的蔡邕留下《蔡邕集》，當中一半屬於碑文，是迄今流傳最早討論書法藝術的文章著作，內容論述都是東漢當時的作品，書法和繪畫很早就結合在一起，中國藝術最大的特色就是書畫之間關係非常密切，文字和圖畫一向同時並存，離開只用縱橫敧斜、穿插鉤挑、迴轉點畫，注重線條表現力與美之書法，沒有辦法談繪畫；懂得書法運筆的畫家，畫起中國畫的鐵線描或蘭葉描格外傳神，不管是人物畫、佛像畫當中，非常風行的「畫聖」吳道子所表現的「吳帶當風」，或是畫佛像時衣服緊貼著身軀，好像被水浸溼一般，線條極爲流暢、柔和的「曹衣出水」，還是「界畫」，無一可以不管書法運筆；離開兼重色彩的繪畫，書法也無從談起，注重陰陽、虛實、開合、聚散、線質、墨量、跌宕、敧側、疾澀、提頓、節奏、快慢的中國書法，除了有甲骨文、金文、大篆、小篆、帛書、隸書、行書、楷書、草書之外，各種字體還可細分變化，鐵線篆、長腳篆、鳥蟲篆、玉筯篆、印篆、古隸、漢隸、瓦當字，還可以融合混用筆法來敧斜騰挪，如行楷、行草、隸草、隸行、篆草，是以書法藝術真是「一管在手，變化萬千。」重視渲淡的水墨畫同樣必須有墨有筆，尤其毛筆畫出來的線條輕重、粗細，不可等閒視之。

　　在王維首開破墨技巧之前，很多唐代畫家都否定漢魏六朝以來所極重視的線條之美的線描法，喜歡青綠山水，用色彩來堆疊力與美的震撼，由晚唐起，水墨就正式走上繪畫舞臺，承接歷史傳承，提供了新的描寫方式，不僅使中國繪畫的外型更加豐美，而且給寫意的表現方法以最適當的巧妙安排，使得往後的中國繪

畫形式完全爲之改觀。

　　古人使用毛筆寫字，也用毛筆畫圖，從小運用毛筆寫字，運筆技巧純熟，自然而然將寫字之法運用到繪畫上來，想要畫出好的中國畫來，更是需要講究使用毛筆的技巧，因爲注重線條的中國畫，不運用技巧純熟的毛筆沒有辦法適切表達，用線條作爲主要藝術媒介，配合上象徵或比喻的手法，含蓄地表達主題，中鋒運筆，寥寥數筆，梅蘭竹菊松石，就能引發觀者的聯想，線條運用得當，提按自如，不拘藏露，運筆流暢，少有頓挫，便會富於節奏感，簡略的藝術語言，就能表現深遠意義。

　　趙孟頫對用筆有很深切的感悟，非常強調要用寫書法的感覺來作畫，畫石頭的線條要像寫字運筆運得飛快時在紙上露出稀稀疏疏的空白 ──「飛白」來，畫老樹則要採用寫篆字的方法，寫竹則需要注意王羲之提倡的「永字八法」，利用墨色濃淡不同的技巧，注意墨分五色，有濃、淡、乾、濕、焦五種深淺濃淡變化，計白當黑，自然而然讓人覺得畫中景象，就像荒郊野外遇到的自然景象，不可一體均黑，有如黑烏鴉或墨豬，王維首創水墨山水，包括主題構思，形象刻劃，筆墨運用，在動筆之先，都考慮成熟，這樣在落筆時才可以順利脫穎而出，畫完，畫者精密而深透的意圖在畫上也永存下來，這句話還說明構思一經成熟，下筆後才能如《歷代名畫記》二卷中張彥遠所謂：「意存筆先，畫盡意在，夫運思揮毫，意不在於畫，故得於畫矣，不滯於手，不凝於心，不知然而然。」這樣畫是靠著「意念」驅動手下的筆，最後才能如張彥遠所說：「象應神全。」採取寫意，注重境界，就是「減筆」畫法，亦即是用極簡單的筆觸，表現線條的力道，像書法一般傳神，表現至高無上的內容和境界，畫家創作，講究以神馭形。

　　詩以語言爲媒介，屬於時間縱的存在；畫用顏色線條爲媒

介，屬於平面橫的擴展，詩歌創作時，作家主觀審美情趣和表現對象特點必須相統一，這是傳神的重要條件，原本詩畫兩者很難同時存在，王維努力克服詩畫異質不可能同時存在的矛盾，寫《輞川集》，畫〈輞川圖〉，在「禪學昌明，山水方滋。」的文化背景下，發展出以詩入畫，發展出「詩、畫本一律」的表現，將魏晉盛行的山水詩與田園詩結合成為山水田園詩，使唐以後此種題材風靡千載，讓詩書畫禪四者加以結合，真是曠古未有之卓見。

王維雖然不是首先倡導「書法入畫」，「書畫同源」的藝術理論人士，但是他瞭解中國畫相當重視線條表現，以書法執筆的中鋒技巧運用在繪畫線條的表現上，必然會讓繪畫線條表現更有力量，王維用文字代替繪畫所用的線條色彩來展現具有詩意的畫面；他的畫裡面色彩層次豐富、形象優美、意境高雅，充分道出了王維山水詩、畫裡最突出的藝術特色，他將詩情與畫意在他的詩畫之中得到高度的融合統一。

標榜清高絕俗的文人雅不願與普通人同樣喜歡俗艷的青綠山水，意欲表現與眾不同的韻味，王維首創的水墨畫便大受後世文人歡迎，以〈輞川圖〉來看，它屬於傳統長卷方式，有多點透視的特點，各段山水相對獨立又相互關連，步移景異，有充分的藝術效果，雖然僅是具有郭熙強調的「平遠、深遠、高遠」三遠多種構圖方式交互運用、穿插的雛形而已，但仍然使得手卷畫面跌宕起伏，配合詩意有「對比法」和「時間交錯法」的寫詩技巧運用，中國傳統的鐵線描線條在他豐富靈動的技巧運轉下，富於強烈韻律感，當然引人入勝。

有時一幅畫經題字者精心巧思，慧點題字，終使境界全出，妙趣盎然，機杼別出，佳作天成。想在畫上暢然題字不是簡單易事，一篇得體的題字，可以充分展現題字者對所題畫作的領會程

度深淺，包含題字者的作畫功力與人生修養，唐朝作家、畫家認為時間、地點、物象必須統一合理的「三一律」，到五代、北宋有了不同看法，五代荊浩所寫的〈筆法記〉對王維評語不錯：「王右丞筆墨宛麗，氣韻高清，巧象寫成，亦動真思。」又說：「吳道子畫山水，有筆而無墨，項容有墨而無筆。吾當采二子之所長，成一家之體。」（見郭若虛《圖畫見聞誌》），他認為王維兼有畫聖吳道子與項容之所長，而成一家之體，非常氣韻高清，郭若虛在書中又說：「王維、李思訓、荊浩之倫……。」明顯可見宋時王維地位較前朝提昇許多，已經排行第一，有著西方「文藝復興三傑」之稱的米開蘭基羅地位，相形之下，吳道子宛如「畫工」，地位陡降。

　　線條在傳統的中國水墨畫是居於主導的地位，脫離了鐵線描、游絲描之類的線條，除了沒骨畫，幾乎就成不了中國畫，中國畫是以線存形，通過線條勾勒出輪廓、質感、體積來。德國的詩人歌德稱西洋美術有「用光表現得神態活現的那種本領」，說明西洋畫用光為造型手段之一；但中國畫主要是以線為造型之基礎，這就使中西繪畫在造型手段上有明顯之分野，像山水畫中的畫石傳統步驟大致可分成勾、皴、擦、點、染、提等幾個步驟，皴並非畫石的第一步驟，卻是呈現山石的靈魂步驟。

　　一般常見的山石皴法有下列十種：1.雨點皴　2.小斧劈皴　3.大斧劈皴　4.披麻皴　5.牛毛皴　6.折帶皴　7.荷葉皴　8.雲頭皴　9.骷髏皴　10.米點皴，中國山水畫皴法的名目繁多，外加山水畫名家傅狷夫，多年觀察臺灣山石肌理獨創的「裂罅皴」，除了前面所提十一種皴法外，尚有馬牙皴、點子皴、豆瓣皴、直擦皴、鬼面皴、拖泥帶水皴、亂麻皴、亂柴皴、解索皴、捲雲皴、抱石皴……等，事實上，這許多種皴法亦無法盡述所有山石的肌理，因此，皴法應該是隨著石頭質感、紋理的不同，不斷會有新的出

現，只是後來皴法出現愈多，彼此間的雷同性亦會隨之增加。「皴」可以說展現石頭肌理最重要的程序，不同的石頭自然有不同的肌理，皴法應運而生。雪景與寒林是多景山水畫的兩大類，畫雪最普遍的是借地為雪，一般說的留白法，就是以紙絹本來的底色，不著筆、不染色、反而在水天、山石凹隙處，渲染出一片較深重的昏暗面，用以襯托出白雪來。設色青綠山水則往往用敷粉法，即是敷白粉於降雪處，表示積雪滿地（見下圖），為表現雪花飛舞，使用白粉彈灑於畫面。

　　前面曾提過的山石皴法可以說就是線條的另一種活用，畫山石在皴擦之後，經常要經過點苔的程序，苔點象徵山石上的小樹或雜草等，後來逐漸趨向寫意、寫趣。北宋以前的山水畫多不點苔，南宋畫家為了表現江南潮溼而易生霉苔的山石，於是逐漸使用苔點，在元明兩代點苔樣式最為興盛，如趙孟頫的「立苔」、王蒙的「渴苔」、倪瓚的「橫苔」、沈周的「攢苔」及石濤的「點苔」都各有其獨到處，此外尚有「泥金苔點」、「色苔點」，樣樣都有使中國山水畫內容、式樣越來越豐美的感覺。

傳　王維〈長江積雪圖〉 ↓

中國歷代畫家為了表現不同物件和不同的感受，創造出各種

不同形態與風格的線描畫法，明代鄒德中總結前人經驗，在《繪事以蒙》中提出十八描，人物十八描又稱「古今描法一十八等」，是古今程式化描法的一個總結，雖然其中描法亦有相近難分者，但古今描法已概括無遺。在明代周履靖的《夷門廣牘》和汪珂玉《珊瑚網》中都曾敍述過，「古今描法一十八等」簡稱十八描，這十八描中運用最多的描法則是鐵線描、釘頭鼠尾描和遊絲描，其他描法都是由此變化而來。粗短者是撅頭描，簡略者是減筆描，柔和者是行雲流水描，列舉如下：

　　1.高古游絲描　　2.琴弦描　　3.鐵線描　　4.行雲流水描　　5.曹衣出水描　　6.蚯蚓描　　7.馬蝗描　　8.釘頭鼠尾描　　9.柳葉描　　10.棗核描　　11.橄欖描　　12.戰筆水紋描　　13.撅頭描　　14.竹葉描　　15.混描　　16.折蘆描　　17.枯柴描　　18.減筆描

事實上，以上這 18 描可簡化爲三大類：一種是無粗細變化的「鐵線描」類最具代表性的，壓力均勻，粗細無變化，這種方法魏晉以前繪畫已經存在，最爲古老，包括高古遊絲描、琴弦描、行雲流水描、曹衣出水描；一種爲有粗細變化的蘭葉描類，包括蚯蚓描、馬蝗描、釘頭鼠尾描、柳葉描、棗核描、橄欖描、戰筆水紋描；另一種則是筆線簡化而快速的減筆描類，包括撅頭描、竹葉描、混描、折蘆描、枯柴描。

　　在這三種類型中，像曹衣出水描和鐵線描法就比較接近，在汪珂玉的《珊瑚網》傳注裏，撅頭描和減筆描都出於南宋的馬遠、夏圭。上列 18 描名爲用之於人物畫，其實山水畫、花鳥畫、走獸畫等亦均可善加利用，此外，也隨著畫家的個性、喜好、研發，自然可以衍生出不同的線條，只是像山石皴法一樣，它們相互的差距勢必逐漸縮小，古代的畫家並非沒有特殊技法，像唐代王洽的潑墨手法，不用筆，而以腳蹙手抹，或揮或掃；宋朝米芾則以

紙筋、蔗渣或蓮房代筆；清代高其佩的指畫以手指、拳頭、指甲取代毛筆；或者用竹片、羽毛、加花等皆屬特殊技法，只是少數畫家偶爾戲墨爲之，新奇而已，真要取代毛筆線條的各種表現，可以說這些替代品都還不成氣候。

對王維畫的重視現象，特別是在到了宋朝，文人自我意識擡頭，開始重視探討詩畫之間如何相互發明，相輔相成而越演越烈，有蘇軾、李公麟、米芾、黃庭堅、王詵、文同這些北宋文人畫家紛紛起而效尤、臨摹，推波助瀾，終於讓僅僅運用「墨分五色：濃、淡、乾、濕、焦」的「水墨山水」從此與「青綠山水」二分天下，而且因爲僅用水墨，不用色彩斑爛的顏料，似乎更能表現文人不恡不求的風骨，大大影響了後世水墨山水畫的發展。

宋徽宗宣和三年，韓拙寫《山水純全集》時，王維的地位已經攀上中國畫史的最高峰，他說：「唐右丞王維文章冠世，畫絕古今。」王維這樣正式確立詩畫這兩個藝術間分與合的微妙辨證關係，山水詩或文人畫從此無法各自獨立，關係密切無比，分則兩害，合則兩利，就像文有文眼，詩有詩眼，詞有詞眼，曲有曲眼，畫中也有畫眼，而且水墨山水畫也非常強調有筆有墨，黃山谷說：「禪中有眼，字中有筆。」不能徒然只知用墨而不分輕重濃淡，成爲墨豬，即使像以「南張北溥」著稱國際的張大千，因「墨彩融一」的潑墨名滿天下，還要運用筆墨線條加以勾勒一番，才不會予人「墨豬」的笑柄，況吾輩常人乎？

第三節　色彩之美

翻開中國美術史，中國繪畫的特殊表現色彩，主要是來自於

顏料的取得與發現，在中國繪畫中，因此形成特殊繪畫風格，有：佛教化色彩、金色、石青與石綠、墨色等四種色彩，主要是受到陰陽五行、敬天畏地的天道觀、以及道家、禪宗思想的影響，反映在繪畫上的表現，會呈現主觀、感性及反羅輯思考的傾向。以歷代畫家的色彩運用對映個人的創作經驗，蘇慶田《中國繪畫色彩之研究》依照色彩分期可得下列結果：

（一）禮教化色彩時期（BC221～AC220）：約當秦、漢時代。

（二）佛教化色彩時期（AC386～581）：約當魏、晉、南北朝時代。

（三）綺羅色彩時期（AC581～907）：約當隋、唐時代。

（四）單純性色彩時期（AC907～1911）：約當宋、元、明、清四代。

（五）多元性色彩時期（AC1911～1990）：民國以後至一九九零年。

從蘇慶田的研究中可以得知：

（一）中國繪畫先有青綠設色，後有水墨渲染；先有重彩濃豔，後有淺絳淡彩。

（二）中國繪畫從色墨並重以色彩爲主，以墨色爲輔 —— 墨色爲主，色彩爲輔 —— 墨與色並重，甚至色彩重於墨色，分成三個階段。

（三）現代繪畫的發展，已從視覺的形與色，演變爲絕對而主觀的形與色，所以色彩的發展具有極大的表現空間。

（四）多元性時期，畫家表現開創性風格，提供後人在色彩表現上的最佳依據。

（五）現代中國繪畫的特質，是大眾化、個性化、多元化、科技化與世界觀。東西方繪畫的差異，不在於形式，而是感覺與

感性的不同；形式上講求的是構成，而不是構圖。[4]

　　歷代詩話對唐代山水、田園自然詩派評述都肯定他們在藝術上的發揮，他們充分認識這些詩人不只是遙承陶潛渾融完整、真樸自然的長處，更進而能獨闢蹊徑，各具特色，故能色彩紛呈、群芳吐豔，清朝沈德潛《說詩晬語》卷上說：

> 陶詩胸次浩然，其有一段淵深樸茂不可到處。唐人祖述者，王右丞有其清腴，孟山人有其閒遠，儲太祝有其樸實，韋左司有其冲和，柳儀曹有其峻潔，皆學焉而得其性之所近。[5]

由王維、孟浩然領導的這些山水田園詩人作品裡面特有的「神韻之美」，特別讓歷代文人傾心嚮往，所謂「神韻」是指詩歌所附有的意境之美及由此帶來的含蓄、雋永韻味，這些王孟帶起的詩人用清新優美的語言，描繪出一處處清幽奇妙、變幻無窮的美的意境，猶如一幅幅精心繪製的畫卷，這些畫卷並非死寂呆板的定格作品，幅幅都活躍著詩人瀟灑飄逸的身影，展示著他們高雅脫俗的胸襟和面對大自然萬物深刻精準的觀察力，帶給我們的將是永久的藝術魅力，每當風晨月夕，展卷長吟，「如對淡淡青山，如臨盈盈秋水，如見幽蘭噴放，如聞空谷鶯鳴。」[6]所謂「格高調遠」、「趣遠情深」、「雖淡實美」這些評語，讀後自能心領神會，獲得充分美好的藝術享受，得到心靈神識的豁然超脫。

　　尤其此派詩人之冠冕——王維，詩中充滿「白雲」、「明月」、「清泉」之類恬靜字眼，表現的色彩感受也跟這些字眼相同，以

---

4 見蘇慶田著：《中國繪畫色彩之研究》屏東師範學院視覺藝術教育研究所碩士論文提要　民國92年
5 見沈德潛：《說詩晬語》（上海：中華書局上海編輯所《清詩話》下冊），頁535。
6 見王新霞選：《山水田園詩派選集》（北京：北京師範學院出版社　民國82年），前言頁VI-VII。

及白、青、黃、綠等顏色清麗脫俗的字[7]，造成他獨特如花中白蓮的素淨風格。古今詩人往往有其習用、常用字，如詩鬼李賀喜用「白」字，小謝謝朓喜用「綠」字，大謝謝靈運則善於運用各種色彩，且均得其妙，王維得到謝靈運不少的啓發，各種顏色均巧妙使用，只是「青」、「白」二色出現頻率最高，「青」字出現六十二次，「白」字更多達九十一次，而且青白兩色往往搭配同時出現，以表現詩歌當中沖淡素雅的風格，傳達他平和安定的心理感受，色彩不只是物體、景色定格的色彩而已，還有光影的色彩更是千變萬化，大自然這手法繽紛亮麗的魔術師，特別擅長各種光影的摻揉，像〈敧湖〉詩：「吹簫凌極浦，日暮送夫君。湖上一回首，山青卷白雲。」和〈欒家瀨〉詩：「颯颯秋雨中，淺淺石溜瀉。跳波自相濺，白鷺驚復下。」還有〈斤竹嶺〉詩：「檀欒映空曲，青翠漾漣漪。暗入商山路，樵人不可知。」三首皆著重於景觀的具體形象表現，前者是精彩的湖上送別圖，繽紛絢爛的夕陽光影遍灑湖上，別者已在悠揚簫聲中遠逝，回首離人去處，一抹青山隱隱，僅留白雲舒卷，環繞青山久久不散，似留下一縷思念，是寫景，也寫了濃郁之情；第二首似乎是記下一件自然美的新發現，白鷺在雨中石溜邊捕魚，膽小警覺又頑強不捨的神情，在詩人「跳波驚下」的描寫中栩栩如生，宛如一幅精彩的寫生，情趣盎然；〈敧湖〉詩僅以青、白二色便表現無比禪意，同時還借「白雲舒卷青山，不肯竟去。」的無限依戀情深來映襯自己不捨摯友離別之惆悵意念，以景結情，詩意悠長綿邈，耐人尋味再三；〈斤竹嶺〉一片青翠的斤竹生長在山嶺之上，北方散生的密密竹林，一片青青，風來有如綠色漣漪的海洋清波，青翠的竹葉和竹幹，與水中盪漾

---

7 同注 42，邱師燮友等八人合著：《中國文學史初稿》，頁 499。

的漣漪互相輝映，綠意盎然，掩映一條空寂曲折小路，「空曲」為現在的時間與空間，這條暗暗的小路正是通向「商山路」之途徑？傳說秦末漢初四位隱士避秦亂隱居商山，人稱「商山四皓」，在這幽秘的道上，空間與時間頓時陷入「無」中，樵夫均不知此路通向何處，呈現著的是「不可知」的狀態，畫面有了縱深，追溯到千年前的秦末，不再僅是平面唐朝，此所謂文人畫必有寄託，言外之意就此出現，暗示王維有意效法隱士，此詩形神兼備，情景俱全，交融相和，色彩鮮明。

　　又如〈白石灘〉是這麼寫的：「清淺白石灘，綠蒲向堪把。家住水東西，浣紗明月下。」詩中寫夜色當空，皎潔明亮的月光照射之下，清澈的流水晶瑩剔透，鋪滿晶瑩白石的淺灘裡，白石映月，歷歷在目，水邊嫩綠誘人的香蒲長得可用手把握，綠香蒲和白石頭對比得非常出色，實在講這並非多麼吸引人的山水奇觀，作者因此略其形貌，獨寫其神，由住在溪水兩邊的田家少女，聯想到越溪浣紗的西施（王維有〈西施詠〉）一樣趁著月光來溪邊浣紗，使白石灘兩岸少女月下灘邊浣紗的形象躍然紙上，王維以望明月於清水，賞白石於淺灘，綠蒲與浣紗少女相映成趣，組成色彩明麗、境界幽雅、洋溢生機的生動圖畫，也使得平平凡凡的白石灘詩意倍增，剎那間鄉村生活的氣息便活色生鮮展現眼前，這些開朗活潑的氣氛，也帶來溫馨甜美、苦中作樂的生活品味，讓整個詩境、畫面都跟著活起來了，農村風光在詩人筆下，展現的竟是迥異於陶潛的不同意境，儘管清苦有餘，另一面卻是那樣寧靜優美，富有生意，單單只用「青」、「白」兩個色調，摩詰也能渲染出這樣迥異常人的氣氛，實在不是平凡詩人、畫家而已。

　　但王維也不是無趣到不會注意別的色彩，他的詩中紅、綠、金色也都會出現，像〈茱萸沜〉：「結實紅且綠，復如花正開。山

中儻留客，置此茱萸杯。」或是〈北垞〉：「北垞湖水北，雜樹映朱欄。逶迤南川水，明滅青林端。」還是〈辛夷塢〉：「木末芙蓉花，山中發紅萼。澗戶寂無人，紛紛開且落。」青黃屢出，而不見其俗。

　　辛夷雲蒸霞蔚地盛開在高高的樹梢，俯臨深澗，這裡沒有住家，無人欣賞，辛夷花卻那樣高標傲世，詩人化用《楚辭‧九歌‧湘君》的句意，表現出辛夷花的生氣蓬勃，每到春來豔紅的辛夷花開得似錦緞般燦爛，像芙蓉般炫麗，不管是否有人欣賞，它們仍有聲有色的怒放著，有著堅強生命脈搏的跳動，以及甘於寂寞超然絕俗的感情存在，花並不企求有人欣賞，花開花落是萬物生生不息的自然法則，也不會因為乏人問津而自怨自艾；王維寫在湖的北岸北垞岸邊有紅欄杆與不知名的雜樹錯雜生長得非常茂密，深深淺淺的綠色，與紅紅的欄杆互相呼應，紅、綠交映生輝，對比得相當明顯，這紅、綠兩色實屬於中國新年喜慶常見的吉祥顏色，正巧也是西方耶誕節的花環正色，足以見得東西方喜慶代表色澤都一樣，實為「人同此心，心同此理。」蜿蜒曲折的南川之水，在茂盛的綠色林端一明一滅閃爍，王維看到茱萸沜的湖邊小丘竹林當中雜生著許多高大的山茱萸樹，茱萸花謝，結了紅紅綠綠的果子，一大片茱萸果子生長在竹林中，遠看還像是花朵又再度開放，好不熱鬧，結滿茱萸果實像茱萸花朵盛開的半月形水池，王維把它想像成是大自然特別製造的斟滿葡萄美酒的大酒杯，這酒杯盛滿美好風光，定能讓客人陶然沈醉，樂而忘返，詩中他特別強調此紅紅綠綠的顏色像是茱萸花再開，或是北垞的紅欄杆與錯雜生長得非常茂密的雜樹，深深淺淺的綠色與紅紅的欄杆互相呼應，足見王維也愛看紅花盛開、綠樹茂盛的鮮豔美景，不愛孤寂；至於像〈宮槐陌〉：「仄徑蔭宮槐，幽陰多綠苔。應門

但迎掃，畏有山僧來。」此詩也是形神兼備，狹隘的小徑兩邊有參天的巨大宮槐遮蔭，陰暗潮濕的路邊長滿綠綠青苔，黃黃落葉掉在綠綠青苔上特別醒目，每次山僧造訪，王維必定叫僮僕掃去落葉，這條宮槐陌是通向敧湖的方便大道，實為一道仄徑，秋來山雨特多，溼透滿地的落葉，僮僕來不及打掃，尤其又逢山僧到訪，必定一番手忙腳亂，也帶來不少困擾；王維詩中還有金色，輞川園裡有金屑泉瀑布那一灘溪澗，澗水穿石而過，如聞聲響，真是「畫到有聲就是詩」，這道瀑布清泉給王維帶來綿邈無盡的聯想，王維的〈金屑泉〉：「日飲金屑泉，少當千餘歲。翠鳳翔文螭，羽節朝玉帝。」王維二十六歲就曾走在時代前端，辭官隱居嵩山修道，雖然後來他認真參禪，但也不能就此認為他沒有繼續修道，在輞川期間，摩詰天真地想要天天喝金屑泉，久而久之必定可以脫胎換骨，甚至活上千餘歲，還能坐著上天派來神龍翔鳳的車衛儀隊，拿著羽毛裝飾的旄節，上天去朝拜道教最尊貴的玉皇大帝，研究者認為他是很標準的在進行佛道雙修生涯。王維只是沒有像周敦頤那樣高聲提出「儒釋道三家合一」的理學新主張而已，正如李澤厚所云：「中華美學其實綜合儒釋道屈四家思維美學」，王維還充分受到《楚辭》影響，他早就在進行儒釋道三者合一，甚至是儒釋道屈四者合一。

有些詩作雖未清楚標明顏色，可是卻預留許多想像空間，任憑讀者在其中上下翱翔，像〈華子岡〉：「飛鳥去不窮，連山復秋色。上下華子岡，惆悵情何極。」王維歌詠華子岡黃昏的景象，全篇是詩人以大筆水墨揮灑出來未曾著色的秋山暮色圖，彩霞滿天，讓人如見漫山遍野斜暉慘澹、黃葉飄零的圖像，他沒像晚唐李商隱那樣寫出：「夕陽無限好，只是近黃昏。」沒有明確寫出「秋山紅葉、老圃黃花」的繽紛熱鬧，只寫出黃昏時飛鳥聒噪歸巢，

才會去不窮，在華子岡附近上上下下飛來飛去，呈現連山秋色連綿，他的輞川二十首多純寫自然，幾乎全部不著情語，但此詩中情意明顯，畫在意中，此詩中尚留有「惆悵情何極」，連山的秋色、無窮的飛鳥，加上詩人不盡的惆悵情懷，交融形成深沈淒迷的意境，情景交融，惆悵者何？顯然王維此詩已輕輕點出生命存在的某些難言感受，更傳達這種心境應該是面對生命根本存在所產生的一些憂懼；再如〈柳浪〉：「分行接綺樹，倒影入清漪。不學御溝上，春風傷別離。」詩人畫家也沒有明言色彩為何，只是用錦繡的「綺」來形容楊柳，因楊柳絲絲垂碧的柔條，以及春來像掛著幾萬串嫩綠珠子的翠綠葉色，臨風飄動鵝黃嫩綠的婀娜多姿，都和婦女身上穿的羅綺錦繡相似，一行行排列在池水邊的柳樹，連清波的柳影，都進入清澈無比的敧湖陣陣漣漪當中，讀者自能聯想綠葉、藍天、碧水，美麗的圖畫隨即呈現眼前，如浪一般的楊柳在水旁、水中隨風款擺柳腰，是那般濃密美麗，要有多少株柳樹才能達到如此「千秋柳拂天」的地步，詩人此詩當中雖然沒有特別標出顏色，但是看到一個「綺」字，聯想到古代「錦繡」的標準，是要有五十種深深淺淺的顏色，才能夠掛這個名稱，自然可以知道，陽光下、月色中、薄霧裡、山嵐中，這柳浪景色是如何多變，多麼鮮豔穠麗，濃豔的自然景色如「綺」，當然可知色彩是何等豐富美麗。

　　王維擅長捕捉色彩、光影之美的詩作，不只上面這幾首，在詩畫當中，展現一片靜謐雲淡風輕中，光影如玻璃般割裂這旖旎的世界，光影下的靜謐在不同的視角之下，引發王維創作心的興奮躍動，詩人畫家於是拿起如詩的畫筆代替言語表達不完的意境，傳達他對這紛亂社會的割捨，傳達出他對這美妙大自然的空靈飄邈剎那，他創作出體驗光、影、對象三者之間平靜的氣息與

感受，當我們沉靜下來時，才能體會靜謐之美，那一刻是寧靜無語的，卻有著無限的想像空間，是禪的絕妙感受，像〈鹿柴〉詩云：「空山不見人，但聞人語響。反景入深林，復照青苔上。」這詩篇形神兼備，王維有時來到山中深林裡面無人打擾的竹里館打坐行功，這個人跡罕至的僻靜處所，偶爾遠遠有人走過林邊，傳來隱隱約約的說話聲，有隱約人語，越顯山林寂靜，收功睜眼，常見青苔上最後一抹夕陽餘暉，更顯深林幽暗，杳無人跡的看不見、摸不著的幽靜景色，卻用「夕陽照青苔」這有形無聲的實景加以映襯，霎時生動具體，形象可感。深林「無」日光，卻「有」反影復照，為實，以動寫靜，以聲寫寂，以光寫暗，以虛寫實，詩中處處採用反襯寫法，句句都有極深的禪味，表現禪意而不露痕跡，開前人所未曾有的寫法與境界；像〈木蘭柴〉詩云：「秋山斂餘照，飛鳥逐前侶。彩翠時分明，夕嵐無所處。」這首清新明麗以形似為主的詩，淡淡抹上一層詩人對秋山日暮好景色的喜悅與欣賞之情，王維此詩寫從木蘭柴遠望，霎時所見備極變幻的景象，在秋山殘照將斂的剎那，山色瞬息萬變，光影、彩羽、山嵐，一大片眼前景致是無以言說之境，眺望秋山歸巢飛鳥，大畫家王維對色彩的感覺特別敏銳，他注意到光與色彩的捕捉，展現的是夕陽殘照當中，飛鳥、山嵐與前後競逐的飛鳥彩翠羽毛，在上下搧動當中明滅閃爍、瞬息變幻的奇妙景色，給人鮮明瑰麗的印象和豐富的美感享受，就像西方印象派大師的精彩寫生畫或是色彩鮮豔繽紛的油畫。

　　在色塵世界那麼精微的幻化中，只有像王維這樣高妙的畫家詩人，才能以短短的二十個字，在有限的文字當中，寄寓無限豐盈妙意，剎那間寫永恆，展現色空世界的無盡妙藏，只是彩翠「生」在眼前，「滅」在夕嵐殘照當中的生滅之機，何曾沾染一字經典？

王維卻僅以二十個字的短短篇幅，寫出詩的韻味、畫的意境，有色有聲，文情並茂，顯示王維令人驚奇的寫景才能，因為王維對光、影、對象三者拿捏得恰到好處，他時常能對一般人少有的光影敏感而有特別體悟，他的詩畫給予觀者一場視覺與心靈的饗宴感受，月影搖曳，夜深人靜，最是自省時分，「獨坐幽篁裡，彈琴復長嘯。深林人不知，明月來相照。」伴著月光，他在〈竹里館〉那秘密花園裡彈琴、長嘯，有枯槁，有新生，有明月，有竹影，有無限禪機，伴隨人側，產生了心靈與精神的光，藉由月光照射在竹影、人影、館影等物體之間，間接表達情緒感受，這兩首詩表現那令人玩味的光影，竟能譜出五顏六色，勾勒出一片和諧，讓人頓生溫暖、平靜、安祥的情緒感受，並用顏色輔助來強化他想要表現的效果，光影常常是構成畫面的重要元素，如善用戲劇性光線的荷蘭大師林布蘭及柔和泛光的維梅爾，都是西方美術界非常具有代表性的人物，使用光線照射於靜物上，與其形成的陰影，在視覺上造成畫面所要的溫潤氛圍，是許多畫家喜愛採用的手段，王維的山水畫技巧可能還達不到這樣高深的境界，但是他的詩作卻彌補了這缺陷與不足，光與影在各種不同方式的詮釋之下，呈現各式各樣不同的可能，不管是〈竹里館〉，還是〈白石灘〉，還是〈鹿柴〉，或者〈木蘭柴〉，除了描寫自然光影的靜謐外，也暗諷著逐漸破壞自然的社會，比起永恆的大自然，人類的生命與機械化的社會實在是太渺小、太短暫了，在二十一世紀的今天，讀詩看畫，不禁讓人反思人類破壞自然的可怕。

　　王維偉大之處在他的創作，不只模仿自然，更將感知的觸角擴及萬物，動植物、人物、自然山水等，更讓人體悟生命之共生與共榮，期能再造嶄新的境地，他並加入空間性及時間性的律動，讓詩畫都具有詩意與情感，他讓後代詩畫家有所遵循，能運用墨

色的濃淡乾濕黑白和各種潑墨暈染的偶發效果，在抽象和具象間互相玩味，運用一點寫實細節，使觀者進出具象和抽象之間，使傳統的技巧得到昇華，不侷限於前人青綠山水型式，他讓生命之氣與風、色彩和形體的生命展開融合完美無缺，也絕非像許多後世的文人畫家那樣執著，只畫水墨而全無其他色彩。

第四節　音韻之美

　　我國自古重視詩歌教學，詩樂舞一向融合為一，隨著時代變遷，逐漸分道揚鑣，春秋時代孔子已提倡有音韻之美的弦歌教育來涵養德行，變化氣質，以達修己安人的最高教育理想，王維擅長掌握視覺意象或綜合意象，製造詩歌當中的「畫趣」；擅長表現自然山水的精神氣象，他的詩不僅有構圖美、色彩美，因為他音樂方面獨特的造詣，使他比一般詩人更能精準地感受並且充分表現山水中的音響，詩中還會呈現一般山水畫中難以出現的動態美。
　　詩的美讀可以有許多技巧：

> 運用詩語和聲情的關係，使詩的吟誦多些變化，如套語、趁韻、頂真、諧隱、對口、疊誦、輪誦、幫腔、滾唱等技巧的運用，使詩的美讀，愈為多彩多姿。[8]

這五花八門的技巧使得詩的豐美表現令人流連忘返，音樂詩人喜歡將音樂之長融化入詩，讓人感受到音韻之美，詩人擅長以精緻的語句傳達深刻繁複的意思，透過修辭技巧，而將抽象的情感用具體意象描寫呈現，適度加入情趣，或誇大，或疊字，或押韻，

---

8 見邱師燮友著：《品詩吟詩》（臺北：東大圖書公司　民國90年8月二版），頁6。

或比物，往往造成意在言外，又寓意於（意在言外）之外，意即透過象徵手法，給讀者解詩的密碼金鑰，也給讀者天馬行空奔馳的想像空間。

東周已有子夏《詩・大序》：「情發於聲，聲成文，謂之音。」的說法，當時為自然產生音節變化，聲調以和諧為貴，尚未採取人為聲律之限制，即沈約所謂：「高言妙句，音韻天成，皆與理合，匪由思至。」[9]其實文學家研究音律之美，沈約尚非第一人，信而有徵者當推晉朝陸機〈文賦〉為濫觴，以音節評論詩文，探討詩文當中「同聲相應，異音相從」的問題，則莫早於陸機〈文賦〉：

> 暨音聲之迭代，若五色之相宣。雖逝止之無常，固崎錡而難便，苟達變而識次，猶開流以納泉。如失機而後會，恆操末以續顛，謬玄黃之秩敘，故淟忍而不鮮。[10]

陸機強調聲調的重要，能掌握聲調變化的規律，文章自然井然有序，一篇聲調錯綜、變化恰當而有順序的好文章必然音調暢美。高明在《中國修辭學研究》一書當中即由此段陸機〈文賦〉之奧義加以闡發，表示陸機已在沈約之前發現了文辭聲律的四大原則，就是「錯綜」、「變化」、「恰合」和「秩敘」四者。必須要「錯綜」、「變化」、「恰合」和「秩敘」四者全備，始可言其文辭具有音調之美，這四項原則要求：

（一）錯綜的原則：同一聲音連接使用太多，容易單調惹厭，若將不同的聲音連接使用，便有抑揚高下，聽來悅耳。平上去入間雜，不連續使用三平聲、三仄聲，才有抑揚頓挫之感。

---

9 見沈約著：《二十五史・宋書・謝靈運傳論》，（臺北：新文豐出版股份有限公司　民國64年），頁862。
10 同注186，見梁・昭明太子蕭統編：《文選》，頁247。

（二）變化的原則：不同的聲音連接在一起的方式，假若一成不變，也會不美，凡是音樂文學都講究平仄四聲的變化，或平開仄合，或仄起平收，或黏或否，變化多端，必須用各種不同的方式，連接各種不同變化，纔能表現聲律之奧妙。

（三）恰合的原則：錯綜變化的聲音，須與錯綜變化的情意，若合符節，聲音本身，當錯綜時就要錯綜，當變化時就要變化，必須確當把握時機。該變化不變化，該錯綜不錯綜，事後再尋找機會，補變補錯，往往造成次序顛倒。

（四）秩敍的原則：聲音雖要錯綜變化，但並非漫無限制，必須要有條理，有節奏。有條理，纔不零亂；有節奏，纔不散漫。[11]

這四項原則，其實也跟很多世間萬事萬物一樣，凡事都應該要遵守規範限制，假如沒有規範限制；或是雖有限制，卻胡作非爲，隨意亂來，最後都很難收拾殘局。陸機〈文賦〉首倡之後，南朝許多文人都受到陸機的啓示，更熱衷於聲律的研究，六朝後繼起者絡繹不絕，於是聲律的奧妙更被沈約、王融、謝朓們陸續抉發出來，沈約受陸機〈文賦〉：「方天機之駿利，夫何紛而不理。」啓發，在其〈答陸厥書〉中有云：「天機啓則律呂自調，六情滯則音律頓舛。」以突如其來的靈感「天機駿利」作爲構成自然音律之先決條件，後來南朝永明諸子據此創爲聲律之說，追本溯源，實爲得自陸機的啓示。

　　像很多詩人喜歡運用八庚、九青收音的字，交錯朗誦產生開合頓挫的曼妙韻律感覺，一般而言，鼻音屬於尾音較爲綿長之音，適合表現幽怨的情思，庚青兩者交錯使用，往往形成纏綿繾綣之

11　以上見高明：《中國修辭學研究》第二章第七節，臺北：黎明圖書公司。

氣，風格幽怨。王維在〈秋夜獨坐〉中彈奏出如怨如慕、如泣如
訴的小夜曲：「雨中山果落，燈下草蟲鳴」；他有時還會藏聲於色，
〈送刑桂州〉有：「日落江湖白，潮來天地青。」讓潮水澎湃洶湧，
彷彿隱藏在瀰漫天地景色的青光當中；將視覺感受的壯闊景色，
融合聽覺感受的聲響為一，讓壯觀的如畫江山，增添無限動態美
感，展現壯闊聲威氣勢；東、陽兩韻剛建昂揚，在〈送梓州李使
君〉中他寫下驚心動魄、懾人耳目的森林交響樂：「萬壑樹參天，
千山響杜鵑」（仙韻），正如天風海雨，又如皜日九霄；而他在〈過
感化寺曇興上人山院〉，又以動態顯出靜態幽深：「野花叢發好，
谷鳥一聲幽。」〈清溪〉的動靜互相呼應，鳥叫聲音清脆，更顯山
谷清幽：「聲喧亂石中，色靜松聲裡。」或「泉聲咽危石，日色冷
青松。」溪水沖亂石與松濤喧鬧聲響，更能襯托周遭環境的安靜
清幽，這些都是傳頌千古，表現山水動態的經典之作，神來之筆。

　　他感情深厚，表現又委婉曲折含蘊豐富，頗有《詩經》作者
韻味，令人體會無窮的一些佳作，語言往往自然真率，彷彿無意
間脫口而出，但詞語卻精鍊異常，音節又和諧無比，充滿音樂節
奏感，情真意厚，繞樑三日，不絕於耳，像贈別的抒情絕句〈送
元二出使安西〉：「渭城朝雨浥輕塵，客舍青青柳色新。勸君更盡
一杯酒，西出陽關無故人。」[12]是折腰體近體詩，唐人送別詩成千
上萬，但唐時本詩就傳唱成〈陽關三疊〉，不知讓多少有情人哭得
潸潸淚下，古今多少相思人為之哭斷肝腸；其他像《唐詩記事》
卷十六就特別記載〈紅豆生南國〉、〈清風明月苦相思〉在唐時已
為梨園樂工傳習不絕，安史之亂以後，也都一一成了被人傳唱江
南的情歌，賺過多少離人情、眼中淚、心中事，更難以計數。

12　此詩在唐朝時已和《樂府詩集》〈渭城曲〉內容完全同樣，但該書題目改為
　　〈渭城曲〉。

　　《輞川集》當中，王維各詩均聲韻流遠，餘韻無窮，像王維寫〈欒家瀨〉：「颯颯秋雨中，淺淺石溜瀉。」他不避疊字寫颯颯秋雨、淙淙流水中的白鷺神態；或裴迪寫〈木蘭柴〉：「蒼蒼落日時，鳥聲亂溪水。」幫王維補敘近景，潺潺溪水不絕於耳；或〈鹿柴〉：「空山不見人，但聞人語響。」以人語響反襯空山之幽靜，不正是老子所謂的「大音希聲」的最佳闡釋；或〈敧湖〉詩曰：「吹簫凌極浦，日暮送夫君。」登舟送君，吹簫惜別，簫聲縈迴，盡情以音韻表現情懷的纏綿哀婉；或是寫〈白石灘〉：「清淺白石灘，綠蒲向堪把。」水流過清淺處必定「淺水潺潺，深水無聲。」清脆悅耳之聲盈耳；或〈漆園〉詩：「婆娑數株樹。」唯聞樹葉聲沙沙作響；或不在《輞川集》的〈鳥鳴澗〉：「月出驚山鳥，時鳴春澗中。」澗水與鳥鳴呼應，〈送梓州李使君〉：「山中一夜雨，樹杪百重泉。」寫的更是一夜風雨之後，樹杪重重不斷流瀉的泉水，成為無比壯闊的交響樂，這些詩都如天籟自鳴，輕盈曼妙於詩中，或有音響泠泠於耳際，將描繪的自然事物在空間、時間裡縱橫交錯，形成動態與靜態的自然形式之美，他確實發揮宗炳所提倡的音樂與圖畫結合之趣，是自然形式美的真實寫照。

　　中古漢音中，真、庚、文有時互通，以鼻音ㄣㄥ收音的字，交錯使用朗誦會有極頓挫之至，具開合之感，綺靡之韻，幽怨之味。自然之美如莊子所說有天籟之美、有地籟之美、有人籟之美，故人要法天行「韻」，以巧奪天工；因地馳響，妙韻入篇；循聲人籟，雅韻清發。入詩則因韻而情生；摛文則諧聲而玉潤。童子興誦，磊磊如珠；詞客朗吟，瀯瀯貫耳，音韻之美，於斯造極！

　　古琴是中國樂器中保留有較多聲響資料的樂器之一，古代封建社會，提倡「中庸和平」，嚴禁「作亂犯上」，古琴是統治者的「治世之具」等文字，在古籍當中俯拾即是，琴本五絃象徵五行，

配五音，周文王、武王各加一絃成七絃，欲了解中國古代及傳統的音樂風貌，古琴是一座不容忽視的音樂寶庫，也有一些琴家遵循音樂藝術發展規律，提出「琴者心也」、「樂由心生」的觀點，提出琴樂有「舒緩、浩蕩、壯烈、悲酸、奇絕，不可以『淡和』一律求之。」展示古琴藝術強盛、多面向的生命力，源遠流長的古琴音樂，已建立起自己一套完整美學。明代徐上瀛的《溪山琴況》作於崇禎十四（1641）年，「琴況」，即琴（琴音、琴樂）之狀況、意態（形）與況味、情趣（神），他根據宋崔尊度「清麗而靜，和潤而遠」的原則，仿照司空圖《二十四詩品》，模仿冷謙的《琴聲十六法》提出二十四琴況，從指與弦、音與意、形與神、德與藝等眾多方面深入探討，提出了深於「氣候」，臻於至美，深於「游神」，得於弦外，以「氣」為中介，使「音之精義應乎意之深微」的一整套演奏美學思想。他認為宏細、輕重、遲速互存互用，不可偏廢，於前人思想有所突破，提出亮、彩、潤、圓的「美音」要求，重視想像、聯想在表演與欣賞中的作用，追求會心之音、含蓄之美，也於前人思想有所發展，《溪山琴況》是中國古琴音樂美學思想的集大成，對清代琴論與古琴藝術有很大影響力。

王維早年以琵琶名家，中年修道，愛上古琴「清麗而靜，和潤而遠」的典雅，清修之際，彈奏古琴，舒緩身心疲乏，以追求更清麗和潤的靜遠世界，他才會在深處輞川竹林當中的竹里館內，「獨坐幽篁裡，彈琴復長嘯。」旁人不知，自己卻彈琴長嘯，唯獨明月相照，知他心聲，多有情趣；獨享音樂之美，滋潤胸懷，多有音韻妙趣，多麼怡然自得，多麼悠閒逍遙，心手合一，物我兩忘，多麼令人神往，這輞川園豈不就是陶潛筆下那個「世外桃源」嗎？年輕學友古琴愛好者翁君瑞鴻對此頗有感慨：「音樂部分，有一重點，其稱『移情』，當今樂壇，多所忽略，所皆重者，

止乎炫技。遺忘本質,『和』中須『感』,『情』中須『和』,然其前提,心手合一,物我相忘,音樂如此,詩亦如是。爲文造情,仍在次等,心之所至,音『詩』隨之。如此方稱近於道矣。何者爲道,能『合』能『和』是也。合者,人與自然造化也;和者,人與萬物俗世也。」音樂如此,詩亦如此,書、畫何獨不然乎?今人往往「只重炫技。遺忘本質。」實在可惜,邱師燮友說:

> 權力使人腐化,但詩歌卻使人淨化。讀詩、寫詩,畢竟是
> 開拓心靈世界的事業,寫詩、吟詩,與大自然的清泉鳥語,
> 風篁雨聲。[13]

這淨化、開拓心靈,如人飲水,冷暖自知,旁人領受不來,也體會不來。

第五節　自然之美

天地之美,莫過自然,山川雲霞,草木花卉,不需畫工錦匠,即可鋪陳美麗佳作。對自然謳歌,可寫成千古名作;對天風海雨,更有不朽之名篇巨製,這些是我國隱逸文學當中最具文學價值的作品,皎然《詩式》評詩有「六至」,其一就是「至麗而自然」,他還說:「意敬神王,佳句縱橫,若不可遏,宛若神助。」[14]至於司空圖《二十四詩品》,將唐人所開拓的詩境,如同鍾嶸《詩品》,有二十四種不同的境界,其一重要境界即爲「自然」,「俯拾即是,不取諸鄰,俱道適往,著手成春,如逢花開,如瞻歲新,真與不

---

13 同注 207,邱師燮友著:《品詩吟詩》,頁 13。
14 （唐）皎然:《詩式》《詩話叢刊》(臺北:弘道文化事業有限公司,民國 60 年)頁 42-46。

奪。」[15]歷代詩人都極推崇自然本真之美，沈德潛也說：王維之詩「天然入妙，未易追摩。」[16]所謂：「詩貴自然，雲因行而多變，水因動而生文，有不其然而然之妙。」[17]在司空圖的詩論中，提出詩要具有「味外之旨」、「韻外之致」，將「辨味」視爲詩歌創作與批評的主要原則，他的詩作就非常接近王維山水詩，足見深受王維影響，宋朝的中國古典美學思想瀰漫著「中和」精神，在中國人的審美意識當中，人與宇宙、自然、社會相處得既和諧又統一，《禮記・中庸》有言：

> 喜怒哀樂之未發，謂之中，發而皆中節，謂之和，中也者，天下之大本也；和也者，天下之達道也，致中和，天地位焉，萬物育焉。[18]

這個「中和之美」是中國人所崇尚的最高審美原則，且早已深深沈入中國人的深層意識，內化成爲審美心理結構。不管是自然萬物的生息化育，還是人類自身的繁衍生長，或者是社會歷史的發展變化，小至待人處事，演奏音樂，寫作文章，大至經天緯物，中國人一直都講究不偏不倚，靠著「致中和」之道，在萬事萬物之間尋求平衡，因此強調「遇景入咏，寓目輒書。」的直觀感悟，也就是虛靜自然，不假雕琢。

　　中國古典美學與藝術創作，向來不受自然時空限制，追求心理時空效應，往往把不同的空間表現在同一時間，或把不同的時

---

15 （唐）司空圖：《二十四詩品》《詩話叢刊》（臺北：弘道文化事業有限公司，民國 60 年）頁 33。

16 清・沈德潛：《說詩晬語》《詩話叢刊》（臺北：弘道文化事業有限公司　民國 60 年）頁 1894。

17 清・徐增著：《徐而庵詩話》《詩話叢刊》（臺北：弘道文化事業有限公司　民國 60 年）頁 1087。

18 見《禮記・中庸》，（漢）鄭玄注（唐）孔穎達等正義（臺北：藝文印書館《十三經注疏本》影清嘉慶二十年（1815）阮元校刊本　民國 91 年 12 月初版 14 刷）頁 879。

間表現在同一空間，奔放不羈的自由聯想，與想像的產物往往雜揉一處，因爲受禪學思維長期影響，所發展成熟的中國藝術思維，常常可以超出「常情」、「常理」、「常法」、「常規」之外，以「反常得道」爲趣。因爲科學求眞，哲學求善，文學求美，詩歌特別屬於唯美文學，所以宋代方外詩人詩僧惠洪在《冷齋夜話》中說：

> 五言四句詩得於天趣。……詩者，妙觀逸想之所欲也，豈可限以繩墨哉！如王維作畫雪中芭蕉，法眼觀之，知其神情，寄寓於物，俗論則譏以爲不知寒暑。[19]

惠洪此語實在深中肯綮，因爲詩是藝術領域的產物，不是爲了講述科學道理，要錙銖必較「失之毫釐，謬以千里。」地講究正確，審美恰在於醞釀、凝聚，而形成意象，抒發興會，不能以常理、常情、常法、常規來要求藝術想像與藝術描寫，自班固《漢書》以後，儒林、文苑分得一清二楚，文苑界人士爲寫作品，常會運用夸飾之法，所言未必全眞、全信，不免誇大其辭，柳宗元坐王叔文黨，被貶柳州，〈別舍弟宗一〉：「一身去國六千里，萬死投荒十二年。」杜牧〈江南春〉：「千里鶯啼綠映紅，水村山郭酒旗風，南朝四百八十寺，多少樓臺煙雨中。」所言均極誇大，千里爲五百公里，六千里爲三千公里，柳州去長安至多不過一千五百公里；小小的黃鶯鳥叫如何聲聞五百公里，一里還差不多，但改成一里，則詩味全失，哪還能千古知名？江南地區自古香火鼎盛，僅南京一地，六朝廟宇已五百座，南朝何止四百八十寺而已？若強以繩墨限之，文苑必趣味全無，豈非「背山起樓，焚琴煮鶴，花間喝道，月下把火。」必定大殺風景矣。有些不明畫理、畫道、畫趣的評論家，以王維畫出雪中芭蕉爲不高明，其實評論者才是眞正

19　（宋）惠洪著：《冷齋夜話》《詩話叢刊》（臺北：弘道文化事業有限公司　民國 60 年）頁 1649。

門外漢，照那樣批評，則梅蘭竹菊四君子豈不都無法同圖出現，不明此「似與不似之間」者實不配談畫，就像西方著名的《浮世德》作者歌德說：「美在真與不真之間」，著名西方戲劇作家王爾德也說：「藝術只有美醜之分，沒有真偽之別。」真可謂東西美學有「異曲同工」之妙。

禪宗是印度佛教最大限度中國化、世俗化之後的產物，是中國文化的一大絕妙傑作，將「彼岸世界」從遙遠的西天拉回到中土塵世，將虛幻的來生拉到現世人生，且將之安放在每一個人的心性之中，拋棄邏輯思維所必要的一切程式，直覺體驗突破物像界限和語言束縛，進行了大幅度的跳躍和高度自由的聯想，在此直覺觀照當中，一切時空物我的界限區別全都不復存在，物中有我，我中有物，天人交契，物我兩忘，不即不離，乃爲上乘。

漁洋山人說王維輞川絕句「句句入禪」，王維筆下，花開花落，鳥鳴春澗的意境，空靈山中，偶聞人聲的逸趣，以及秋山鳥飛，彩翠分明，適逢掃葉迎僧，行雲布雨，加上幽篁長嘯，驚鷺跳波，柳浪輕搖，白雲舒卷，其實這一切都是在動著，都是非常自然，非常寫實，非常平凡的一些事物，他的〈輞川圖〉畫雖出於自然，卻經過他精心提煉加工，以藝術語言表達，而不露斧鑿之痕，狀似天然，卻非自然翻版，是融會感情與個性的自然，經過藝術語言的凝煉功夫，其中傳達出來的意味，卻是永恆的靜，本體的靜，從「動」中得來的真「靜」，是從實景中得到的虛景，在瞬息不停的世界紛繁流走中的自然景色，所展開來的是永恆不朽的本體存在，是一些內在充滿豐富情感，外表卻彷彿平靜得完全沒有任何情感的「天籟」之詩，早已超脫一山一木、一花一鳥、一溪一河、一沙一境的執著，而帶有天人合一的整體抽象，是多年生活歷練，深層積澱的人生哲理，是高級美感經驗，泰然提昇

的直接感受，早已超越一切物我、時空、因果界限，在那物我兩忘，是非雙遣的心境，與世界渾然一體，無法分辨，腦海空白，眼前光明，「意靜神王」「佳句縱橫，若不可遏。」與藝術創作中的「靈感」現象非常相似。

吳寬在分析自稱「宿世謬詞客，前身應畫師。」的王維詩畫創作時指出：「至今讀右丞詩者曰有聲畫，觀畫者則曰無聲詩，以余論之，右丞胸次灑脫，中無障礙，如冰壺澄澈，水鏡淵停，洞鑒肌理，細現毫發，故落筆無塵俗之氣……。」因為王維的心虛靜自然，在進行審美觀照和藝術構思之際，高度專注其中，沒有絲毫分心，不假雕琢，才能落筆無塵俗之氣，有如玉壺冰心，冰清玉潔；又如水鏡淵停，透明澄澈，這樣才能觀察入微，「洞鑒肌理，細現毫發。」絲毫不沾染塵俗之氣，普通世俗人士那能到此境界？大量運用借代、誇飾本是作詩的不二法門，但王維少用借代與誇飾，卻有不少流水句，像〈孟城坳〉：「來者復為誰，空悲昔人有。」像〈文杏館〉的「不知棟裏雲，去作人間雨。」像〈茱萸沜〉的「山中儻留客，置此茱萸杯。」像〈宮槐陌〉：「應門但迎掃，畏有山僧來。」詩中多用「空」字，平均五首一次，在其《王右丞集》古近體432首詩當中，出現84次「空」字，直接將讀者帶到如水墨渲染的空濛渺茫境界當中，去感受那雲蒸霞蔚烘托當中，山色若有似無，畫面寥遠靈動的神韻，有閒逸超俗的空明寧靜之美，他的詩與畫雖然清幽寂靜，又絕非一片死寂，能在一片幽靜恬美的境界之中，顯現出大自然活潑自由的生機意趣，他的山水詩不僅畫面形象生動鮮明，而且不像謝靈運那樣完全著眼於形似的自然山水，他主要是追求一種傳神的人文山水藝術效果。

在幽靜清明悄無人聲的竹林深處彈琴、長嘯，唯有明月相

伴，他寫下了〈竹里館〉:「獨坐幽篁裡，彈琴復長嘯，深林人不知，明月來相照。」的幽絕佳句，這個幽絕的情況，正是詩人苦苦追求的生命之源，他將「寓靜於動」的手法在此詩中發揮得淋漓盡致，彈琴長嘯，而無俗人、俗事干擾，琴聲、嘯聲襯托幽篁靜寂；月光灑落加深寂寥之氣，不正是唐朝繼承屈騷所開創的浪漫主義傳統之詩仙李白〈月下獨酌〉:「花間一壺酒，獨酌無相親，舉杯邀明月，對影成三人。」的「熱鬧」實則孤單寥落的場面嗎？兩位同年出生的仙佛二人有同樣的「靜」界，王維以「寂中有動，動中有寂，動靜相間，動靜融合」的詩境來闡釋生命，心悟活禪，作源頭之活水，去方寸之毒龍，轉死寂為靈動，化須臾為永恆，品悟咸亨之理，乾坤不息之機，皆深蘊其中，詩人觀物時完全認同自然，已成為自然界現象的本身，畫出「象外之象、景外之景。」天人合一之境，大自然之美，是王維終其一生追求的境界。

第六節　象徵之美

從中國古代神話、早期宗教，可以發現人們很早就利用象徵與比擬，以這些手法來表達自己的一些思想與願望，孔子以「仁者樂山，知者樂水。」的山水來比擬人格仁智，所以自古以來受到儒家思想影響的中國人，園林藝術中使用最多的手法也不外乎此象徵與比擬，在各式園林中常見挖池堆山，一則表現人們對自然環境的喜愛，一則也帶有仁者、智者的神聖色彩；秦始皇派徐福率領五千童男童女，遠赴海上仙山，尋長生不老藥無得而未返，秦始皇以降，帝王們遂在咸陽引渭水作池，以人工堆築蓬萊仙山求神仙降臨祈福，此種象徵蓬萊、方丈、瀛洲三座仙島神山的作

法，由秦漢、隋唐一直沿襲至明清，北京有北海瓊島；圓明園有福海「蓬島瑤臺」；頤和園昆明湖也出現三座小島，這些都是此一固有傳統的延續；松竹梅歲寒三友與蓮荷君子、王香蘭蕙加石五吉、六瑞，出現在繪畫和園林中，不僅以形象美化畫面與環境，且還以其所具備的人文象徵與內容陶冶人們的精神心靈。

　　王維的輞川營構，不論從詩、畫或山水本身，處處都有禪者的痕跡，是受後人肯定的。由於歲歷綿緲，時過境遷，〈輞川圖〉真跡早已不存，世間仿製品載之典籍者眾，其中舉舉較著者不外乎三，洪邁（1123～1202）是南宋著名文學家，在《容齋隨筆》裡記有他與藍田縣鹿苑寺主僧的一番對話，這對話記在〈輞川圖〉卷軸上：「鹿苑即王右丞輞川之第也。」是其一也；秦觀看過兩次且都題字的那幅〈輞川圖〉是其二，但以上兩者都不是現存故宮的這一幅〈輞川圖〉，故宮這幅〈輞川圖〉應該是明朝畫家仿北宋郭忠恕所畫之作，足見當時王維畫的〈輞川圖〉絕對不只是僅存一幅而已，王維好不容易找到一個自己滿意能夠參禪悟道又能夠就近侍奉母親的絕佳所在，作文、寫詩、畫畫，一張、一篇、一首、一幅不夠滿意，多畫幾幅，最後終能如實表現輞川佳境，當然會有不少幅作品問世。

　　其實這也是人之常情，中西許多畫家、書法家都一樣，好不容易找到一個令人滿意的題材，可以讓他在畫作世界自由揮灑馳騁想像力，絕對不會只畫一幅、只寫一本就停筆罷手，那樣太暴殄天物，就像書聖王羲之當年以鼠鬚筆、蠶繭紙酩酊大醉中寫成千古知名的〈蘭亭集序〉，內有數字圈點塗改，塗塗抹抹，醒後感覺不好，決定重寫數本，卻始終未能超越前書，遂有數本傳世，而以第一本為真跡；傳至七世孫智永和尚，為重振乃祖當年雄風，書寫了八百本〈千字文〉贈與江南各寺廟，造成退筆成塚，這才

打響了「書聖」名號，智永實在可說居功至偉，載之典籍；趙孟頫、文徵明也同樣寫了不知多少本篆、隸、楷、行、草《千字文》或其他書帖，西洋版畫家更是風光，隨便一幅版畫成品編號好幾百號，就像近代大陸旅美名版畫家丁紹光，版畫編號最少兩百五十號，還非常搶手，〈輞川圖〉多添幾幅，又何足怪？

　　王維的輞川詩、畫處處禪機，已達莊子喪我、忘我的最高境界，而與天地自然冥然合一，無怪乎王維擁有「詩佛」的尊號，但是王維早年還沒有以自然景物展示真如宇宙的表現，王維早年奉佛，其母師事大照禪師三十餘年，中國佛教禪宗固然是王維主要的學習內涵，但他也兼容並蓄，兼修華嚴、淨土，他在佛經之淵、典籍之海當中早已悠遊多年，寫作也多為佛理詩、佛化詩、佛意詩，未能超脫字面之外，西諺亦云：「人生四十才開始」，四十歲之後，人生到了另一境界，心境、見解、看法也與四十歲之前大不相同，遂有另一種面目，隱隱中已達「不惑」之境界。

　　四十歲以後的中晚年，王維半官半隱輞川「中歲頗好道，晚家南山陲。」（　卷三〈終南別業〉）之後的作品他才漸漸有「對境無心，不生是非，不起憂樂，不染塵念。」的種種體現。王維的輞川「輞水淪漣，與月上下。」[20]又佈置輞川二十景，一一入詩，一如《華嚴經》云：「二十佛剎微塵數世界圍繞，純一清淨。」令人不禁興起他的輞川營構與禪佛世界應該相關的聯想，王維的輞川營構，必定也是出於他展讀《華嚴經》以後所得到的靈感，否則他不會如此恰恰好，就佈置二十個景點，一個不多，一個不少，輞川二十景象徵華藏二十佛剎微塵世界，有如佛國淨土般，予人無限感悟與聯想，也帶有廣闊無邊的象徵。

---

20 見趙殿成箋註：《王右丞集箋註》（臺北：河洛圖書出版社　民國64年），〈山中與裴秀才迪書〉卷十八，頁332。

　　王維以降的水墨山水畫，富含人生修養之至理，故後人每謂：「畫中唯山水義理深而意趣無窮」，無論登山、臨水、聽濤、觀瀑、賞雲、看靄、品梅、鑑雪、採菊，何者不是帶給詩人無限聯想與象徵？樣樣無不妙趣繁多，是以有「文人之筆山水常多」之說，這些符合樂山樂水的意義，都屬抽象部分，都是象徵和比擬手法，屬山水「形而上」的部分。

　　《輞川集》的創作時間，約當唐玄宗開元中葉到天寶年間，是安史之亂以前完成的作品，當時他心平氣和，溫文儒雅，詩中寓禪、道思想，靈性閃爍，生機盎然，是一組對大自然充分讚賞的詠歎。若是等到安史亂起，兵荒馬亂，連皇帝都逃難猶恐不及，人人身家性命難保，哪有可能各個都能像謝安那樣有涵養，強自鎮定登山臨水？

　　很多人以《輞川集》絕句對照故宮現存應爲後人仿郭忠恕所臨的〈輞川圖〉，或者是對照《關中勝跡圖志》，大自然景物在他的詩中處處流露出許多似有若無的禪光佛影，結構編織成一處空靈、寂靜的世界，王維早年寫的自然詩多屬具象清楚明白的作品，中年以後，他才開始在靈感閃爍時逐漸產生抽象帶有禪意的自然詩。《輞川集》二十首係他以遮撥手段爲其藝術傳達特徵的典型之作，善於用象徵、比喻作言外之意的啓示，是先有禪悟，再由禪悟引向意境體驗的山水詩作，詩中可以清楚見到他爲臻於禪悅境界，直接藉用的遮撥手段，「適然」、「非有非無」或者「非非有非非無」，都可充分對王維的「輞川別業」，了解其當年的大概情況。

　　文人畫很重要的原則是「省筆」、「減化」，雜亂無章的東西在文人畫裡絕不會出現，文人畫將很多院畫家寫實表現的東西全都單純化、理想化、秩序化、自然化、象徵化，從表面看來，《輞川集》詩描繪的是精美絕倫的輞川勝景，山水詩畫實質已成爲個

人思想的投射，成為人格的隱喻和象徵，許多後世文人對於山水的表現慾望幾近乎狂熱，對於山水畫更是推崇備至，細細品味，原來詩人採用的是象徵技巧。

「梅蘭竹菊」這四君子在屈原《離騷》中已是美好品德的象徵，象徵其人高蹈不薄，王維輞川便有種滿竹子的竹里館，他還在那裡彈琴長嘯修道煉氣，並藉著其具實體感覺的山石描繪，將心中的隱居地給具象化、象徵化，使輞川隱居之地彷彿真實可觸，當然讓後人想要避禍隱居也在這個園林、山水圖中便可達成可遊、可居、可行、可望的心願，首創禪意入詩，成為具有豐富意涵及音樂性之文本的《輞川集》，思想深刻、境界深廣，而其深刻又是透過文學高度具象化與象徵化，加以表現實現眾人的共同隱居心願，此集雖然文字簡潔，文思卻交迸如春塢花鳥，繽紛蕩漾，遂使「詩佛」在歷史洪流中始終盛名不墜。

由時間的今昔，空間的遷移，與人事新舊的代謝，輞川二十景因而織入存在的許多思考，與王維得自禪佛的獨特幽絕視野，表面是輞川山水，實際卻含融著王維對無常、無我，以及生滅世界的種種觀照與象徵，這些觀照裡面包含了王維對人生如寄如夢的無邊感受、人際關係的變遷、人事變化的生滅、人生幾何的慨嘆、緣起緣落的各種感傷，無一不在詩中以化身象徵方式出現。

《華嚴經》以博大精深為本，純係佛理；王維以幽深凝鍊居宗，以詩參禪。他以輞川山水譜成《輞川集》，本沙門之勝境，制方寸之毒龍。[21]故《華嚴經》重義理，王維悟禪境，輞川秦川，粲呈於圖上；真諦俗諦，交美於詩中，所謂「七寶樓臺，極物外

---

21 同注 20，（過香積寺）：「不知香積寺，數里入雲峰。古木無人徑，深山何處鐘？泉聲咽危石，日色冷青松。薄暮空潭曲，安禪制毒龍。」見趙殿成：《王右丞集箋注》，頁 131。

之清趣；九天閶闔，添句中之幽情。」爲《輞川集》最好之詮釋。

第七節　禪靜之美

　　一般人皆認同王維兼具佛道思想，卻忽略他也兼容儒家、屈
騷之美，王維有些《輞川集》中的詩文，只帶隻言片字的佛典經
語，像〈辛夷塢〉：「澗戶寂無人，紛紛開且落。」那開時之「生」，
落時之「滅」，事理明確，合乎自然，他僅用一個「寂」字便涵蓋
了一切空寂之相，雖不用「生滅」二字，仍然確切以開落表達了
「生滅」之相，這首詩被胡應麟看做是「清幽絕俗」、「入禪」之
作的絕佳代表，從表面看來此詩描繪的是精美絕倫的輞川勝景，
細細品味，原來詩人採用的是象徵技巧，以辛夷花喻人：人的生
命力與智慧正值顛峰時期，卻隨著歲月流逝紛紛衰老死亡，那山
中紅蕚辛夷花在生命力自然而然的催動之下，璀璨綻開神秘的蓓
蕾，雲蒸霞蔚點綴著寂寞的澗戶，隨著時間推移，紛紛揚揚走完
一年燦爛花期，向人間撒下片片落英繽紛，人也像那辛夷花一樣，
一樣默默開放，一樣默默凋零，王維仕宦過程並不順利，空有一
身本領，空有愛國情懷，蹭蹬半生，幾次歸隱山中，始終難以施
展抱負，似那辛夷花默默開放，默默凋零，非常平淡，極其自然，
既沒有生的快樂，也沒有死的悲哀，來自於塵土自然，又回歸自
然塵土，既沒有驚濤駭浪，也沒有幽戚怨怒，僅只是平平淡淡的
景物、素樸的色彩，面對花開花落，詩人既不樂其怒放，亦無傷
其凋零，彷彿忘掉自身榮辱悲喜，非空非有，亦空亦有，與自開
自落的辛夷花物我融一，神遇物化，形成天衣無縫的渾然空寂意
境，形成一個個圓滿自在、和諧空靈的境界，多麼靜謐空靈，「不

生不滅，如來異名。」這首〈辛夷塢〉充分表現「不悲生死，不詠寂滅。」的「無生」禪理，難怪乎胡應麟會說：

> 太白五言絕句，自是天仙口語，右丞卻入禪宗。如「人閒桂花落，夜靜春山空，月出驚山鳥，時鳴春澗中。」「木末芙蓉花，山中發紅萼。澗戶寂無人，紛紛開且落。」讀之身世兩忘，萬念皆寂。不謂聲律之中，有些妙詮。[22]

胡應麟說〈鳥鳴澗〉、〈辛夷塢〉這兩首詩「讀之身世兩忘，萬念皆寂。」真是見地清楚，詩中這些「空」、「寂」、「靜」等字眼在王維詩中實在俯拾即是，總計「空」字出現八十四次，頻率極高，平均五首一個，如五言的「夜坐空林寂，松風寂似秋。」「荒城自蕭索，萬里山河空。」「薄暮空潭曲，安禪制毒龍。」「深巷斜暉靜，閑門高柳疎。」「林中空寂舍，階下終南山。」或七言的「落落寂寂啼山鳥，楊柳青青渡水人。」「仙家未必能勝此，何事吹笙向碧空。」在這空無的「空山」有大、深、靜、淨、虛多重含意的「寂」、「靜」當中卻包含著無限的可能性，此山之空是人靜觀的結果，非從山的視覺得來大或深的感覺，真是別有洞天唯靜觀。

又如〈欒家瀨〉：「颯颯秋雨中，淺淺石溜瀉。跳波自相濺，白鷺驚復下。」寫的是在秋雨中欒家瀨瞬間發生的動人景色動態，秋雨颯颯，水溜奔瀉，白鷺跳波自濺，空中飛旋，表現的仍是「空山無人，水流花開。」的虛空寂靜境界，含蘊著「無常」、「無我」的理念，禪宗主張「對境觀心」，強調瞬間可成永恆，著重從動的現象去頓悟不動的靜本體，這個王維的「無生」觀念所帶來的靜謐空靈，是前無古人後無來者的佳作，不管是「禪進詩出」或是「詩進禪出」，他都是來去自如，雖非第一人，卻屬最重要之人，

22 見胡應麟《詩藪》內篇，卷六，（臺北：齊魯書社 民國86年版），頁122。

無怪稱為「詩佛」，美學大師宗白華就這樣說：

> 禪是動中的極靜，也是靜中的極動，寂而常照，照而常寂，動靜不二，尋求生命的本原。禪是中國人接觸佛教大乘義後，認識到自己心靈的深處，而發揮到哲學與藝術的境界。靜穆的觀照和飛躍的生命構成藝術的兩元，也是「禪」的心靈狀態。[23]

唐朝詩人韋應物聽到嘉陵江水奔騰：「水性自雲靜，石中本無聲。」（〈聽嘉陵江水聲寄深上人〉）更早領悟這種「動靜不二」的禪趣，因為寂照並非要將人的心靈引向死寂，中國傳統道家思維中就蘊含著陰與陽這一動一靜，「一生二，二生三，三生萬物。」產生虛實相生的種種表現手法，王維在動靜紛繁的音響世界裡，以動襯靜，以靜顯動，喧中求寂，寂中帶喧，表現出充滿禪意詩情的境界，難道不是道家的長生至理？

　　有些詩文中全不帶任何佛典經語，像〈木蘭柴〉「彩翠時分明，夕嵐無所處。」以剎那寫出永恆不變之理，展現色空世界的無盡妙藏，彩翠「生」在眼前，並「滅」在夕嵐殘照當中的生滅之機，何曾有任何一字沾染經典？其實摩詰早已將佛典、道書都完全混合融一，兼容並蓄，所以他的詩文當中其實佛道二者並存。

　　儘管如此，當王維若有所悟之後，根深蒂固的儒家觀念在他心中仍無法消除，「己欲立而立人，己欲達而達人。」既欲自悟，又想悟人，好東西會很想和好朋友分享，好感覺更不能隨便付諸東流，必將寫下而後快，這些己立己達的儒家思想往往自然流露篇中，意在言筌之外而不著痕跡，某些雲霞多變、月色清幽、水流無盡、花放自如的情景都讓他若有所悟，有所啟發，這千百種

---

23 見宗白華著：《美學與意境》（臺北：淑馨出版社，民國 78 年 4 月），頁 214-215。

植物香草芳蕙，都與《騷經》結下不解之緣，使他與屈儒千古神契，不自覺寫下雋永的詩篇，空間距離感和時間距離感，讓人產生滄海桑田感慨，何況一些更微妙的東西，從有到無，從無到有，以及佛家所云「色即是空，空即是色。」還有哀樂不形於色的道家思想，這些感受他全在詩中充分展現展現無遺，於是空空釋部、玄玄道流、立人達人、楚騷之情，一一與自然結合，維妙維肖。

具象的自然山水詩「見山是山，見水是水。」是王維的基本功，摩詰從少到老都有這種詩作；至於抽象帶有禪意「見山還是山，見水還是水。」則已全然意象化，成爲空靈的境界，是爲以《輞川集》爲代表的人文山水詩，則是他年過四十以後才逐漸產生的絕妙佳作，而且還必須是心靈悸動、靈感閃爍時才會產生，並非唾手可得，像禪僧最愛王維〈終南別業〉的「行到水窮處，坐看雲起時。」[24]意境空虛，與禪家南宗求寂、枯淡、蕭散極相同，他以作詩與繪畫方法展開絕頂的老境藝術世界，也是中國繪畫史上非常重要的思想。[25]

東西哲人都愛探討人生有若干階段，各家哲人的劃分辦法各自不同，西方也有類似王維的心境，僅臚列一二：丹麥哲學家齊克果將人生分爲審美階段、道德階段和宗教階段三個階段；德國哲學家尼采則認爲人生有合群時期、沙漠時期和創造三個時期。合群時期，自我尙未甦醒，個體隱沒在群體之中；沙漠時期，自我意識覺醒，開始在寂寞中思索；創造時期，通過個人獨特的文化創造而趨於永恆之境。

在中國古代的禪宗、詩學、美學諸領域，也有好些關於人生

24 同注 20，趙殿成箋註：《王右丞集箋註》，頁 35。
25 見崔炳植著：《中韓南宗繪畫之研究》（臺北：文史哲出版社 民國 71 年版），頁 35。

境界的妙論，宋代禪宗將修行分為三個境界，第一境界是韋應物〈寄全椒山中道士〉所謂：「落葉滿空山，何處尋芳跡。」第二境界是蘇軾〈羅漢贊〉所謂：「空山無人，水流花開。」第三個境界是天柱崇慧禪師詩偈所謂：「萬古長空，一朝風月。」三個境界中都有「空」字，三個境界就是對「空」的三種不同理解。第一境界中的「尋」，表明人向上天追問自身起源，追問所謂「我是誰？我從哪裡來？我到哪裡去？」這三個千古難題；第二境界中的「無」，表明人已經從自然中剝離出來，與外在的「水流花開」自成一獨立世界；而第三境界中的「萬古」與「一朝」的融合同一，說明人對有限時空的超越，經過「否定之否定」後，負負得正，終於達到天人合一之境。

受禪宗思想的影響，南宋詩論家嚴羽則在《滄浪詩話》中，提出學詩的三節：「其初不識好惡，連篇累牘，肆筆而成；既識羞愧，始生畏縮，成之極難；及至透徹，則七縱八橫，信手拈來，頭頭是道矣。」[26]就詩人的主體而言，早年肆意為詩，心靈最初是自由自在的，不辨美醜，處於童貞狀態，許多感觸提筆書之，漫無章法；當認識到寫詩的規矩和成法之後，就陷入束縛和綑綁之中，寫起詩來，瞻前顧後，顧忌一堆；最後擺脫一切外在的桎梏，獲得了主體與客體的契合，也獲得了真正的、純粹的自由，這時寫作詩文，方能「行住坐臥，無非是道，縱橫自在，無非是法。」誠如蘇軾寫文章一般行雲流水似的流暢。

嚴羽之後，詩人潘德輿又云：「詩有三境，學詩亦有三境。先取清通，次宜警煉，終尚自然，詩之三境也。」潘氏是在說詩，其實這三境何嘗不是在說人生呢？人生到了逍遙自在，無欲無

---

26 見（宋）‧嚴羽著：《詩話叢刊‧滄浪詩話》輯錄於《詩話叢刊》（臺北：弘道文化事業有限公司　民國60年版）頁628。

求，反璞歸真的時候，就是一朵「出淤泥而不染」的荷花。

　　依照禪宗的說法，人生其實還有「寫三關」三層境界，第一層境界用眼睛直接觀察、反射，最容易做到，一曰初關，即「見山是山、見水是水」[27]，許多事眼見爲憑，耳聽是實，但人常常忽略了人生中有許多事情無法從表面上得知的；第二層次是重關，「見山不是山、見水不是水。」與《莊子》的「庖丁解牛」異曲同工，對許多事情知道要用另一方的角度去了解去感受，雖然比第一境界多了幾分公允，但也常因爲總是站在與人相反的角度而一樣會在天平上失衡；最後一個層次曰牢關，「見山依然是山，見水依然是水。」功行純熟，動靜一如，事理無礙，煩惱即菩提，菩提即煩惱，因爲佛性虛空廣大，含融一切淨土妙色，其實許多事情反覆從多種角度來思考、體會、觀察，會發現事物之於人們正如同觀音之眾生法相並無一定面貌，人所看到、聽到、感受到的人事物，會因爲個人不同的人生經驗、不同的知識判斷，而呈現出那原該屬於你的風貌，山依舊是山、水依舊是水，好山好水往往取決於觀物者本身思維感覺，並不在於山水的本身有何好壞。

　　最終將禪學、詩學與人生哲學三者融會貫通，鑄爲一體的巨

---

27 見《青原惟信禪師語錄》：「老僧三十年前來參禪時，見山是山，見水是水；及至後來親見知識，有個入處，見山不是山，見水不是水；而今得個休歇處，依然見山祇是山，見水祇是水。」修行中，山是山、水是水，執色者泥色。人生的道路或執有爲無，不知其然，不爲物役，不以己非，山非山、水非水。一旦峰迴路轉，通透實相，直觀返照，一切平常無奇，但卻深沉不已，生命的大美，直透理趣，非徹悟者不能言傳。禪師第一次走出見山是山、見水是水，外界物象與感官感覺組成的印象吻合，此時觀物之心未哲理思考；當印象與禪師的審美情趣及情感交融，觀物之心思考、理智，山水被概括進概念、判斷，重現大腦「見山不是山，見水不是水」。　第二次見山是山、見水是水，在禪師對自然景物的感悟即物即真，作肯定性的認可，已否定語言概念重新回到自然景物最初物象之中，這山這水已蘊禪師的性感、哲理與聯想，雖與第一次所見表面上相去似乎不遠，實質卻不能等量齊觀。禪宗將此種由感官形象到借助聯想，最後離形象而成蘊含情感與理智的意象稱之「寫三關」，見山是山見水是水已全然意象化，成爲空靈的境界。

匠，是晚清民初的一代宗師王國維。王氏在《人間詞話》中說：「古今之成大事業、大學問者，罔不經過三種之境界：『昨夜西風凋碧樹。獨上高樓，望盡天涯路。』此第一境界也。『衣帶漸寬終不悔，為伊消得人憔悴。』此第二境界也。」並引宋代詞人辛棄疾〈青玉案〉最後一段為引喻：「『眾裡尋他千百度，驀然迴首，那人卻在燈火闌珊處。』此第三境界也。此等語皆非大詞人不能道。」來比喻人們追尋理想時經歷的千辛萬苦，實不足為外人道也，接獲成功訊息時的欣喜莫名，正像詩聖杜甫「卻看妻子愁何在？漫卷詩書喜欲狂。」那樣，若非自己親身一一經歷，誰能明白個中酸楚？辛棄疾〈醜奴兒〉寫：「如今識得愁滋味，卻道天涼好個秋！」的那種向誰說能瞭解自己心中愁悶滋味的酸甜苦辣呢？

在各項文學藝術的創作過程當中，文學藝術家的追尋，何嘗不是如此？當作品在創作之前的醞釀、構思、想像，即是必須源自創作者內心深處的悸動，創作者也找尋他理想中的意象或造形、思維、詞句、音符，期盼意象的形成或造形的構築，在想像中能如同花朵綻放般地歡欣啟開。藝術的創作，源自心靈最深最細的底層，卻有如浩瀚的宇宙，當內心悸動時，尋尋覓覓的過程，直如墮入五里濃霧之中；而在追尋的過程當中，文人的靈感往往得自於剎那之間，適時抓住那稍縱即逝、電光石火的一瞬，借筆化瞬間為永恆，齊克果、尼采固然如此，王國維、嚴羽也不例外，禪宗於剎那之間得其勝諦，潘德輿也在瞬頃之際得其妙蘊，畢竟心靈的悸動也不是隨時、隨意就會輕鬆產生的，還要看自己的天分與努力，有些時候還須有機緣巧配，這些成功條件缺一不可。

要補充一點的是，很多人強調王維佛道兼容之美，卻很少人強調王維詩中的儒家系統、屈騷系統，其實王維深具儒家忠愛思想，受到屈原時代背景的啟發，也多得不勝枚舉，他的詩集當中

有九首楚辭體的詩作；他會寫楚辭體的應制詩〈奉和聖製天長節賜宰臣歌應制〉；也有其他作品，像〈登樓歌〉、〈雙黃鵠歌送別〉、〈贈徐中書望終南山歌〉、〈送友人歸山歌二首〉、〈魚山神女祠歌二首〉、〈白黿渦〉都是楚辭體。王維會開發辛夷塢、木蘭柴、椒園這幾處景色，絕對是受到屈原精神感召的結果，《文心雕龍·辯騷篇》贊曰：「不有屈原，豈見離騷。驚才風逸，壯志煙高。山川無極，情理實勞，金相玉式，艷溢錙毫。」[28]屈原在《楚辭·離騷》裡面有「朝搴毗之木蘭兮」、「雜申椒與菌桂兮」，李善注《文選》說到：「木蘭去皮不死，……以喻讒人雖欲困己，己受天性，終不可變易。椒，香木，其芳小重之乃香菌。」又說要：「朝飲木蘭之墜露兮」[29]《楚辭·九歌·東皇太一》有「奠桂酒兮椒漿」〈湘夫人〉有：「播芳椒兮成堂……辛夷楣兮藥房。」[30]王維籌畫輞川園當時一定非常高興，園裡有許多《楚辭》所提到的多年生木本植物，且已蔚然成林，當時他可能還很以自己與《楚辭》情境相比擬。但別忘了他始終受到儒家的薰陶，詩中陽關疊唱、沙塞煙塵，每飯不忘其君，片言胥關社稷，都是儒家忠愛思想的體現。

　　沒想到，前半生英明一世，擁有「開元之治」的唐玄宗，中年後竟耽於逸樂，誤以為得天之寶，誰知天上掉的寶貝從來就沒帶給人好下場，局勢急轉直下，天寶十五年（756），備受寵信的安祿山攻陷長安，王維腦中的忠愛，屈原的悲傷，及兵馬倥傯之際，未能跟隨玄宗駕幸入蜀，僅在凝碧池邊感慨成詩，當時他心中一定充滿類似《離騷》的心痛，及儒家忠君的愧怍，懊惱自己

---

28 見（梁）劉勰著，王師更生注譯：《文心雕龍讀本》（臺北：文史哲出版社，民國88年初版七刷，上篇，頁67。
29 見梁·昭明太子蕭統編：《文選》（臺北：藝文印書館　民國61年9月6版），頁465。
30 同注29，梁·蕭統著：《文選》，頁475。

不在百位有幸入蜀官員之列，歷史上第一位儒釋道屈（騷）四者合一、兼容並蓄、集其大成的文學家，終其一生，心中潛藏著一股永恆之痛。

第八章　王維詩畫對後世之影響

　　唐朝自然詩派的詩人風行模仿陶詩，此風起於王維兩度改寫〈桃源行〉，王維學陶最成功的是將陶詩的平淡與個人的技巧融為一體，他來自本身功力的「淡遠微妙」，影響後人至巨。盛唐當時詩人眾多，後世號稱「仙聖佛」的杜甫、李白和王維可說是盛唐開元、天寶年間表現最亮麗者，將詩歌發展帶到巔峰狀態的是杜甫，他推陳出新的創作成績超過同時代任何作家，但杜甫當時並未受人重視[1]，清朝徐增《徐而菴詩話》有云：「詩總不離乎才也，有天才，有地才，有人才，吾於天才得李太白，於地才得杜子美，於人才得王摩詰。」[2]李白和王維可說是盛唐開元、天寶年間最負盛名的詩人，然而李白純屬天才，才華橫溢，又往往不守詩律，值得欣慕，卻無法模仿；王維和李白同年，卻以技巧取勝，在當時後輩詩人心目當中，王維是值得追隨模仿的對象，也是對唐朝後輩詩人當中最具影響者，活躍在大歷詩壇（西元 766 到 779 年）的詩人作品當中，處處可見王維的詩風餘緒，如「五言長城」劉長卿、「大歷十才子」錢起等，年輕時都在京城和王維交往酬唱過，後來他們的詩篇、措辭、造句，處處地方都流露模仿王維的痕跡，若寫山水，也盡量模仿王維呈現畫意，極力想表現沖淡閑遠的田

---

[1] 中唐以後，元稹、白居易、韓愈是最早給杜詩較高評價的時人。
[2] （清）徐增著：《徐而菴詩話》輯錄在《詩話叢刊》（臺北：弘道文化事業有限公司　民國 60 年版），頁 1077。

園情趣，只是這些後起之秀往往重視山水景物本身的刻畫，無法真正學到王維晚年淡墨點染呈現山水的功夫，只有較晚期的韋應物（737～791）抒寫與田園情趣合流的山水詩最爲成功，柳宗元在唐朝尙僅以古文名家，一直到蘇東坡稱「李、杜之後，詩人繼作，雖間有遠韻，而才不逮意。獨韋應物、柳宗元發纖穠於簡古，寄至味於淡泊，非餘子所及。」[3]才正式確立柳宗元在山水自然詩歌上的地位，從此「王、孟、韋、柳」歸爲山水詩與田園情趣合流的「宗派」，且「韋柳」並稱，成爲傳統詩論家的公論，蔚爲風氣，千餘年來的歷代詩人名家受王維影響者多得不勝枚舉，幾乎各個作詩名家均有山水、田園佳作，他們雖未必如王維一般詩畫俱佳，卻也都盡量讓詩中畫意盎然，詩中也均能充分流露享受恬淡自適的情趣，吟詠些王孟餘音，山水詩畫俱佳者亦所在多有，本文重點敘述王維對畫的影響。

第一節　流遠於張璪

　　唐朝以前的山水畫，理論多於實際，王維以實際行動付諸筆墨，日日徜徉於濃淡筆墨山水間，《中國山水畫美學研究》朱玄說：

> 至摩詰以詩境入畫，超凡脫塵，設想高妙，展拓畫境，爲繪畫創造新生命。[4]

王維一變山水畫風，爲後人開拓新領域之後，中晚唐許多人起而效法，風氣大開，將六朝以前人對山水畫的不少理論逐一賦予實

---

3 見蘇軾著：《蘇東坡集》後集卷九，（上海：商務印書館《萬有文庫》，民國26 年），冊八，頁 22。
4 見朱玄著：《中國山水畫美學研究》（臺北：臺灣學生書局，民國 86 年八月初版），頁 42。

現，當時畫者多爲有學問之人，因爲我國向爲農業社會，社會上士農工商的界線分得一清二楚，古代人認爲能夠執筆善畫者莫非有學問者，種田人士對之特別尊重，所以張彥遠在《歷代名畫錄》中有云：「自古善畫者，莫匪衣冠貴胄，逸士高人。……非閭閻鄙賤之所能爲也。」張彥遠的說法很明顯就將善畫者分成兩大類：一則爲衣冠貴胄；一則爲逸士高人，他們都不需要像閭閻鄙賤之人需爲衣食煩心，前者有人爲之煩心；後者則不以惡衣惡食爲恥，這兩類統稱爲「士大夫」，他們所持的審美觀，是「士大夫審美觀」，他們畫出來的畫，是有別於閭閻鄙賤之人所畫出來的通俗畫，而在明朝中葉以前，常用士人畫、士夫畫與士大夫畫等詞義相同的名詞來稱呼，於是文人畫的基石越來越穩固。

　　王維歿後，吳郡人張璪首傳摩詰畫，璪字文通，官檢校祠部員外郎，鹽鐵判官，坐事歷貶衡忠二州司馬，工樹石山水，宋朝郭若虛《圖畫見聞錄・故事拾遺・張璪》「唐張璪畫松，……特出意象，能手握雙管，一時齊下，一爲生枝，一爲枯榦。」此即是爲「雙管齊下」成語之由來。張璪自撰〈繪鏡〉一篇，談及繪畫要訣有「外師造化，中得心源。」之語，此名言對於後世繪畫理論有很深的影響，就是「寫大地山川風物，發揮一己性靈。」之意，即天人合一之高論，真是說盡作畫三昧，將作畫時最難掌控的神韻氣勢把握得絲毫不差，他的畫能畫出松石雲水的鱗皴，巉巖湛湛，神與物化，得心應手，明朝朱景玄《唐朝名畫錄》有「觀夫張公之藝，非畫也，真道也。」的感嘆，給予他最高的評價與地位，說明作畫時爲作者人格思想的具體表現，將造化與作家融爲一體，既非囫圇寫實，一體具納；又非閉目瞑心，純屬臆造，藝術至此已非汎汎技巧，全臻高超神化境界，璪更首傳指頭畫法，後世有明末傅青主、清朝高其佩，均以指畫名家傳名。

　　中唐張璪以後的王洽，一作王默（？～825年），生平不詳，特開潑墨之法，因善畫潑墨山水，人稱「王墨」，瘋癲酒狂，放縱江湖之間的他，每畫必先飲至醺酣之際，以墨潑灑在絹素之上，墨色或濃或淡，不見筆墨蹊徑，變化萬千，縹緲山水至此已無復拘謹之跡，筆已不論，手腳均可作筆用，純任畫家個性，信手揮灑，均成傑作，為摩詰破墨別派，山水畫至此再變，墨華淋漓，煙雲滿紙，山石濃淡，雲水自如，形狀隨化，雲霞風雨，宛若神巧，但後人並不知其實王洽早年受筆法於鄭虔，精熟至極，始為放縱，不知其然者，隨意執筆，效其放縱，結果無不成為滿紙糊塗，是團團濃墨的墨豬，宋朝米芾父子祖述王洽的潑墨，而折衷於規矩之中，已較王洽有法度可循，祇是別成蹊徑，於是成為米點、米氏雲山，後世學米氏雲山者甚多，很多後人畫中均可見米氏雲山、米點的縹緲迷濛，唐朝王洽潑墨反而流傳不廣。

第二節　薪傳於荊關

　　王維的水墨山水繪畫風格在唐朝一直評價平平，因為非青綠濃豔的李思訓、李昭道父子一派的山水，無法盡態極妍地表現大唐氣象，到了唐末五代亂世紛擾，國勢大不如前，大唐氣象已悄然消逝，能夠表露心境嚮往的水墨山水意境，充分傳達遁俗避世的摩詰式心態，終於機緣成熟，摩詰作品遂受到很多人青睞，歷史重演，像陶淵明被摩詰發現一樣，摩詰作品風格也終被後人認可，進而發揚光大。

　　荊浩，字浩然，唐末隱居太行山洪谷，自號洪谷子，深深感受崇山峻嶺的壯美景色，於是囊括唐朝王維一路下來用筆用墨的

經驗，開創描寫大山大水豪邁氣息爲特點的北方山水畫派，爲松寫照，「數萬本方如其真」之語，實可爲後人楷模，足以啟發後人必需加倍努力基本功方可。

臺北故宮博物院藏有〈匡盧圖〉，雜有高遠與平遠二法，比起王維〈輞川圖〉已大有進步，變王維、張璪諸家淡逸平遠而爲高古雄渾風格，獨創皴、擦、點、染有筆有墨畫法，荊浩著有〈畫記〉、〈筆法記〉、〈山水訣〉諸畫論，強調作畫必需把物的形象、美感、性情、精神完全表現出來，方能得物之真，方能傳神，特別提出「作畫必畫出物像之原，度物象形而取其真。」的理論，以及氣、韻、思、景、筆、墨等「六要」，將山水畫理論與實見提高至另一新階段，元朝湯垕《古今畫鑑》謂：「荊浩山水爲唐末之冠」，足見後人對其推崇之高。

後梁到宋初的長安關仝，早年師法荊浩，晚年有出藍之譽，筆力過之，臺北故宮博物院藏有他的傳世作品〈關山行旅圖〉與〈山溪待渡圖〉這兩幅畫作均爲主山堂堂中間放的壯麗景致，極具時代特色，突出山川雄壯以彰顯襯托人物的和平氣息，俗稱「關家山水」，均爲北宋以前山水畫風，秋山寒林，村居野渡，幽人逸士，氣勢磅礡，筆法古勁，宋劉道醇《五代名畫補遺》列荊浩、關仝山水爲神品，後周末年至北宋初年號稱「神仙中人」的山水界畫名家郭忠恕曾從學於關仝，在他仿摩詰的〈輞川圖〉中所繪畫棟雕樑輞口莊即可看出他名著一時的界畫功力。

位在江南的南唐有董源爲南唐著名山水畫家，中主李璟時，任北苑（畫院）副使，世稱董北苑，他畫山水多爲江南秀麗景色：

> 草木豐茂，秀潤多姿，雲霧顯晦，峰巒出沒，充滿生意。
> 人們往往用 "平淡天真" 形容他的風格。董源用筆細長圓潤，被稱爲 "披麻皴" 亦時用點子描繪鬱茂的叢樹苔草。

北宋人指出他的藝術淵源時說：「水墨類王維，著色如李思訓。」[5]

山水畫原先多數畫的是北方山水，與董源同時期活動的畫家荊浩、關仝都是北方人，董源以後，山水畫出現南方秀麗景色，說他：「水墨類王維，著色如李思訓。」的是郭若虛《圖畫見聞誌》，元湯垕《畫鑒》也說：「董源山水有二種：一樣水墨礬頭，疏林遠樹，平遠幽深，山石作麻皮皴；一樣著色，皴文甚少，用色穠古，人物多用紅青衣，人面亦用粉素者，二種皆佳作也。」董源的畫自創一格，墨氣蒼鬱，草深樹密，最宜麻皮皴，墨點描寫漫山遍野小樹，以苔點「點子皴」代表小樹，近看一片墨點，遠看物像畢露，涇渭分明，實為江南水鄉澤國空氣濕潤，造成迷離閃爍感覺所致，清潤蒼厚，一說是宋朝米芾父子米家雲山「米點」所從出，臺北故宮博物院藏有董源畫的〈龍袖驕民圖〉，董其昌題為〈龍宿郊民圖〉，其畫為：

> 意趣高古，兼師王維水墨畫法與李思訓青綠山水，融合兩家之法渾為一體，創出樹石幽潤、峰巒深秀、淡墨輕嵐之江南畫派。[6]

董北苑因為久居江南人文、山水、藝術薈萃之地，所畫江南畫派山水煙雲竹樹之色，皆江南真景色，長皴淡染寫出蒼茫荒率之境，山頂暴露之岩石礬頭，均用淡墨，疏林遠樹，平淡幽深，設色淺絳，是後世淺絳山水之由來，後世水墨山水朦朧闊遠、雲樹蒼茫之境，均受董北苑的影響。

江寧僧人巨然受業於董源，隨後主李煜歸宋，居停於汴京開

---

5 見楊仁愷主編：《中國書畫》，薛永年、楊心、楊臣彬、穆益琴、單國強等編撰，（上海：上海古籍出版社，民國79年出版），頁104-105。
6 同注4，朱玄著：《中國山水畫美學研究》，頁58。

寶寺，工畫山水，嵐氣清潤，積墨幽深，世稱「董巨」，畫風莊重
樸實，不尚纖巧，善描繪林木蔥籠鬱勃，山嵐水氣氤氳，臺北故
宮收藏〈秋山問道圖〉最爲有名，圖中央二人盤膝問道，道亦是
道路，畫中道路縈迴，千回百折，爲畫史上所稱巨然特色之一，
山巒礬頭累累，加上長條狀披拂交錯的披麻皴法構成所謂「南方」
的皴法代表，與北方斧劈皴遙遙相對，剛柔異趣，土石有別，南
北殊分，著實有趣，還有許多濃墨灑落的苔點遍佈全幅，藝術行
家謂之爲「瓜子點」，較引人探討，其他畫面則是全畫淡墨清嵐，
「荊關董巨」這些作品都是超過一千年的山水畫，都可以看到王
維的顯著影響，實在令人興奮莫名，南宗畫派，以王維爲主，紹
述宗傳的關鍵人物，實爲巨師，元明大家如王蒙、吳鎮、沈周等
無人能出其範疇，中國山水畫經過長時期的孕育成長，到唐末五
代完全成熟，北宋時期朝向廣度與深度發展，其勢更是方興未艾。

第三節　風靡於兩宋

　　宋代帝王尊儒尚學，政治重文抑武，官制鼓勵讀書，又有進
步的印刷術與出版業爲讀書和著述提供了大大優於前代的條件，
學術、藝術普及的程度都大大超越前代，宋代君臣的重古好學超
逸往昔，進行祭典時復古禮樂，古代器物相繼出土，奠立金石器
物學的基礎，連帶也使其他學術、藝術都跟著發達出色。宋朝繪
畫功用與古代完全改觀，講究意境、趣味，漢唐以來所要求繪畫
要輔佐推行政教推行的情形在宋朝幾乎完全絕跡，從此以後，山
水、花鳥不再只是人物畫、道釋畫的畫中附庸，原本獨霸中國數
千年畫壇的人物、臺閣，反而成爲山水畫的點景附屬品，真是情

何以堪。

　　得自儒、釋、道三家思想，所形成具有豐厚根柢的文化資產，在在都引導宋人偏愛哲思理趣，屈騷系統影響宋朝讀書人書法尚意，上自皇帝官僚，下至各級官吏士紳，形成一個極具文化教養且牢不可破的文化階層。宋人特愛沈思默想、論古鑑今，孜孜矻矻地探討宇宙、自然、社會、歷史和人生的大道理，儒釋道三家合一的脈絡雖自六朝顧愷之、唐朝王維一脈相承，卻始終無專有名稱──「理學」，經「北宋五子」之首的周敦頤提出正名之後，各大理學家大肆宣揚此一影響中國人深遠的主張，因此形成宋朝讀書人與仕宦階層的質樸篤實特質，從而有別於兩漢及盛唐風格，推展到藝術方面，以山水畫、宋瓷為此特質發展出來的具體代表，兩者都跟宋朝的文學主張一樣，具有平淡、平實、平易近人的特色。由於宋朝人對大自然的研究和科技的運用都較前朝發展精進，新獨立畫科不久的山水、花鳥因此大大興盛於宋，山水、花鳥往往均能窮天地四時之奧理，便是宋朝人質樸篤實特質的具體表現，原本是畫壇主流的道釋畫、人物畫，至此不得不與山水、花鳥成為三分天下之勢，而三者同樣均反映宋人新的豐厚寫實能力，宋朝人處處地方都爭強好勝，不肯輕易讓輝煌燦爛的唐朝專美於前。

　　以詩情入畫雖並非自北宋開始，但作為一種更高的審美理想與藝術趣味的自覺提倡，以及對畫品的提昇，卻要從此算起，宋代藝術以「韻」為高，亦即「備眾善而自韜晦，行於簡易閒澹之中，而具深遠無窮之味。」所以要「體兼眾妙，不露鋒芒。」能「曲盡法度而妙在法外，其韻自遠。」宋代作品往往既有高妙的技術，卻又蘊藏在典贍、安靜、純樸的天然外貌下，像宋代官窯、汝窯、哥窯、定窯、鈞窯等五大名窯瓷器和漆器的製作，便充分

體現著這種美學要求，宋代書法、繪畫更是這種美學的最佳詮釋。書法以行書成就最顯著，尙意趣的表達在繪畫上，便以尙樸素的水墨山水與李公麟流暢細膩的白描人物畫法獨樹一幟，不再像唐朝那樣，大規模營造寺觀、畫著色鮮豔的道釋畫，對王維畫特別推崇的蘇東坡甚至說句發人深省的話：「即使吳道子亦應視爲畫工。」[7]因爲吳道子象徵職業畫家，經歷數百年創造發展之後，這些宋代職業畫家只要仰仗粉本，即可毫無創造性地在寺觀壁上畫出拙劣俗豔的壁畫，蘇東坡等文人對此情況深表不滿，文人畫壇遂有非常重視寫意性之趨勢，自唐朝以來，社會普遍盛行由職業畫工製作的道釋人物畫，明顯已被畫壇唾棄，連青綠山水亦受波及，盛行王維這種富含文人氣息之水墨山水。

　　北宋初期由宮廷主導的繪畫活動十分興盛，宋太祖已設置臨時性的畫院；太宗則於 984 年正式建立「翰林圖畫院」，吸收西蜀、南唐等地優秀的宮廷畫家，並訪求民間畫藝精湛的畫師，這些畫家匯集于北宋皇家畫院，促進不同地區、不同流派的藝術家相互交流、學習，北宋中期以後，宮廷書、畫院的制度逐漸完善，官方贊助的書法和繪畫藝術活動也日漸達到高峰。

　　山水畫家的地域色彩原本十分鮮明，江南、華北自然地貌不同，風物色彩分明，表現當然一目了然，延續五代荊、關華北畫風的李成、范寬及燕文貴，成爲多數院畫家遵循的典範；而代表江南畫派的巨然，曾受邀在北宋翰林學士院的殿堂繪製〈煙嵐曉景〉壁畫，後來，代表李成派山水的郭熙也以集大成的姿態，運用變化的筆墨技巧和大氣氤氳法，詮釋大宋帝國山水形象。

　　經過多年發展之後，藝壇開始蘊釀由蘇軾這些士大夫階層所

---

7 見何恭上主編：《中國美術史》馮振凱撰述（臺北：藝術圖書公司，民國 69 年再版），頁 82。

主導、影響深遠的藝術變革，這種變革不僅限於一個面向，文學主張「平簡質樸」，連帶書法、繪畫都有相同趨勢，東坡主張「我書意造本無法，點畫信手煩推求。」又說：「天真爛漫是吾師。」到了十一世紀中、晚期，這種「書法是藝術家個性的反映」的觀點已經深植人心，書法的發展漸漸擺脫東晉以來的二王書法傳統以及貴族氣質的表現欲求，轉而追求個人的獨特風格與文人氣息的結合。在北宋四大書法家 —— 蘇軾、黃庭堅、米芾和蔡襄的努力實踐下，書法深切表現作為詩人、政治家、鑑賞家和評論家的多重複雜個性，成個人生活經驗與感情世界的特殊印記。

　　由現存敦煌壁畫唐朝山水看來，絕無純粹用墨筆的作品，青綠山水之類的著色畫，是民間繪畫藝術的多年傳統，而水墨畫則是士大夫的產物。[8]當北宋書法產生變革時，繪畫的表現也有突破性的發展，水墨文人畫臻於成熟，繪畫中形似的問題已經獲得解決，繪畫由再現自然轉向抒寫情感，追求個人的內在真實。當時的文壇領袖歐陽修提出「古畫畫意不畫形」、「此畫此詩兼有之」的理念，強調繪畫應當與文學（詩）一樣，重視意境表達，不祇是專注形式描寫。透過其門人蘇軾、蘇轍、黃庭堅等人的廣為發揚，這種重意思想，遂成北宋末期士大夫之普遍繪畫觀。

　　文人畫風的發展後來逐漸遠離繪畫的寫實風格，而與古典文學以及書法的傳統相結合。對於熟習書法且具備高深文化素養的士大夫來說，繪畫便成為個人生活體驗以及情感表現的最佳媒介，這種被稱為詩、書、畫「三絕」的結合，後來成為文人畫遵循的典範。

　　宋代有不少詩文或題畫詩均對王維詩畫的卓越成就表現無

---

8 見謝稚柳著：《中國古代書畫研究十論》（上海：復旦大學出版社　民國 93 年 8 月第一版第二刷），頁 114。

限哀悼和追念，像蘇東坡就有〈題王維畫〉云：

> 摩詰本詞客，亦自名畫師。平生出入輞川上，鳥飛魚泳嫌
> 人知。山光盎盎著眉睫，水聲活活流肝脾。行吟坐咏皆自
> 見，飄然不作世俗辭。高情不盡落縑素，連山絕澗開重帷。
> 百年流落存一二，錦囊玉軸酬不貲。誰令食肉貴公子，不
> 覺祖父驅熊羆。細氈淨几讀文史，落筆璀璨傳新詩。青山
> 長江豈君事，一揮水墨光淋漓。[9]

東坡切實說出王維山水詩畫的靈動與其超塵絕俗，東坡當時距離
摩詰生平僅三百多年，已經「百年流落存一二，錦囊玉軸酬不貲。」
如今又過去千年之久，王維真跡更是流落盡淨，能不令人感傷？

第四節　繼統於四子

　　北宋山水名家有李成（916～967）、范寬（約十一世紀）、郭
熙（宋神宗熙寧元年奉詔進入宮廷畫院，活躍於 1068～1093）、
米芾（1051～1107），號稱「李范郭米」，還有南北宋之間的李唐
（約 1049～1130）等名家，他們都非常用心觀察體會自然山川景
物，這些畫家繼承前代的優良傳統，有如張璪的「外師造化，中
得心源。」這些祖先成法沒有多少來束縛他們的手腳筆墨，要靠
他們自己的心神精密創造，來為山水寫真傳神，深入自然觀察體
驗，名師巨匠輩出，各地山水形勝差異、四時朝暮不同、陰晴雨
雪有別，他們畫出各自不同的風貌，成為後世楷模，北方山水畫
家強調「高遠」，主山咄咄逼人的范寬一派，以陝西為中心；造成

---

9 見《蘇軾詩集》，卷四八，〈題王維畫〉，頁 2598。

「平遠」形式的李成一派，勢力遍佈河北、河南、山東；董源畫風則風靡揚子江下游一帶，三派之間並未產生關連，范寬曾隱居終南山中，終日坐觀，始悟自然山川之妙，所作雪山，全師王維，由是嘆息曰：

> 前人之法，未嘗不近取諸物，吾與其師人者，未若師諸物也，吾與其師於物者，未若師諸心。

他提出「師造化不如師心源。」的名言，這話在《中國畫史評傳》書裡，呂佛庭說得最好：「范寬的主張，既師諸物，又師諸心。既不離物，又不離心。雖不離物，但不全像物；雖不離心，但不全師心。」[10]范寬並以剛勁有力、千點萬擢的筆法畫出關中高俊雄偉的山嶺，尤其是氣勢懾人的真實感令人震撼，他採用的是書法當中的中鋒用筆，才會如此剛勁駭人，輪廓線有墨色深淺的區分，較少重複疊筆，且長短不一，元朝湯垕《古今畫鑑》有謂：

> 宋人寫山水，其超絕唐代者，董源、李成、范寬也。李成得山水之體貌；董源得山水之神氣；范寬得山水之骨法。
> 故三家遺跡，照耀古今，為百世師法。

范寬得山水骨法的作品，甚至被推為神品，流傳既遠，遂為定評；李成與范寬繼承了荊浩以水墨為主的山水畫傳統，以表現北方雄渾壯闊的自然山水，與關仝的山水畫被認為是「三家鼎跱，百代標程。」的大師，尤其是他的雪山頗有王維氣勢，創作成果具有劃時代的意義。

此外還有許多文人畫家深受王維畫的影響，宋朝當時還流行深受董源南方山水影響的大、小米氏父子的米氏雲山，米芾（又稱米癲）、米友仁父子擅長畫江南煙雨朦朧中的米點，另一種說法

---

10 見呂佛庭：《中國畫史評傳》（臺北：中國文化大學出版部，民國 77 年），頁 195。

這是由王洽潑墨得來的靈感，這也是王維別支；宋英宗之女蜀國公尚駙馬都尉王詵，王詵愛畫，與蘇東坡極友善，他的畫以水墨為主，是僅次於前幾位的文人山水畫重要畫家，他除了畫王維的水墨山水，也兼收當時院畫家流行的金碧山水畫法，尚存原藏北宋宣和內府，現藏臺北故宮博物院的代表作〈漁村小雪圖〉，以及現藏上海博物館的〈烟江疊嶂圖〉，米芾說王詵的畫「皆李成法也。」已可看出作品從唐代青綠山水注重色彩表現的裝飾性已逐漸被注意墨的協調、筆的強弱、對比產生的新裝飾效果所取代。

北宋還有許多繼起畫家，特別是河南溫縣人郭熙的創作尤為特出，在具體的創作上，他把中國的山水畫創作推向更加真實細膩的表現大自然微妙變化的境地，他初無師承，自學成材，後來見到李成的畫，開始認真臨摹、揣想、學習，體會深刻，日有進境，晚年更是達到爐火純青地步，超越前人，他仔細研究自然時序及氣候變化，以點畫、皴擦等技法，加上細膩多層次的渲染，把中國山水畫創作推向更加真實細膩的境界，而且他還賦予作品強烈的感情色彩，所以雖然他是畫院著名的專業畫師，作品卻深受當時是大夫階層如蘇東坡兄弟、蘇門四學士等都曾有熱情讚頌郭熙作品的詩。

郭熙早先曾經為京師幾個重要的宮殿與寺廟繪製大型的屏風畫或壁畫，製作了許多大型山水畫，深受皇帝賞識，《畫繼》上說，宋神宗特別喜歡郭熙的畫，後來升遷為翰林圖畫院最高職位的「待詔」，曾經「一殿專皆熙作」，他擅長巨障長松，煙雲變滅之景，山石用「卷雲皴」，樹木作「蟹爪」狀，創為一派。[11]他留

---

11 故宮有他作於神宗熙寧五年（1072 年）的〈早春圖〉可為最佳寫照，是郭熙存世最著名之作。畫出早春清晨的山景，在霧氣蒸騰浮動當中峰巒隱現，樓閣朦朧，畫上自題「早春」，顧名思義，畫的是初春瑞雪消融的冰封仙境，大地甦醒，草木發芽，一片欣欣向榮的景象。主要景物集中於中軸線上，

下最具代表性的山水畫理論著作《林泉高致集》，更成後世畫山水
畫者奉爲圭臬的最佳指導方針。

　　宋朝郭若虛《圖畫見聞志》有：「竊觀自古奇蹟，多是軒冕
才賢，巖穴上士，依仁游藝，探賾鉤深，高雅之情，一寄於畫。」
他已充分說明這些軒冕才賢、高雅人士，都是合於孔老夫子所謂：
「依於仁，游於藝。」將高雅的心意寄託於山水畫中，是悠遊自
得、恬然自適、瞭解自然的文人雅士。

　　「山水畫自五代宋初居畫壇之首，直至清初九百年中，一直
居於主流地位。」[12]對於山水畫的崇高地位，宋明人士早就認識得
非常深遠清楚，郭熙《林泉高致集》說得尤其透闢：

> 君子之所以愛夫山水者，其旨安在，丘園養素，所常處也。
> 泉石嘯傲，所常樂也。漁樵隱逸，所常適也。猿鶴飛鳴，
> 所常親也。塵囂韁鎖，此人情所常厭也。煙霞仙聖，此人
> 情所常願而不得見也。直以太平盛日，君親之心兩隆，苟
> 潔一身，出處節義，斯豈仁人高蹈遠引，為離世絕俗之行，
> 而必與箕潁埒素黃綺同芳哉。

郭熙真是說中了君子愛山水的心聲，因爲想要逃避塵囂韁鎖，因
爲想見煙霞仙聖，身當太平盛日，要想放下一切君親之思，必須
自己打理一切生活起居雜務，即使日常生活未必會惡衣惡食，也
是相當費心、費時、費力、費事，避世隱居、嘯傲山林，對於某

近景大石與高大的松樹，枯瘦的樹影，尚未放青，略顯早春時節春寒料峭
的寒意，銜接中景「Ｓ」形的山石，隔著雲霧，再起二峰，主峰居中，下
臨深淵，谷間泉水涓涓，渡頭旅客行色從容，深山中有宏偉的殿堂樓閣，
懸崖上有草亭，背後襯以遠山，顯得非常幽深廣遠；左側平坡逶迤，逐覺
平坦深廣，有千里之遙。筆墨清潤，構圖綜合郭熙自己強調的三遠：高遠、
深遠、平遠法俱存，同時畫面裡的內容豐富，動線規劃清楚，給觀覽者呈
現了四可：可行，可望，可居，可遊的理想山水。
12　見陳傳席著：《中國山水畫史》（天津：天津人民美術出版社，民國 90 年），
　　頁 57。

些人來說，也實在有技術上與實際上實行的困難，於是：

> 林泉之志，煙霞之侶，夢寐在焉，耳目斷絕，今得妙手鬱
> 然出之，不下堂筵，坐窮泉壑，猿聲鳥啼，依約在耳，山
> 光水色，晃漾奪目，此豈不快人意，實獲我心哉。

文人愛畫山水，就是因為可以不下堂筵，而得飽遊泉壑之樂；而聞猿聲鳥啼盈耳；而見山光水色奪目，耳目之趣不乏，仁智二者兼而有之，在交通不便的古代，能夠如此輕鬆愉快，便捷取得悠遊自然、超脫物外之樂，像現代人可以不必出門忍受風霜雨雪之苦，藉攝影作品即可深入蠻荒、登臨雪嶺、探訪北極、遨遊四海，有異曲同工之妙，豈不快然美哉？

中國山水畫的理想形式是從廣大自然景象所抽出的集約景象，為豎立理想美而從事繪畫創作，這些畫家還在極力尋覓，將幾派各無關連的山水畫形式加以統一，而有畫論分析，注重「平遠、深遠、高遠」三遠具足，留下對後世深遠影響的郭熙，認為中國山水畫不應僅止於大自然的單純寫生，須將真的自然加以理想化、藝術化，畫出「胸中山」，北宋末年山水畫因有此論而集大成，急速發達，不再有地方性色彩。有這些名家致力於王維影響下的水墨山水，此後文人派水墨山水更是如虎添翼。

第五節　脈衍於南宗

元明清以降，對山水畫的理論更是闡發得淋漓盡致，可以說：文人墨客不論畫則已，論畫，則必論山水，方能暢其意，山水畫於是成為中國藝術卓然特立於世界藝壇的獨到精華。

趙孟頫（1254～1322），趙匡胤十一世孫，秦王德芳之後，

宋亡仕元，浙江吳興人。字子昂，號松雪道人。爲了不自外於文學、藝術、思想、文化的主流傳統之外，孟頫出來做官，官至翰林學士承旨，封魏國公，謚文敏。詩文清遠，工書善畫，山水、人馬、木石、花竹，樣樣精通，無論工筆、寫意、青綠、水墨都十分精彩，跟蘇東坡一樣，他也是位書畫理論家，提倡作畫要有「古意」,「書法入畫」,「書畫同源」，中國畫相當重視線條表現，以書法執筆的中鋒技巧運用在繪畫線條的表現上，會讓繪畫線條表現更有力量，影響後世甚鉅，師承王維、董源、李成、郭熙、米芾等唐五代北宋的優秀傳統，博採眾家之長而自成風貌，提出「到處雲山是吾師」的說法，孟頫在山水畫創作上是一位既善於繼承傳統又善於體察自然，自生新意的山水畫大家，其繪畫理論與創作對當時與明清兩代有巨大影響，[13]很多藝術史理論家認爲他才是文人畫的正式創造者。

　　現藏臺北故宮博物院的〈鵲華秋色圖〉（見下圖）是孟頫的四大山水畫代表作之一，也是學習王維〈輞川圖〉，採平遠構圖，有趙孟頫「元貞元年」（1295）題款，是他存世最早有年款的一幅畫。1292 至 1295 年，趙孟頫任職「同知濟南路總管府事」，鵲、華二山是濟南名山。據《山東通志》，鵲山在濟南城北大約二十里；華不住山在東北約十五里。趙孟頫對濟南的風景自然熟悉，本卷畫成於 1295 年回到故鄉浙江之時，爲周密（字公謹，1232～1298）畫。

　　周氏原籍山東，卻生長在孟頫的家鄉吳興，從未到過山東，趙氏爲周密述說濟南風光之美，也作此圖相贈。季節大概才轉入秋天，遼闊的沼澤地上，極目遠處，一望平闊，矗立著兩座山，

13 同注 5，楊仁愷主編：《中國書畫》，頁 302-308。

右方尖峰突起，山峰高峭的是華不住山，左方圓平頂的是鵲山。此時，大部份的樹木仍維持著一身綠意，有些迫不及待地替自己妝點上片片紅葉，幾間屋舍座落於左方的視野，暗紅的屋頂正好與其相互對映。放眼望去，低緩的陸地藉著迤長抖動的線條與水域相互交錯，辛勤的漁夫穿梭其間，似乎想趁著舒適的氣候滿載而歸。屋內的婦人，彷彿也為這動人的情景所吸引，忍不住探出身子，向外張望。氣氛如此安逸詳和，就連其中的主角 —— 左邊呈饅頭狀的鵲山與右側角錐樣的華不住山，寧可有些笨拙、對稱地靜立於畫幅二側，孟頫也不願因過於矯揉造作，而失去平淡天真的趣味。

鵲山和華不住兩山間錯落著楊樹、小松及不知名的雜樹，遠處一排杉樹，固然一派滋潤，但也見有些樹木已顯葉子略脫，樹枝明顯可見，葉子染紅染黃，這是秋的訊息，五頭肥美山羊，散處在簡陋的茅草屋前嚙食青草，水邊數葉扁舟，舟上漁叟撐篙，岸邊一漁夫持竹竿敲水趕魚，正待提網，全圖頗有王維〈輞川圖〉的意味。

趙孟頫〈鵲華秋色圖〉鵲山↓

趙孟頫〈鵲華秋色圖〉為華不住山↓

　　此畫向為畫史上認定是文人畫風式的青綠設色山水，兩座主峰花青雜以石青，呈深藍色。這與洲渚的淺淡、樹葉的各種深淺不一的青色，成同色調的變化；斜坡、近水邊處，染赭；屋頂、樹幹、樹葉又以紅、黃、赭這些暖色系的顏色，與花青形成色彩學補色作用，運用得非常恰當，青色系顯現透明的清秋涼意，足以沁人心脾，但在補色作用下，卻讓人感到一片雅逸恬和，表現景象是中和寧靜而非孤寂蕭索，這正是文人畫所一向推重的「意境」。鵲山用「披麻皴」畫，洲渚的線條也是同一種筆調，華不住山則用孟頫首創的「荷葉皴」作畫。整卷畫筆墨色彩交融，對秋思中的名山，帶給觀賞者周密一幅遙遠的故鄉夢境。

　　這幅畫是趙孟頫師法唐、五代傳統與師法自然，水墨山水與青綠山水創造性融為一體的曠世傑作，文人畫第四大家董其昌在其後幅題跋云：「吳興此圖，兼右丞、北苑二家法，有唐人之致去其纖，有北宋之雄去其獷，故曰師法捨短。……」道出孟頫此圖

繼承王維水墨與院畫青綠山水兩家優點和創新的特點，大收藏家乾隆皇帝南巡曾經親臨此景，還覺疑惑位置有偏差，要人快馬進京取圖比對，證實果然孟頫將兩山位置左右顛倒，他特別題詩、寫記於畫上，此乃文人畫之所以為文人畫也，妙在「似與不似，不似與似」之間，寫意而不寫實。

　　元季四大家黃公望、王蒙、吳鎮、倪瓚在趙孟頫的影響下，廣泛吸收唐、五代、北宋水墨山水畫成就，突出山水畫的文學趣味，充分發揮筆墨在繪畫藝術上的效用，使詩、書、畫三者有意識地融為一體，且各具風貌，形成以不求形似的「文人畫」為主流的山水畫派，進一步闡發蘇東坡「論畫以形似，見與兒童鄰。」的創作理論。[14]元代繪畫最重要的轉變就是文人畫的興盛，意味著中國繪畫進入以主觀表現為主的新紀元，著重表現畫家個人濃厚的心靈風格，而不再僅注重強調純粹客觀描寫外在表象的技巧展現。

第六節　迴異於原祁

　　我國文人畫史上四位劃時代的人物，王維居首，開風氣之先，繼而影響宋朝蘇軾、元朝趙孟頫、明朝董其昌，各領風騷三百年。〈輞川圖〉是王維流傳後世影響最大、最有名的作品，王維因而被董其昌推尊為「南宗初祖」，〈輞川圖〉也是後世文人畫裡面相當常見的仿臨題材，王維當年是依據自己歌詠山居景致的二十首《輞川集》繪製而成的畫作，後來歷代都有畫家仿作出現，

---

14 同注 5，楊仁愷主編：《中國書畫》，頁 325。

最早可以追溯到西元 900 餘年前後，當時有三十本左右的仿本或臨本在市面上流通，像宋朝的郭忠恕據說便有高矮兩本傳世，其他還有不少明代畫家，模仿郭忠恕的作品而流傳有緒至今。

　　董其昌（西元 1555～1637 年）字玄宰，號思白、香光居士，華亭人，明神宗萬曆十七（西元 1589 年）進士，累官至禮部尚書，著有《容臺文集》、詩集、別集及《畫禪室隨筆》、《畫旨》、《畫眼》等。「文人畫」之名自董其昌、莫是龍提出之後，又提出有名的「尚南貶北論」，受到禪宗啓發的看法崇南抑北，認爲有書卷氣的南宗才是文人畫。以南宗爲中心，形成華亭派，追求文人雅趣，此風潮銳不可擋，延續至清初正統派畫家，影響力超過三百年，董氏特別強調南宗畫的正統，使南宗文人畫走向黃金時代，特別推崇元朝的黃公望，奠定清朝正統派的基石，明末清初以降的文人畫家幾乎各個都以董其昌說法爲圭臬，明末清初那批文人畫家最得意的畫就是山水圖，每個人的畫當中都具有各自強烈的個性，都能隨心所欲將自己的感情注入到筆下的畫面上，很多畫家在畫法上，或藝術的社會性，以及理論上都亦步亦趨，宗法董其昌之復古說而不敢逾越，因此造成中國山水畫發展爲之停滯不前，主要因爲宋元之際中國山水繪畫已經發展到達兩個不同的頂點，明清兩代實在很難加以突破。

　　明代末年的項聖謨並非泛泛文人子弟，他是明代著名大收藏家項元汴的孫子，家藏名跡除晉朝顧愷之的〈女史箴圖〉（八國聯軍時落入英國人之手，現藏英國大英博物館）之外，便以與王維交好的盧鴻〈草堂十志圖〉最爲出名（附圖六，見本書 135 頁），〈草堂十志圖〉屬於單幅平遠傳統的分景式冊頁，項聖謨曾在畫上提到自小學畫時，便由此〈草堂十志圖〉入手，對聖謨影響不可謂不深。

〈草堂十志圖〉不僅是隱居圖傳統中,與王維〈輞川圖〉連景敘事式並立的兩大典範,他所使用的風格,亦多奇岩怪石,重視石體的立體感,並以不成定法之皴筆摹繪質感,完全不似〈輞川圖〉或李公麟〈山莊圖〉,〈輞川圖〉以圖式性或圖案性強的風格畫出,盧鴻則採用較具寫實意味的風格畫隱居圖,顯然有其特定文化意涵。項聖謨取盧鴻風格的奇矯,象徵其人高蹈不薄,並藉其具實體感的山石描繪,將心中的隱居地具象化,使之彷彿真實可觸,可遊、可居、可行、可望,他對特定風格的學習與復興意味,也明顯蘊含有在畫史上與盧鴻爭勝的企圖。

項聖謨一生最尊崇的畫壇導師是文人畫第四把交椅的董其昌,董其昌以王維的直皴為其筆意縱橫、參乎造化的樞紐,而尊奉王維為南宗之祖。而項聖謨所選取的盧鴻風格,與王維是〈隱居圖〉傳統的兩大典範,項聖謨雖深受董其昌影響,卻走出自我的道路,由此可知唐朝王維這種〈輞川圖〉的隱居圖式傳統,對後代文人畫家確實具有相當大的影響力,此圖其實也是盛極一時的作品,並非海內外孤本而已。

明清時在創作上強調個性表現及詩書畫多種藝術的結合的這些文人畫家,多為有深厚文化修養的文人士大夫,他們對於繪畫創作的主張是「狀難寫之景,如在目前;含不盡之意,見於言外。」發展了王維以下重傳神而不重形似的傳統;另有一種較特別的文人畫家 ── 禪僧,所畫的「禪畫」又以隱含的暗示為主,而大多數文人畫家均以深遠閒淡、穆和嚴靜作為繪畫創作最終追求的意境,因此他們的創作是以最簡單的筆、墨、紙、硯為工具,以最概括的黑、白、灰多層次的水墨作為色彩語言,傳達出畫家內心最深切的感受。同時他們的題材選取也相對比較狹窄,多為山水、花鳥,尤其是梅、蘭、竹、菊(又稱「四君子」,首先畫菊

名家當爲明四家之沈周），更成爲歷久不衰的經典題材，在畫面留白的地方通常由畫家本人或旁人題上一首詩，詩的內容多爲詠歎畫的意境或爲點出畫的寓意，而題詩也自然而然構成畫面的一部分，同時其書體以及加蓋的印章，均與畫面共同形成不可分割的一體，這種特別的表現形式稱爲「詩畫相融」；或是直接以畫表現詩文意境，也是另一種「詩畫相融」。在形式上將詩與畫融合在一起的人物首推宋徽宗，畫面洋洋灑灑題詩的風氣則爲入元以後始盛，王維當時尚未流行直接題詩於畫面之上的風氣，元代畫家每畫必題款、題詩，使款與詩成爲畫面不可缺少的組成部分，元朝文人進入畫壇，才使詩畫真正從王維以降的精神融合推向形式融合，其雖以畫爲主，但畫因詩的想像力而使意境更爲深遠，加之元朝工匠治印之風甚盛，於是詩、書、畫、印互相結合，成爲元代乃至此後中國繪畫普遍採用的藝術形式，明朝文彭又首創文人自行刻印的作風，是後，文人更講求詩、書、畫、印四絕的風氣。

整個清朝繪畫，完全是在董其昌的影響之下揭開了序幕，清初藝壇有謹守傳統、專事模擬標榜董其昌主張的「正統派」；也有追求新意「革新派」的個人主義者，清代繪畫大原則仍是延續元明的趨勢，以文人畫及山水畫爲主，並尚水墨寫意畫法。此時文人畫因深切受到董其昌的影響，因而呈現「崇古」和「創新」兩種趨向，在題材內容、和筆墨技巧方面，亦各自有不同的追求目標。

清代的宮廷繪畫，繼承明代宮廷風尙：注重畫面與文意的隱喻配合，表面主要畫山水人物，內容要有故實根據以配合，（頭帶東坡巾的蘇軾竟成許多畫面常見的點景），康熙、乾隆時，除了講究新的院體畫風之外，更因爲大量西洋傳教士如郎世寧、王致誠、艾啓蒙等外國畫家，帶入西方明暗、透視、遠近比例的作風，帶

來許多西方技法，並創中西合璧的工筆繪畫，深受皇帝器重，因而出現西洋風味的宮廷畫。

王時敏模仿王維的〈江山雪霽〉↓

「正統派」畫家是王時敏、王鑒，王翬、王原祁「四王」爲代表。他們的繪畫創作很少寫生，全部出自古人，講究董其昌強調的「復古」，筆墨技巧上極爲巧致精到，並追求形式美，略顯外露，嚴格的程式技巧，束縛了藝術語言及自我情感的表達。「四王」這一派的山水畫家身體力行，步亦步，趨亦趨，效法古人，於臨仿逼肖上，著實下了結結實實的功夫，泥古之弊，淋漓盡致。但在摹古之中，也總結了前人在筆墨方面的不少經驗心得，對於繪畫歷史、古畫名跡的整理保存與研究，其實可謂貢獻良多，在無影印機、照相機的時代，若非如此摩古，王羲之的〈蘭亭集序〉早在一千四百多年前就要永別人間，如今焉得再見〈神龍本蘭亭〉與〈定武本蘭亭〉，否則許多當時已經殘破不堪，無從重新裱褙的古畫真跡就要從此永別人世，豈不令人更加扼腕！王時敏不瞭解劉

勰的《文心雕龍》,《文心雕龍·通變》有云:

> 綆短者銜渴,足疲者輟途,非文理之數盡,乃通變之術疏耳。故論文之方,譬諸草木,根幹麗土而同性,臭味晞陽而異品矣。[15]

這也難怪,《文心雕龍》曾經湮沒數百年而不顯,連紀昀紀曉嵐這等大學問家講到《文心雕龍》都不免有一偏之見,何況時敏?時敏不知「變則堪久,通則不乏。」的千古不易定律,過份執著拘泥,長年寓居京城,曾借觀鄰舍程季白所藏王維〈江山雪霽圖〉,大約崇禎五年(1632)董其昌所收藏的王維〈雪溪圖〉(見附圖一)亦歸其所有。「四王」每作畫輒題仿某家筆法,概想與其神合,得其生趣,〈倣王維江山雪霽圖〉(附圖十六,見318頁)係依其所見及自家收藏名蹟,再自由運用宋、元各家的構圖、筆墨、設色方法,來重建王維古雅清秀的氣韻,作於戊申(1668),畫家時年七十七歲。表現他繼承傳統,總結傳統的努力,奠立了他在繪畫上的歷史地位,但也同時顯示了他不知通變,沒有完成自我風格的創作性,造成中國山水畫自董其昌提倡復古以後的原地踏步現象,清初正統派繼續如此,沒有進步,就是退步,殊為可惜。

王翬(1632～1717),生於明崇禎五年(1632年),卒於清康熙59年(1720年),年八十九歲。江蘇常熟人。字石谷,號耕煙散人、耕煙外史、烏目山中人、劍門樵客。王翬少即善畫,學王鑑,後轉師王時敏。得到前二王的指導,藉機臨摹名蹟,因能筆參古今,貌含南北。畫技之精熟為清代第一,並隨之閱覽各地珍藏,對傳統古畫的鑑賞、臨摹,功力極深,宋以來許多失傳的古畫,往往借王翬的臨摹得以有傳世的稿本,不僅從臨古來著手,

---

15 見(梁)劉勰著,王師更生注譯:《文心雕龍讀本》(臺北:文史哲出版社,民國88年初版七刷,頁49。

兼學各家諸體的技法，更主張要集古人之大成，在強調摹學古人之餘，也同時吸納南北宗各家的特點集大成於一身，有些畫作裡頭也融入了他自己時代的風貌，可以看出在強調傳統繼承所通的同時，王翬也力圖有所變革，他在基本功的豐厚基礎上，開創出自己的面貌。王翬有幅〈溪山紅樹〉，以王蒙爲宗，畫面上端有王時敏的題跋，非常稱讚王翬這件作品，認爲雖然倣王蒙，但是「用筆措思，全以右丞爲宗，故風骨奇高。」認爲王翬祖述的精神還是從王維（右丞）而來，這都可以看出清初四王在董其昌美學理論影響下的主張和看法，在在都忠實傳達董其昌的影響力，以王維爲宗，於是清代的山水畫受此影響，發展遲緩，缺乏新意，始終未能跳出「四王」窠臼。

「清初四王」當中既復古又創新，成就最高者首推最年輕的王原祁，原祁字茂京，號麓臺，江蘇太倉人，是「清初四王」之首的王時敏之孫，直接繼承其祖父淵源而揚名畫壇。幼時曾受董其昌的影響極大，故崇尚黃公望的畫風，不過後來比較著重乾筆積墨、反覆皴染的變化，其畫被讚譽爲「熟不甜、生不澀、淡而厚、實而清。」後來繼承「婁東派」，成爲該系畫家之首。

由於天資秉賦加上努力，原祁二十八歲鄉試中舉人，翌年中進士，經其八叔王炎的引荐而步入仕途。康熙三十九年補右春坊右中允，奉命鑑定內府書畫。後入直南書房，擔任御前染翰，專爲皇帝作畫。康熙皇帝贈以「畫圖留與人看」句，因此王原祁將此句刻成一枚印章，經常在其畫上使用。康熙四十四年奉旨纂輯《佩文齋書畫譜》，其畫論著作《麓臺題畫稿》〈雨窗漫筆〉文中有關如何經營位置、筆墨、設色，是清代畫論的精髓所在，四王所推展的文人畫風，將筆墨技法帶入更深度的發展，如「元四家」之一的王蒙常用的一些技巧 —— 牛毛皴之類乾筆渴墨、層層積染

的表現技巧推至極限，爲書畫藝術開創出更加豐富的表現力，代表作有〈輞川圖〉、〈仿黃公望秋山圖〉、〈仿王蒙夏日山居圖〉等（後兩幅作品現存臺北故宮）。

　　王原祁的作品是四王當中最具原創性而且還兼具正統與革新兩種派別特點的，他常常採用新方式構圖，卻使用舊形式和舊技巧來達到個人表現的目的，畫出了一幅幅迥異於前人的作品，〈輞川圖〉正是王原祁晚年七十歲「人與畫俱老」時期嘗試的名作之一，一共花了九個月的時間，是他晚年的顛峰之作，他很客氣地說他這幅〈輞川圖〉題材是模仿古人作品，但是他全長五公尺有奇的〈輞川圖〉卻是一幅全然新穎的構圖，從前畫家像郭忠恕是將輞川二十圖景一一畫出，構圖謹慎綿密，一首詩配上一處景致，王原祁則是把歷代相傳的〈輞川圖〉用自己的筆墨與顏色，融合了元朝黃公望和王蒙的筆法，在畫面上變化出有如織錦般豐富的筆墨趣味，再加上自己的構圖方式重新打散再加以組合，把二十個景致全部融合成一個充滿活力的連續性畫面，群鹿在畫中四處徜徉，青翠的山嶺上有朵朵白雲在舒捲，雅致的小橋流水在山樹間若隱若現，二三竹籬茅舍，疏疏落落的點綴在林木茂密的山林間，紅葉滿山錯雜在翁翁鬱鬱的綠樹當中，秋景令人怡然神往，王維和三三兩兩的輞川居民，或是二三知己，或坐在屋內談心論禪，或臨清流而賦詩，或漫步山間小徑遊覽，欣賞周遭「山不高而幽，水不深而清。」的絕佳景致，與萬化冥合，是多麼怡然自得的綜合山水圖（見前頁 320、321 圖）。

　　王原祁以自由揮灑、快速有力的筆觸，以及清澈明亮的設色、隨意佈陣的構圖相互呼應，在他的筆下表現不落窠臼，沒有受到詩意限制，也沒受到歷代流傳至他當時在故宮內外所看得到的〈輞川圖〉名作內容影響，反而將二十景全部融爲一篇情景交

融、行板流暢如詩如歌的完美山水佳作，帶給觀賞者不同的感受。

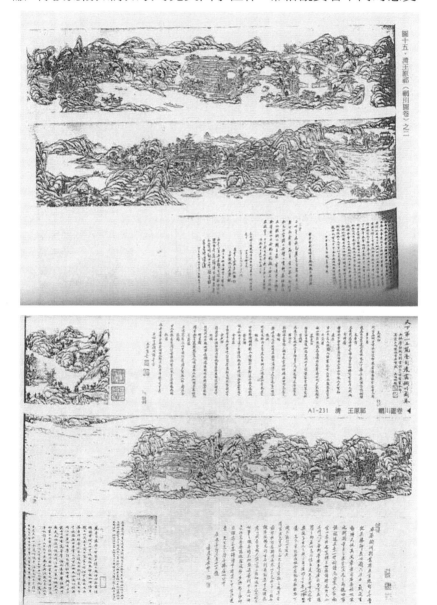

原祁那樣畫真是符合郭熙「可以行、可以望、可以遊、可以

居」的四可條件，名爲仿作，其實僅是模仿題目而非仿作內容的作品，畫後他自己題跋：「偶見行世石刻，並取集中之詩，參以我意自成，不落畫工形式。」表現他有獨特創意，設色如用筆用墨，在表達整體效果的前提下，與筆墨相輔相成相互補足，和歷來模仿學畫〈輞川圖〉者的表現手法有所不同，達到「色中有墨，墨中有色。」墨色交融的境界，已經退休的故宮前副院長李霖燦對其他仿作的〈輞川圖〉應該都曾經看過卻都沒作評論，惟獨評論王原祁的畫作說：

> 這是一種平面上的筆墨和顏色的秩序和錯綜，頗有點新派
> 繪畫的特色，有人以王原祁和塞尙相比較，在色調的推移
> 和平面的組結上是有其相似之處[16]。

他將王原祁比做法國著名畫家塞尙，確乎已將他推上世界著名畫家的舞臺，這應該是王原祁生前作夢都不曾想到過的殊榮，但遺憾的是此圖原爲王季遷舊藏，現以極廉價位歸屬於美國紐約大都會博物館，平素僅能透過紙上圖書館一觀其中精華部分，而無法一窺其全豹，實爲一大憾事。

日人入谷仙介曾據此結論輞川是王維信仰生活和藝術生活的根據地，他認爲王維在此田園山中「習靜」，過坐禪修行的生活，也是王維入聖域的努力場所，他透過〈積雨輞川莊作〉、〈輞川別業〉和〈輞川閑居〉（卷四）等詩中的「習靜」、「清齋」、「白鷺」、「白鳥」等等意象，認爲這些「語言」暗示著輞川自然環境與超自然世界的關係[17]，這種說法很合乎王維當年習靜、坐禪、修行所遺留下來的種種作品內容，當亦非虛言妄語。王維由生命無常

---

16 見李霖燦著：《中國美術史稿》，（臺北：雄獅圖書股份有限公司　民國 89
　　年二版），頁 129。
17 入谷仙介：《王維研究》（日本：創文社，昭和 56 年 2 版），頁 589-590。

聯想到意圖遊仙，最後又由於遊仙難成，轉而專注於當下生活，但是從他《輞川集》中不難嗅出有濃厚的道味來，像：長嘯、服藥、鍊藥、辛夷、金屑泉、玉帝等字眼或詩意，可以明顯看出此點，王維在社會上是儒家，在人生理想上明顯卻有道家意韻存在。

　　在中國藝術史上，「復古」向來被視爲保存藝術生命力的正道，在這個理念下，復古有兩種取法途徑，一是「集大成式」：藉著博覽古代名跡，並有意識地轉換古代大師之筆墨、圖式、創作意念，而達到典範再新，並努力以赴創立新典範的風格改變。這種畫道追求，帶有重整繪畫傳統的意味，故對特定畫家、特定形式的追摹，有相當濃厚的興趣，欲掌握古代大師創作力之來源，努力設身處地想讓自己與古人神合，而畫出幾乎與古人作品一般不二的畫作來。因此這類復古側重於形式上的忠誠表現，而非情感之表現，如董其昌屬之，正統派的「清初四王」也是屬於這個系統，特別是其中的王翬，最喜歡追摹古畫，臨仿許多幾可亂真的作品，許多古代保存不易的古畫，藉此得以延續另一段嶄新的生命，換個角度想來也不是什麼壞事。

　　另一類則是「古趣式」的復古途徑：以稚拙、簡化的造型塑造古雅、古拙的味道，並藉稚拙的表現手法，表達個人情感，宋末元初的錢選便屬此類。這兩種途徑，像光譜的兩極：「集大成式」用以表現形式，「古趣式」則用來抒情，各有各的功能，似乎涇渭分明，有點類似中國寫實、浪漫的兩大詩歌系統，青菜豆腐，各有所好，實在不必互相排斥傾軋。

第九章　結　論

　　美，是人類探求的永恆主題，美，固然必須藉助種種形式來表現，但形式表面的美，絕非美的唯一，甚至並非真實且具有意義的美，沒有內在道德意義的實質，絕非美的真諦，它與人類的產生、形成和發展，幾乎一直在同步進行，美的事物，可潔淨人的心靈，藝術讓人有向善的力量，中國學問之特色，是在日常生活中成聖成賢，既不期待來世，也不寄望天國；繪畫藝術，是這種具有哲理尊嚴和藝術之美的文化結晶，其涵蘊的內在意義，充分體現人與造化的和諧關係，以及積極追求超越現實的人文精神，古人云書畫是「有國之重寶」、「無味之奇珍」，信然！

　　源遠流長的中國繪畫，有豐富多采的遺產、獨特鮮明的藝術特點，在東方乃至世界，都自成一格，始於唐代吳道子的青綠寫意，經王維以水墨為之寫意，創新突破，張璪接續發揮水墨寫意山水，成於五代，盛於宋元，明清及近代以來續有發展。唐宋人畫山水尚多採用濕筆，出現「水暈墨章」之效，至元人始用乾筆，墨色更多變化；墨分五色，有「如兼五彩」的藝術效果，史上第一位儒道佛兼修者，卻以詩文書畫表達自身修為的著名文人——王維，有得自六朝前賢豐厚的傳承，加上自己創新的結合，自然而然，因勢利導，成為中國文人水墨山水畫史，兼具詩歌發展史，兩大完美藝術結合，儼然中流砥柱，王維半官半隱於輞川，苦難是化了妝的祝福，他為自我的生命找到順意的出口，禪宗意識成

爲詩人的文化心理，融入了詩人的藝術思維，讓他寫下字字入禪，
千古迴響不停的《輞川集》；畫下影響中國畫壇千年禪趣化的〈輞
川圖〉，國家文化資料庫這樣肯定說：

> 中國水墨一詞，確立於唐代王維，主張水墨爲上。當時水
> 墨的意思是：（一）對抗嚴謹的句勒而用較多的艷麗顏色的
> 另一種風格，主張畫家精神思想的表現。（二）從墨與水的
> 變化中產生另一種表現形式，特別注重筆墨氣質的表現。
> 表現在繪畫、書法、詩詞上的修養和性情，使得中國畫成
> 爲「詩、書、畫」三絕的特色。另一特色是畫上常有印章，
> 原因可能是鮮紅的印泥可以爲畫面帶來顏色的效果，增加
> 水墨畫趣味，文字蘊含深沉的意義也藉以表現性情和志趣。

這詩畫融於一爐的劃時代巨著，影響中國詩壇、畫壇極端深遠：
把詩意帶進畫裡，使畫的意蘊更加雋永；將畫境帶進詩裡，使詩
的形象更精妙豐富，詩畫一體，詩禪一體，既有精緻的寧靜畫面，
情韻又靈動，爲他贏得「詩佛」雅號，讓中國詩、畫都別開生面，
功績不可磨滅，創作的慾望是藝術家的原動力，而創作的路是孤
獨的，誠如曾國藩說：「惟天下之至誠，能勝天下之至僞；惟天下
之至拙，能勝天下之至巧。」王維仿效顧愷之畫張華〈女史箴〉
與曹植〈洛神賦〉的典故，自己寫詩、作畫，在無意當中促成詩
畫合一，「古今多少事，盡付笑談中。」他本是無心插柳，後世竟
然柳樹成蔭，影響中國詩畫結合超過一千三百年之久，功何大焉！
使他對中國山水詩畫震撼的影響超過千載，平心而論，詩壇有陶
潛的田園詩、謝靈運的山水詩，經王維、孟浩然、儲光羲、韋應
物、劉長卿、柳宗元、白居易、劉禹錫等自然派詩人努力不懈創
作，以迄清代王漁洋的神韻詩派；以及畫苑從王維起，經過荊關
董巨、元代四大家以迄清代四僧的南宗文人畫，兩者具爲中國文

藝正宗,也給中國古典藝術傳統有個完美的成果,展現後人面前。

美學家海德格說:「歷史比真實更美。」邱師燮友在民國九十五年五月六日萬能科技大學弘道館國際會議廳為「三校教師文史成果發表會」對談時所引用說:「推開歷史的帷幕,會發現歷史比真實更美。」同樣的情形,「推開中國文人山水畫的帷幕,會發現中國文人山水畫比真實山水風景更美。」中國文人山水畫去蕪存菁,只取他心中想要的部分,當然比現實大自然未曾篩選的紛雜萬物更美。

王維的成功是經過多少歲月的苦思、苦練、醞釀、蓄積、等待的功夫,在他成功的背後,經歷了多少日夜的辛酸煎熬,有了基本功,當機會來臨時,鋒芒就無法再掩藏了。三百年後,自成一家的天才蘇軾,在成功之後,早已忘記自己年少苦讀、苦寫、苦練、苦畫的辛勞,主張「我書意造本無法,點畫信手煩推求。」又說:「天真爛漫是吾師。」讓多少人只注意到成功階段的輕鬆、自然,不知那可不是一朝一夕得以成功,經過唐五代的初創、宋元的發展,到了明清時期,中國文人水墨畫無論是技法還是理論,都已成熟精確完善,講求雅潔的文人畫,分界與內涵同民間畫、畫院畫更加明確清晰。從技法上來說,明清水墨畫的筆墨技巧已十分純熟 ──「後出轉精」,墨的地位越來越高;從理論上說,宋元時期零星的、不成系統的文人畫理論,在明清時期得到了總結,畫論家對文人水墨畫的特徵認識更加清晰,有關文人水墨畫的技法、境界的探討,也更加有系統且深入細緻。揚州八怪最有名的鄭板橋曾說:「文與可畫竹,胸有成竹;鄭板橋畫竹,濃淡、疏密、短長、肥瘦隨手寫去,自爾成局,其神理具足也。」想要達到這個神理具足的地步,恐怕不是他口中說的那樣輕鬆,他自己洩底:「四十年來畫竹枝,日間揮寫夜間思,冗繁削盡留清瘦,畫到生

時是熟時。」花費四十年，日以繼夜的青春歲月，才讓板橋寫竹成功。

　　王維花了畢生時光而有下述十大貢獻，其中每一項都可讓人不朽，而王維一人竟然就獨佔十項，怎能讓人忽視他對中國詩畫的卓越貢獻：

　　（一）王維首創虛景、實景交替運用之法：王維首創風景區的設立，將綿延曲折向南流經大約二十里的輞川周遭，設二十處景點，一處一景，與裴迪「即處命題、即景賦詩。」是王維獨到之處，發古人所未見，他的創見與創建良多，山水詩未正式大量創作前，寫景多虛擬，容易空疏；從六朝謝靈運正式寫山水詩後，幾乎全從實景落筆，往往又失之板滯。王維遊走於像與不像、不似與似之間，表現高超寫景技巧，又蘊藏自然感情、自然流露，達到形神兼備、情景交融的最高境界。他是否從《華嚴經》二十佛世界得來靈感並不重要，他規劃設計出千古不朽，不需人照顧，永遠活在世人腦海中的的風景區才有意義，他還即景繪圖，對輞川二十景的設計，使他成舉世最早的詩文圖畫景觀設計家，後世模仿王維《輞川集》二十景設計景觀群落者不計其數，但任何地區，任何人都未能像王維一樣，製造二十景，寫二十首詩，又畫分二十幅合為一體一氣呵成的圖畫（除了袁枚有詩無畫的〈隨園二十四景〉），最重要的是他詩畫融於一爐的優秀作品，並非僅供參考、孤芳自賞、乏人肯定、缺乏傳世價值之作，從後人一再仿畫、臨畫，足可證明是匠心獨運的劃時代偉大成就，王維《輞川集》、〈輞川圖〉創造超過一千三百年仍然無人能夠跨越的偉大傳奇，在講究休閒風景區規劃的二十一世紀，這點尤不可輕忽，僅此已足千古。

　　（二）開創中國南宗山水畫：儘管後人認為王維在詩中，只

是用一些平淡無奇的文辭，只是描繪一些平凡無比的境界，但是因爲他對自然山水擁有卓絕的感覺，以及他高超的藝術造詣，加上他音樂方面有傲視群倫的奧妙境界，所以他的詩作中經常出現「蒼茫」、「悠遠」，描摩山林雲沼廣茫無際，這些字眼帶來的「無色之色」、「無彩之彩」的詩畫作品，總是能夠達到令人流連忘返的藝術勝境。

（三）創造嶄新可讀的連景山水畫形式：〈輞川圖〉的山石樹木爲手卷橫軸，景觀皆正面布列，主要描繪佔去畫面三分之二的前景，是一種早期山水畫還不完全成熟時的遊景導覽圖，以大山、流水、圍籬隔出一個個小單元景色，步移景異，和敦煌四二八洞盛唐壁畫的作法相似。看中國山水畫要將視線放在畫幅「中景」部分，原本一眼看去，像是平面的中國山水畫，立刻成爲三D立體動畫，前景自動上前，遠景自動退後，立體中國山水畫率爾呈現眼前，平遠、深遠、高遠迅即一清二楚，摩詰將田園詩與山水詩結合，把陶、謝兩家的優點集於一身，對盛唐自然派詩人影響至鉅，後世重要詩人受他影響，無一不寫山水詩，他對後世中國文人畫的貢獻更難以估計，無論「隨類賦彩」，還是「以墨示色」，王維都藉助色彩這繪畫的基本要素，創造出「寧靜空明」、「形意相融」的意境，還展現受禪學浸潤的蛛絲馬跡，自然隨化，卻毫無矯揉造作之勢，能傳自然之神韻，抒詩人之襟懷，展讀王維詩畫，不僅讓人從中感受自然的寧靜空明之美，更能領會詩人畫家超逸灑脫的人格魅力。

（四）首創隱士水墨山水之風：隱居山中，朝夕流連，王維開始畫水墨渲淡山水，這個時間點前人從未提出推論，研究者發現王維正式開始畫水墨山水，時間應在開元十九年，當時三十一歲，妻子過世，僅能用水墨黑白來畫出他的折翼悲痛，心情逐漸

平復，他是藝術治療憂鬱症的先驅，其間他還沒開始大量寫作山水詩，還沒開始經營輞川園，還沒對山水詩畫配合有任何概念，他祇爲平靜心潮，常提筆作畫而已，無心插柳，誰知畫上十餘年之後，爲母親買下輞川園，整理出二十景，因爲新園子、新地方、新景色、新感受，必定邀些朋友遊遊新園，遊園又很新奇，必然寫詩紀念，寫詩還不足以完全表達，順手提筆畫畫，畫得連自己都極滿意，當然更不會隨手亂扔，就這樣柳樹蔚然成巨蔭。

（五）首先進行詩畫配合：顧愷之寫畫別人作品，王維創始自寫自畫、詩畫配合這劃時代動作，山水畫雖然已經脫離人物畫、佛像畫背景地位而獨立，但是獨立初始，「前修未密，後出轉精。」他絕對不是一夜之間創造前所未有的文人畫風格和技巧，他絕對不是刹那間爲後代文人找出一條從來未曾有過的坦途和無限寬廣的空間，他也曾篳路藍縷，努力過二、三十年漫長的時間，誠如唐朝孫過庭《書譜》所云：「古今阻絕，無所質問，設有領會，緘秘已深，遂令學者茫然，莫知領要，徒見成功之美，不悟所致之由。」書法如此，水墨山水何獨不然？「藍篳啓彊，草創實難，凡百皆然，不特文論一端已也。」[1]文論如此，水墨山水畫創始何獨不然？水墨山水畫創始同樣艱難無比，王維不是天縱英才，他並非一蹴而幾，他讓心情鬱悶又不能隨意向人傾吐，而且畫技未必高明的後世潦倒文人，能夠隨手拿起身旁的紙筆磨硯，一抒胸中塊壘，原本是他個人的銳意創新改變，誰知有了後世文人雅士得以遵循的方向，他起的是帶頭作用，不必去斤斤計較他的技巧多麼複雜成熟，他僅是處於初步嘗試的階段，創業維艱，像愛國詩人陸游說：「文章本天成，妙手偶得之。」只是王維「繪畫天成」

---

1 見張師仁青著：《魏晉南北朝文學思想史》（臺北：文史哲出版社，民國 67 年 12 月初版，民國 92 年 9 月出版），自著序，頁 3。

而已，只是這一「妙手偶得」、「遷想妙得」的創新結果，影響中國畫壇，文人畫歷千載而不衰，影響力還能廣被韓日等國，讓外國專家學者都爲之傾倒，揚名國際，這就足以讓王維千古不朽，不愧「南宗山水畫之祖」。王維有太多開創，創意是多麼可貴而且是千金不易的重要東西啊！任何後起之秀只要能抓住一點點慧心巧思，有足夠的創意，就可能像王維一樣留名青史啦！

（六）首創以山水送別、寫風俗、風物形式：送別詩在他的詩作中比重甚大，以寫山水來送別，又佔他的送別詩大半，齊梁詩人雖曾寫下大量精彩篇叶精鍊語言的刻畫山水詩，但均以景物精妙取勝，而不以離別之情見長，他卻打破歷來送別詩僅在離情上面纏繞的舊格局，像〈敬湖〉詩寫送行回首，形成既寫山水兼寫送別的清新格局，其他送人赴邊之作，卻將「悲涼愁苦」的怨情全部轉變爲「豪壯樂觀」，他的送別詩在傷感基調上注入樂觀開朗的情調，並呈現雄渾、悲壯、沖淡等方面的風格特色，讓受送者感到精神振奮，而且還有些風景與風俗結合的作品也漸次出現詩中，如他寫名山大川的重要代表作之一的〈漢江臨泛〉，有「江流天地外，山色有無中。」運用繪畫方法，成爲膾炙人口寫大江的名句，該詩中「晴江一女浣，朝日眾雞鳴。」「水國舟中市，山橋樹杪行。」更以生動形象再現巴峽人情風物於筆端，他許多以送行爲名的都有名句雋語[2]，層見疊出，寥寥數筆，便是軸精彩山水畫卷，影響後來能詩而不會畫的詩人，也能仿效寫出山水詩作

---

2 見趙殿成箋註：《王右丞集箋註》（臺北：河洛圖書出版社　民國64年），〈齊州送祖三〉有「天寒遠山淨，日暮長河急。」〈送綦毋潛落第還鄉〉有：「遠樹帶行客，孤城當落暉。」〈送嚴秀才還蜀〉有：「山臨青塞斷，江向白雲平。」〈送張判官赴河西〉有「沙平連白雪，蓬卷入黃雲。」〈送邢桂州〉有「日落江湖白，潮來天地青。」〈送梓州李使君〉有「萬壑樹參天，千山響杜鵑。山中一夜雨，樹杪百重泉。」〈送方尊師歸嵩山〉有「山壓天中半天上，洞穿江底出江南。瀑布杉松常帶雨，夕陽彩翠忽成嵐。」不勝枚舉。

來送別，情景交融。千餘年前的王維已有國際觀，當時的他已結識不少國際友人，做了不少國際交流工作，像〈送祕書晁監還日本國并序〉那首詩[3]，在中國擔任祕書監多年的日本友人晁衡回國，詩人對友人渡海回國的深切思念表露無遺，這在科學不發達的時代確實完全符合史實，最後祝願晁衡衝破險阻，平安返國，晁衡歸國，行囊多少也要帶些書畫回去，王維後來可能因此早在一千三百年前，就以善詩善畫傳揚異域。

（七）首創山水禪意詩：禪意詩雖非王維首創，但他首創山水禪意詩，且山水詩因為有禪意，內容更空靈圓融；禪意詩也因藉由山水詩而有新的表達方式，擴大領域，他開啓了山水詩的新契機，畫成文人畫，不像宋朝以後御用院畫家處處受到限制，固然院畫家品質有控管較有保證，卻也有手腳施展不開的遺憾，文人喜歡天馬行空，無拘無束，後世一些有塗鴉能力的文人，心情鬱悶，既無從犯法、犯上，又不能隨意向人傾吐、無法任情發洩時有個絕佳抒發管道，隨手拿起身旁的紙筆磨硯，清水一盅，不需昂貴無比的丹青、藤黃、硃砂，便能一抒胸中鬱結、稍解瀕臨崩潰的壓力，藉揮灑三友、四君子、五吉、六瑞，度過人生的低潮，雖未必有職業畫家的功力，卻減少一分職業畫家的匠氣，未

---

3 同注 2，全詩詳見趙殿成箋註：《王右丞集箋註》，原名阿部仲麻呂的晁衡，唐玄宗開元五年（717）隨日本遣唐使來中國留學，卒業未歸，在唐朝做官多年，和王維、儲光羲、李白等均有來往，天寶十二年（753）以唐朝使者身份，隨日本訪華使者乘船歸國，臨行之時，唐玄宗、王維、包佶、趙驊等均有詩贈別，而以王維之詩寫得最為感人，他抒發的便是對於相處多年的友人渡海歸國的惆悵、憂愁、掛念、惜別等情誼，詩中「向國惟看日，歸帆但信風。」以虛筆寫想像晁衡渡海情景，因為一千三百年前，海路交通均極度不便，橫渡大海會遭逢多少狂風巨浪，實在難以預期，真是冒險犯難，前途渺茫難測，詩人揣想友人駕舟航行渡海，只能指日辨別方向，隨風漂流，他用浪漫主義筆法「鰲身映天黑，魚眼射波紅。」誇張虛構友人航海將會見到的怪異景象：巨鰲浮出水面，龐大無比的身背將天空映黑，閃閃發光的雙眼使水面波浪泛紅，極寫日本的渺遠，和海上航程艱險，通過形象化的景象描寫。頁 219。

始不是好事一椿。過了四十歲，王維的人生經歷已經到達一定程度，識多見廣，歷盡滄桑，對人生的體會，對道理的明晰，已經四十而不惑，於是在他每首短短二十字五絕的山水詩中，融化了主觀領悟到的「空」、「寂」禪理，同時也揭示了客觀存在的澄淡山水之幽，寧靜田園之美，〈輞川圖〉與《輞川集》已到人生的最高境界——「物我兩忘」。

　　（八）王維首先將琴與詩、畫結合：將詩人的豐沛情感默默融進外界景物當中，他不需要像李商隱那樣藉助一些主觀的字眼來表達充沛情感；他也不需要像辛棄疾年輕時那樣「為賦新詩強說愁」，他運用音樂家的敏銳音感，只用以動顯靜的高度藝術技巧，由物像本身聲光色態來自然呈現情景交融的畫面，詩與畫這兩者原本不可能結合的東西，竟然能夠完美地結合，具審美、教化、娛樂三種功能，淨化心靈，提高人類的精神境界，是對後代多麼偉大的貢獻，開創後人多少坦蕩蕩的創作大路，更妙的是數百年後的宋朝有蘇軾、黃庭堅、米芾、李公麟等人起而呼應；元朝趙孟頫又加以廣泛拓展；明朝董其昌又那麼五體投地的推崇，使得起自王維《輞川集》、〈輞川圖〉的「文人畫」成為畫壇主流的傲人成就，是王維萬萬想不到的事。

　　（九）由於王維與周遭那些志同道合的山水田園詩人努力創作，有山水詩配合山水畫，加速了山水畫的成熟：因為中國人的偏好和儒、釋、道、屈騷等思想影響，對山水情感無比深厚，簡淡中蘊含了無窮境界，是山水畫詩化的基本美學性格，甚至後來文人將自己的思想人格，融注到自然景色當中，完全達到「物我合一」的境界。王維山水畫實質已成為個人思想的投射，成為人格的隱喻和象徵，許多後世文人對山水表現慾望幾近狂熱，對山水畫更是推崇備至，為其他兩類繪畫花鳥、人物所不能望其項背，

唐代山水畫迅速成長，和山水詩成就有不可分割的聯繫，若非王維這批詩人努力，山水畫哪能蓬勃發展如是快速？很多近代藝術家主張要創作逼真形似、色彩斑斕的藝術作品，並不認同「文人畫」的意境主張，對詩佛王維的許多偉大成就也不加以肯定，看法若純粹從色彩、逼真方面來說，其實並不能說完全錯誤，但是在近世有高水準、高畫素的照相機之後，逼真之畫又有何存在的意義？張師仁青所謂：「零縑斷簡，散失殆盡，千載而下，莫由尋討……以今人標準繩律古人之過也。」[4]對不同時代背景下產生的不同產物，應該要具有更寬闊的胸襟加以認同，不可以今日之社會背景與經濟狀況，上視古人，將古人的精心傑作一概抹煞。

　　（十）首創國畫「平遠、深遠」意境之美：王維的「平遠、深遠」意境之美對後世影響深遠，後代各畫家對山水意境有不同表現，在山水的意象中，這些文人們可以得到精神的寄託，他們在精神上要超越有限的個體生命存在，要追求一種無限和永恆，所以在山水畫中，他們要創造一種「遠」的意境，有的是幽遠，有的是平遠，有的是深遠，有的是清遠，有的是渺遠，有的是廣遠，有的是高遠，有的是寥遠。基本上來說，「遠」就是突破有限，通向無限，明清的山水畫多數都是從近處一層一層推向遠處，近處有草堂、樹木、小橋、流水、人家、涼亭、枯藤、曲徑；遠處有水面、扁舟、蘆葦、沙鷗；再遠處有層層疊疊的山巒和樹林、水草，越推越遠；最遠處是煙雲飄渺，若有若無的一痕山影，從有限推向無限，同時又從無限回歸有限，從無限廣遠的水天一色，回歸自己的家園。陶潛有詩云：「採菊東籬下，悠然見南山。山氣日夕佳，飛鳥相與還。」王維《輞川集‧華子岡》的「飛鳥去不

---

4 同注 1，張師仁青著：《魏晉南北朝文學思想史》，自序頁 3。

窮，連山復秋色。」清人題畫也說：「低徊留得無邊在，又見歸鴉夕照中。」這些詩可以借來描繪中國山水畫「遠」的意境，它體現一種迴旋往復的意趣，是一種詩意的空間，又趨向一種節奏化的音樂境界，山水畫家在這種境界中，體驗到自我和大自然天人合一的和諧，從而使自己的心靈在詩書畫印中得到安頓，其實不管是幽遠，清遠，渺遠，廣遠，高遠，寥遠，這些令人眼花撩亂的成就，能說不是從王維的「平遠、深遠」一脈相承下來的嗎？能說王維的成就不大嗎？

上述這王維這由《輞川集》再畫成〈輞川圖〉所帶來的十大貢獻，不管經過多少年月，都無法讓人遺忘，儘管〈輞川圖〉真跡可能早已不在人間，存世的都是後人仿作、臨摹，黃庭堅曾經看過兩幅臨本，在《黃山谷集》上他說：「臨摹得人，猶可見其得意林泉之髣髴。」這就是正確的觀念，只要臨摹得人，畫得髣髴便可以讓真跡得以突破時空、素材之限制而繼續流傳，不是聊勝於無嗎？王維在無意中開創後世的文人水墨畫，流傳盛行超過千年，列寧有言：「需要就是真理。」元朝以後的文人以黑白水墨表現心中對政治現況的沈痛，黑格爾也說：「量多可以變質。」水墨山水畫多之後，文人畫當然也改變了大家的視覺與感覺，不再唯青綠工筆是尙。

20世紀學術的疑古風氣，對於古代文物，在證據不足的情況下，冠上「傳」字是負責任的態度，特別是證明文物的態度須更謹慎，如無萬全把握，反而有失公允。宋朝以前的作品求證更難，〈女史箴圖〉不管是否為顧愷之作品，畫作中所呈現的，起碼代表東晉風貌，[5]在無強力證據下，寧願保守才是學術研究的態度，

5　學者有時亦有聳動驚人之舉，像曾有多位百年前的學者懷疑夏朝存在，尤有甚者認爲聖王夏禹是一條蟲，經過了20世紀的疑古風潮，今日許多泥土

故宮現存的一些王維作品，今日也多屬「傳」字級，有些其實很明顯看得出來絕對係後人僞作[6]，除此之外，掛名郭忠恕仿製的〈輞川圖〉表示這些畫作起碼也代表了盛唐初興水墨山水畫時的一些風貌，同樣是後世仿作，王羲之的作品在唐太宗時雙鉤塡墨，後世一再翻印，清高宗三希堂版，都沒任何人加以漠視，視若珍寶，珍如拱璧，而畫作很難如此複製，捨臨仿、傳移摹寫之外，別無蹊徑，面對珍貴古書畫的臨仿本，竟然有不同的評鑑標準，這應該還是因爲「漢賊不兩立」道德瑕疵掛帥的緣故吧！

魏文帝曹丕〈典論論文〉有云：「文人相輕，自古而然。」與王維同屬盛唐仙聖佛的杜甫卻有詩〈解悶十二首〉，其八云：「不見高人王右丞，藍田丘壑蔓寒藤。最傳秀句寰區滿，未絕風流相國能。」[7]王維無疑完全當得上「高人」的稱譽，詩聖杜甫除了誇讚王維「最傳秀句寰區滿」擁有卓絕詩才，還稱譽王維是高潔的隱士，他在處理仕隱關係、進退自如的表現上，也非一般人士所能及，足以得知杜甫對王維不僅沒有相輕，甚至是相當欽佩。

近代著名作家之一的余秋雨對藝術的認同有獨特看法，認爲舒適生活會阻斷藝術創作[8]，在安適的輞川園裡，王維渾然忘記外面世界的紛紛擾擾，照余氏之言，四十餘歲的王維對人生的憧憬就此不復存在，他的人生會產生滯留、阻斷的現象，這點研究者

下出土的珍貴實物史料，科學證據卻證明了夏朝真正存在，所以學術研究須更小心翼翼。

6 像掛名王維的〈千岩萬壑圖〉，有七百年後的明朝才出現的鬼頭皴，畫面上還題字留名，僞造者搞不清楚狀況，就意圖顛覆唐朝人並未畫面題字印象。

7 （唐）杜甫：《杜甫全集》（廣州：珠海出版社，民國55年11月），頁1241。

8 《千年一嘆》書前序云：「安適的山寨很容易埋葬憧憬，豐沛的泉眼很容易滯留人生，而任何滯留都是自我阻斷，任何安頓都是創造的陷阱，任何名位都會誘發爭鬥，任何爭鬥都包含著毀損。大而言之，許多偉大文明因此衰敗，小而言之，許多學術藝文因此而沈淪。這是廢墟的哲學。」見余秋雨：《千年一嘆》（臺北：時報文化出版企業股份有限公司 民國90年初版七刷），頁14。

倒不贊成，王維最好的禪意詩畫均完成於他有了安適的輞川園之後，真正阻斷他創作的應該是讓國家幾乎改朝換代，全體國民、社會動盪不安的安史之亂。

　　各種文學、藝術的存在，意謂著藝術家、文學家個人才華的凝聚表現，王維身處亂世，明哲保身的一些行徑引起他個人晚年懊悔不迭，同時也導致後人對他的不滿，《菜根譚》所謂：「橫逆困窮，是鍛煉豪傑的一付爐錘：能受其鍛煉則身心受益，不受其鍛煉，則身心受損。」人格力量的形成，往往是由現實經歷和主動自覺修養打造而成的，君子安貧樂道，達人知命進取，就是孟子宣導的：「窮則獨善其身，達則兼濟天下。」王維不願像許多自認為走到絕路者做出一些自絕性命、投河自盡的行為，或者像現代社會流行的燒炭自盡，其實只要人人設身處地想想就能諒解，王維自父親過世就有養家重擔在身，他本性又不像蘇軾，自幼就立志做「范滂」，果真長大就橫衝直撞而無所畏懼；雖然他極端羨慕屈原的忠君愛國，但卻受到命運的作弄，讓他無法達成心願；又因佛家反對人自行結束生命，所以他沒有效法屈原投江自盡，這些應該就屬於個性各有不同，不可一概而論了吧！

　　當然看他晚年的退縮表現，一失足已百年身，表示他確實非常後悔自己早些時候的某些不算忠心的行徑，但是螻蟻尚且貪生，何況是人也希望活得好端端的，這些應該也是人之常情，一定要怪，這只能說是一樁時代的悲劇，還有一些人的說法說他不像李白那樣叛逆，又不像杜甫那樣憂國憂民，應該說他既有儒家的忠君愛國思想，又有道家的隱逸思想，再加上多年佛家思想的浸潤修為，三者綜合而成他這種像是後世中國讀書人那樣既清高又軟弱的典型吧！

　　王維幼年喪父，中年喪妻、晚年無子，人生三大痛苦，他跟

孔老夫子一樣無一倖免，畢生艱苦備嚐，再加上仕途蹭蹬，他又非百名內之高官，有榮幸隨駕幸蜀，以致於他不得不靦顏事敵，讓他得到相當大的教訓與懲罰，接踵而來的這些無情打擊，使他後半生始終懊悔不迭，詩作、畫作均大量減少，生不如死，讓他晚年一再說：「一生幾許傷心事，不向空門何處銷。」、「晚年唯好靜，萬事不關心。」每讀至此，只能掩卷擲筆：斯人也而有斯「疾」也！爲之奈何！謂之奈何！

參考書目

（依著者或編者姓名筆畫為序）

（一）專　書

1、王維專書

王維著　顧起經注：《唐王右丞詩集》　臺北：學生書局　民國 59
　　年版

王維：《須溪先生校本唐王右丞集》　上海：商務印書館縮印元刊
　　本

王維研究會：《王維研究第一輯》　西安：西安聯合大學書局出版
　　民國 80 年

皮師述民：《王維探論》　臺北：聯經出版事業股份有限公司　民
　　國 88 年 8 月版

柳晟俊：《王維詩研究》　臺北：黎明文化事業股份有限公司　民
　　國 76 年 7 月版

莊申：《王維研究（上）》　香港：萬有圖書公司　民國 60 年版

楊文雄《詩佛王維研究》　臺北：文史哲出版社　民國 77 年 2 月
　　版

陶文鵬選析：《明月松間照詩佛 —— 王維詩歌賞析》　臺北：開今
　　文化出版　民國 82 年版

趙殿成箋註：《王右丞集箋註》　臺北：河洛圖書出版社　民國 64
　　年版

2、一般專書

丁成泉：《中國山水詩史》　臺北：文津出版社　民國 84 年 8 月版

孔安國傳：《尚書》　孔穎達等正義　臺北：藝文印書館《十三經注疏本》影清嘉慶二十年（1815）阮元校刊本　民國 91 年 12 月初版 14 刷

王充：《論衡》　臺北：新興書局　民國 57 年新一版

王夫之：《唐詩評選》　收入《船山遺書全集》　臺北：中國船山學會　自由出版社　民國 61 年

王國維：《人間詞話》　臺北：金楓出版社　民國 75 年

王國瓔：《中國山水詩研究》　臺北：聯經出版公司　民國 81 年三版

方回：《瀛奎律髓》　臺北：商務印書館　民國 67 年出版

方東樹：《昭昧詹言》　臺北：漢京文化事業有限公司　民國 93 年版

石永昌編：《蘇州狀元石韞玉》　臺北：文史哲出版社　民國 90 年初版

司馬遷：《史記三家注》　臺北：七略出版社　影印清乾隆武英殿本　民國 80 年 9 月二版

司空圖：《二十四詩品》　輯錄於《詩話叢刊》　臺北：弘道文化事業有限公司　民國 60 年版

朱光潛：《詩論》　臺北：德華出版社　民國 70 年

朱光潛：《詩論新編》　臺北：洪範出版社　民國 71 年初版

朱光潛：《悲劇心理學》　臺北縣：駱駝出版社　民國 76 年版

牟宗三：《中國哲學的特質》　臺北：學生書局　民國 87 年版

牟宗三：《中國哲學十九講》　臺北：學生書局　民國 91 年版

李耳：《老子道德經》　上海商務印書館縮印常熟瞿氏藏宋本　四
　　部叢刊初編子部

李亮：《詩畫同源與山水文化》　北京：中華書局　民國 93 年 12
　　月北京第一版

李澤厚：《中國古代思想史論》　臺北：三民書局　民國 85 年版

宋祁　歐陽脩：《二十五史‧新唐書》　臺北：新文豐出版股份有
　　限公司　民國 64 年

沈括：《夢溪筆談》　輯錄於《叢書集成新編》　臺北：新文豐圖
　　書出版公司　據學津討原本影印　民國 74 年版

沈德潛：《說詩晬語》　輯錄於《詩話叢刊》　臺北：弘道文化事
　　業有限公司　民國 60 年版

汪中選注：《詩品注》　臺北：正中書局　民國 60 年版

何晏等注　邢昺疏：《論語》　臺北：藝文印書館《十三經注疏本》
　　影清嘉慶二十年（1815）阮元校刊本　民國 91 年 12 月初版 14
　　刷

邱師燮友：《品詩吟詩》　臺北：東大圖書公司　民國 90 年 8 月二
　　版

邱師燮友：《童山詩論卷》　臺北：萬卷樓圖書股份有限公司　民
　　國 92 年版

邱師燮友、皮師述民、左師松超等八人：《中國文學史初稿》　臺
　　北：萬卷樓圖書股份有限公司　民國 91 年版

邱年永、張光雄：《原色台灣藥用植物圖鑑》　臺北：南天書局　民
　　國 75、76 年初版

房玄齡：《二十五史‧晉書》　臺北：新文豐出版股份有限公司　民
　　國 64 年版

胡應麟：《詩藪》　臺北：齊魯書社　民國 86 年版

洪邁：《容齋續筆》　輯錄於《叢書集成三編》據筆記小說大觀續編本影印　臺北：新文豐圖書出版公司　民國 86 年版

馬積高　黃鈞主編：《中國古代文學史》　臺北：萬卷樓圖書出版公司　民國 87 年版

袁行霈：《中國詩歌藝術研究》　臺北：五南出版社　民國 78 年初版

唐君毅：《中國人文精神之發展》　臺北：學生書局　民國 89 年

唐君毅：《中國文化之精神價值》　臺北：正中書局　民國 89 年

唐君毅：《心物與人生》　臺北：學生書局　民國 91 年版

郭紹虞：《中國文學批評史》　臺北：文史哲出版社　民國 77 年再版

徐增：《徐而菴詩話》　輯錄於《詩話叢刊》　臺北：弘道文化事業有限公司　民國 60 年版

皎然：《詩式》　輯錄於《詩話叢刊》　臺北：弘道文化事業有限公司　民國 60 年版

許慎著　段玉裁注：《說文解字注》　臺北：蘭臺書局　民國 60 年十月再版

張師仁青：《魏晉南北朝文學思想史》　臺北：文史哲出版社　民國 67 年 12 月初版　民國 92 年 9 月出版

惠洪：《冷齋夜話》　輯錄於《詩話叢刊》　臺北：弘道文化事業有限公司　民國 60 年版

葉朗：《現代美學體系》　臺北：書林出版事業公司　民國 82 年臺一版

葉維廉：《比較詩學》　臺北：東大圖書公司　民國 77 年再版

劉勰著　王師更生注譯：《文心雕龍讀本》　臺北：文史哲出版社　民國 88 年初版七刷

劉昫:《二十五史·舊唐書》 臺北:新文豐出版股份有限公司 民國 64 年

劉熙載著 龔鵬程述:《藝概》 臺北:金楓出版有限公司 民國 75 年初版

劉麟生等:《中國文學八論》 臺北:泰順書局 民國 60 年再版

劉師兆祐:《認識古籍版刻與藏書家》 臺北:臺灣書店 民國 86 年 6 月初版

鍾嶸:《詩品》 臺北:臺灣商務印書館 民國 57 年臺一版

嚴羽:《滄浪詩話》 輯錄於《詩話叢刊》 臺北:弘道文化事業有限公司 民國 60 年版

錢穆:《國學概論》 臺北:臺灣商務印書館 民國 79 年 8 月臺十五版

鄭玄注 賈公彥疏:《周禮》 臺北:藝文印書館《十三經注疏本》影清嘉慶二十年(1815)阮元校刊本 民國 91 年 12 月初版 14 刷

鄭玄注 孔穎達等正義:《禮記》 臺北:藝文印書館《十三經注疏本》 影清嘉慶二十年(1815)阮元校刊本 民國 91 年 12 月初版 14 刷

鄭樵:《通志二十略》 北京:中華書局 民國 84 年版

鄭倖朱:《蘇軾以賦爲詩研究》 臺北:文津出版社 民國 87 年

蘇軾:《蘇東坡全集》 臺北:河洛圖書出版社 民國 64 年版

蘇軾:《蘇軾文集》 孔凡禮點校 北京:中華書局 民國 79 年版

蘇珊玉:《盛唐邊塞詩的審美特質》 臺北:文津出版社 民國 89 年版

龔鵬程:《唐代思潮》 宜蘭:佛光人文社會學院 民國 90 年版

3、美學專書

王定：《兩位中國古代的大畫家》　臺北：臺灣書店　民國 67 年 6
　月版

王伯敏：《中國繪畫通史》　臺北：東大圖書公司　民國 86 年版

王靜芝：《書法漫談》　臺北：臺灣書店　民國 89 年版

王振復：《中國美學的文脈歷程》　成都：四川人民出版社　民國
　91 年版

北京大學哲學系美學教研室編：《中國美學史資料選編》　北京：
　中華書局　民國 74 年版

朱光潛：《談美》　臺北：國際少年村　民國 89 年 10 月初版

朱玄：《中國山水畫美學研究》　臺北：臺灣學生書局　民國 86
　年 8 月初版

朱立元主編：《西方美學名提要》　臺北：昭明出版社　民國 90
　年版

宋徽宗敕編：《宣和畫譜》　收於《畫史叢書》第一冊　臺北：文
　史哲出版社　民國 63 年版

何恭上主編：《中國美術史》　馮振凱撰述　臺北：藝術圖書公司
　民國 69 年再版

吳功正：《唐代美學史》　西安：陝西師範大學出版社　民國 88
　年版

李澤厚：《美學四講》　臺北：人間出版社　民國 77 年 11 月初版

李澤厚等編：《美學百科叢書》　北京：社會科學文獻出版社　民
　國 79 年十二月一刷

李澤厚：《美的歷程》　臺北：三民書局　民國 85 年版

李澤厚：《美學論集》　臺北：三民書局　民國 85 年 9 月版

李澤厚：《華夏美學》　臺北：三民書局　民國 88 年版

李澤厚　劉綱紀：《中國美學史》　合肥：安徽文藝出版社　民國
　　88 年版

李澤厚：《美的歷程》　臺北：三民書局　民國 91 年版

李霖燦：《中國美術史稿》　臺北：雄師圖書股份有限公司　民國
　　89 年二版

李醒塵：《西方美學史教程》　臺北：淑馨出版社　民國 89 年元
　　月二刷

呂佛庭《：中國畫史評傳》　臺北：中國文化大學出版部　民國
　　77 年版

沈尹默：《沈尹默論書叢稿》　臺北：莊嚴出版社　民國 77 年

宗白華：《美學與意境》　臺北：淑馨出版社　民國 78 年 4 月

宗白華：《美學散步》　上海：上海人民出版社　民國 90 年版

金劍：《美學與文學新論》　臺北：臺灣商務印書館　民國 92 年

明文書局編輯部：《中國美學史資料彙編》　臺北：明文書局　民
　　國 72 年版

林莉娜文字撰述：《宮室樓閣之美 ── 界畫特展》，國立故宮博物
　　院編輯委員會編輯　臺北：國立故宮博物院　民國 89 年版

周純淑、劉世惠譯：《大都會博物館美術全集》　臺北：國嘉文化
　　事業有限公司　民國 81 年版

俞崑：《中國畫論類編》　臺北：華正書局　民國 66 年版

洪文慶主編：《中國名畫賞析》　單國強等撰文　臺北：錦繡出版
　　事業股份有限公司　民國 90 年 11 月版

徐復觀：《中國藝術精神》　臺北：學生書局　民國 65 年版

唐君毅：《中華人文與當今世界補編》　臺北：學生書局　民國 77
　　年版

袁濟喜：《和－中國古典審美理想》　北京：中國人民大學出版社

民國 78 年版

高木森：《中國繪畫思想史》　臺北：東大圖書公司　民國 81 年 6
　　月版

高居翰原著　李渝譯：《中國繪畫史》　臺北：雄獅圖書有限公司
　　民國 91 年五版九刷

張彥遠：《歷代名畫記》　收於《畫史叢書》第一冊　臺北：文史
　　哲出版社　民國 63 年版

張家驥：《中國造園史》　臺北：博遠出版有限公司　民國 79 年 8
　　月初版

張皓：《中國美學範疇與傳統文化》　武漢：湖北教育出版社　民
　　國 85 年版

莊申編：《根源之美》　臺北：東大圖書公司　民國 81 年 5 月再
　　版

陳傳席：《中國山水畫史》　天津：天津人民美術出版社　民國 90
　　年版

陳望衡：《中國古典美學史》　臺北：華正書局　民國 90 年版

崔炳植：《中韓南宗繪畫之研究》　臺北：文史哲出版社　民國 71
　　年版

郭若虛：《圖畫見聞錄》　京都：中文出版社　據明汲古閣本影印
　　民國 69 年版

《敦煌莫高窟全集》　香港：商務印書館　民國 92 年

曾祖蔭：《中國古代文藝美學範疇》　臺北：文津出版社　民國 76
　　年八月版

曾祖蔭：《中國佛教與美學》　臺北：文津出版社　民國 83 年版

葉朗：《現代美學體系》　臺北：書林出版事業公司　民國 82 年
　　台一版

葉朗：《中國美學史》　臺北：文津出版社　民國 85 年版

董其昌：《畫旨》　臺北：世界書局藝術叢編初版　民國 56 年版

董其昌：《畫學集成‧畫旨》　石家莊：河北美術出版社　民國 91
年

楊家駱編：《藝術叢編》　臺北：世界書局　民國 56 年版

楊仁愷主編：《中國書畫》　薛永年、楊心、楊臣彬、穆益琴、單
國強等編撰　上海：上海古籍出版社　民國 79 年版

樓慶西：《中國古建築二十講》　臺北：聯經出版事業股份有限公
司　民國 92 年 8 月初版

劉昌元：《西方美學導論》　臺北：聯經出版事業股份有限公司　民
國 89 年七月二版五刷

漢寶德等：《中國美學論集》　臺北：南天書局　民國 76 年版

臺北市立美術館編輯：《生活美學》　臺北：北市美術館　民國 82
年版

霍然：《唐代美學思潮》　長春：長春出版社　民國 86 年 8 月初
版

潘知常：《中國美學精神》　南京：江蘇人民出版社　民國 82 年

顏崑陽：《莊子藝術精神析論》　臺北：華正書局　民國 74 年版

謝稚柳：《中國古代書畫研究十論》　上海：復旦大學出版社　民
國 93 年 8 月第一版第二刷

蘇峰男：《論國畫皴法之發展》　臺北：川流出版社　民國 64 年

龔鵬程：《文化、文學與美學》　臺北：時報文化出版公司　民國
77 年初版

龔鵬程編：《美學在台灣的發展》　嘉義：南華管理學院　民國 87
年版

（二）碩博士論文：

王詠雪：《王維詩中禪意境之研究》　台灣大學中國文學研究所碩士論文　民國 86 年

何乾：《中國藝術之根源及其思想體系》　文化大學中國文學研究所碩士論文　民國 64 年 7 月

朴先圭：《老子哲學中美學思想之探討》　東海大學哲學研究所碩士論文　民國 79 年

呂昇陽：《六朝美學中的形神思想之研究》　中央大學中國文學研究所碩士論文　民國 80 年

杜昭瑩：《王維禪詩研究》　輔仁大學中文研究所　民國 82 年

金銀雅：《盛唐樂府詩研究》　政治大學中文研究所博士論文　民國 79 年

金勝心：《盛唐山水田園詩研究》　臺灣師範大學國文研究所博士論文　民國 76 年

林朝成：《魏晉玄學的自然觀與自然美學研究》　台灣大學哲學研究所博士論文　民國 80 年

林鈺鈴：《蘇東坡美學思想及其現代意義》　師範大學美術學系碩士論文　民國 83 年

林玫伶：《孔子美育思想研究》　國立臺灣師範大學教育研究所碩士論文　民國 84 年

洪麗玫：《蘇東坡人格與風格的美學研究》　中央大學中國文學研究所碩士論文　民國 88 年

莊舒雯：《宗白華美學思想研究》　臺灣大學中國文學研究所　民國 90 年

陳啓佑：《唐代山水小品文研究》　文化大學中國文學研究所博士論文　民國 74 年

陳昌明：《從形體觀論六朝美學》　臺灣大學中國文學研究所博士
　　論文　民國 81 年

陳昭伶：《王維詩中的終極關懷類型》　玄奘人文社會學院　中國
　　語文研究所　民國 93 年

陳振盛：《王維的禪意世界》　中國文化大學史學研究所博士論文
　　民國 93 年

許世恭：《元代繪畫作品之美學觀》　中國文化大學藝術研究所碩
　　士論文　民國 75 年

許富居：《論園林詩畫意境與詩意空間之塑造 ── 以王維輞川園為
　　例》逢甲大學建築及都市計畫研究所　民國 82 年

張純菁：《由自然美學觀看中國園林建築與空間》東海大學建築工
　　程研究所碩士論文　民國 75 年

張靖亞：《魏晉南朝繪畫美學研究》　東海大學哲學研究所碩士論
　　文　民國 75 年

張瀛太：《郭熙〈林泉高致〉與韓拙〈山水純全集〉之繪畫美學及
　　時代意義》　臺灣大學中國文學研究所碩士論文　民國 81 年

張淑英：《漢代美學中形神觀念之研究》　中央大學中國文學研究
　　所碩士　民國 88 年

張滿足：《晉宋山水詩研究》　高雄師範大學國文研究所博士論文
　　民國 89 年

張美娟：《王國維〈人間詞話〉研究 ── 以人格三境界美學意涵為
　　詮釋進路》　南華大學文學研究所碩士論文　民國 90 年

曹愉生：《唐代詩論與畫論之關係研究》　政治大學中文研究所博
　　士論文　民國 80 年

曾議漢：《禪宗美學研究》　中國文化大學哲學研究所博士論文
　　民國 92 年

彭馨慧：《老子法自然的美學》　中央大學哲學研究所碩士論文
　　民國 89 年

黃光男：《宋代繪畫美學析論》　臺灣師範大學國文研究所博士論
　　文　民國 82 年

黃郁博：《中國美學的建構宗白華美學思想研究》　國立政治大學
　　中國文學系　民國 88 年

董小蕙：《莊子思想之美學意義》　臺灣師範大學美術研究所碩士
　　論文　民國 80 年

蔡榮婷：《唐代詩人與佛教關係之研究》　政治大學中文研究所博
　　士論文　民國 80 年

黎金剛：《唐代詩歌與佛家思想》　臺灣師範大學國文研究所博士
　　論文　民國 69 年

潘小雪：《宋代繪畫美學之研究》　臺灣師範大學美術研究所碩士
　　論文　民國 73 年

潘麗珠：《盛唐王孟詩派美學研究》　臺灣師範大學國文研究所碩
　　士論文　民國 75 年

楊雅惠：《兩宋文人書畫美學研究》　臺灣師範大學國文研究所博
　　士論文　民國 80 年

鄭文惠：《明代詩畫對應關係之探討 —— 以詩意圖、題畫詩爲主》
　　政治大學中文研究所博士論文　民國 81 年

蕭振邦：《從後設美學論先秦至魏晉儒道美學規模》　中國文化大
　　學哲學研究所博士論文　民國 78 年

蕭百芳：〈《宣和畫譜》研究 —— 宋徽宗御藏畫目的史學精神、道
　　教背景、與繪畫美學〉　成功大學歷史語言研究所碩士論文　民
　　國 80 年

顏進雄：《唐代遊仙詩研究》　文化大學中國文學研究所博士論文

民國 84 年

劉梅琴:《文人繪畫美學中的雅俗觀》　成功大學藝術研究所　民國 90 年

魏君滿:《王國維境界說新議 —— 以中西美學思想融合為考察進路》　淡江大學中國文學系碩士論文　民國 88 年

賴玉樹:《晚唐五代詠史詩之美學意識》　中國文化大學中國文學研究所博士論文　民國 92 年

蘇珊玉:《盛唐邊塞詩的審美特質研究》　高雄師範大學國文研究所博士論文　民國 88 年

蘇慶田:《中國繪畫色彩之研究》　屏東師範學院視覺藝術教育研究所碩士論文　民國 92 年

(三) 期刊短文:

王文進:〈「莊老告退,而山水方滋」解〉,臺北:《中外文學》七卷三期,民國 67 年 8 月,頁 4-17

王文進:〈南朝邊塞詩的類型〉,臺北:《中外文學》二十卷七期,民國 67 年 8 月,頁 104-117

王文進:〈南朝「山水詩」中「遊覽」與「行旅」的區分 —— 以《文選》為主的觀察〉,花蓮:《東華人文學報》第一期,民國 88 年 7 月

王　青:〈齊梁山水詩創作的新特點〉,山東:《煙臺大學學報》,民國 80 年 3 月,頁 27-33

王　毅:〈中國士大夫隱逸文化的興衰〉,北京:《文藝研究》,民國 78 年 3 月,頁 55-64

王定璋:〈唐代山水旅游詩歌折射的文化心態〉,成都:《天府新論》,民國 80 年 2 月,頁 67-74

王顯龍:〈王維山水田園詩的和諧美〉,南寧:《學術論壇》,民國

80 年 5 月，頁 91-95

王力堅：〈從六朝詩看中國古典詩歌結構的演進〉，廣州：《暨南學報》，民國 83‧3 月，頁 113-118

王步高：〈略論隋代詩體的格律化進程〉，瀋陽：《遼寧大學學報》，民國 83‧4 月，頁 100-102

王　玫：〈試論晉宋山水詩形成的兩點內在規定性〉，廈門：《廈門大學學報》，民國 84‧1 月，頁 72-77

王輝斌：〈孟浩然生平研究綜述〉，成都：《四川大學學報》，民國 84‧1 月，頁 74-81

王輝斌：〈李白在四川研究綜述〉，成都：《社會科學研究》，民國 84‧2 月，頁 97-100

王力堅：〈論六朝詩歌與駢文的關係〉，臺南：《中國國學》，民國 84‧11 月，頁 111-122

王潤華：〈「經變」後的山水：王維與敦煌壁畫的山水意象〉，桃園元智大學中國語文學系：《宗教‧文學與人生》 民國 95‧12 月，頁 27-45

方鳳岐：〈李白家世考辨〉，武漢：《江漢大學學報》， 1990‧5 月，頁 55-59

古添洪：〈記號學中的「解」傾向〉，臺北：《中外文學》十四卷二十期，民國 75‧5 月，頁 98-126

石叔明：〈墨竹篇〉，故宮文物月刊 41 期，臺北：故宮博物院，民國 75 年 8 月，四卷五期

余蕙靜：〈論王維《輞川集》中的時間觀及聲情技巧〉臺北：文大中文學報第五期，民國 89 年 3 月，頁 223-237

宋新昌：〈李白五律藝術略論〉，石家庄：《河北師範大學學報》，民國 81 年 3 月，頁 29-35

朱新法：〈謝靈運的性情與其山水詩的成因〉，南京：《江海學刊》，民國 84 年 6 月，頁 147-151

朱起予〈論謝朓的山水詩〉，江蘇：《蘇州大學學報》，民國 85 年 2 月，頁 35-40

尙　定：〈關隴文化與貞觀詩風〉，北京：《文學遺產》，民國 81 年 3 月，頁 56-68

尙　定：〈盧駱歌行的結構模式與藝術淵源〉，北京：《文學評論》，民國 82 年 6 月，頁 94-104

吳光興：〈論初唐詩的歷史進程〉，北京：《文學評論》，民國 81 年 3 月，頁 89-103

吳文雄：〈試論遮撥藝術在王維山水詩中的運用〉臺北：文大中文學報第四期，民國 87 年 3 月，頁 129-143

吳曉龍：〈論王維山水詩風格與視覺意象的聯繫〉，江西：《南昌大學學報》，民國 84 年 4 月，頁 98-102

邱瑞祥：〈王維的古體詩與盛唐氣象〉，貴陽：《貴州大學學報》，民國 84 年 4 月，頁 64-69

李漢偉：〈唐代自然詩與山水畫的關係〉，故宮文物月刊 44 期，臺北：故宮博物院，民國 75 年 11 月，四卷八期

林素玫：〈明畫論詩化與禪宗之關係〉，臺北：國際佛學研究中心第二期，民國 81 年 12 月，頁 248-268

孟二冬：〈論以李白爲代表的盛唐詩人對自然美的追求〉，長春：《社會科學戰線》，民國 84 年 1 月，頁 192-199

胡順萍：〈六祖壇經思想之承傳與影響〉，臺北：《國立台灣師範大學國文研究所集刊》第 33 期，民國 78 年 6 月，頁 1-154

徐　青：〈南北朝對式律詩和詩律〉，浙江：《湖州師專學報》，民國 82 年 4 月，頁 29-34

徐　旭等:〈從陶潛、王維看中國隱逸詩人群的審美風範及文化心理〉,武漢:《湖北大學學報》,民國 82 年 6 月,頁 86-91

胡大浚等:〈唐代詠物詩發展之輪廓與軌跡〉,山東:《煙臺大學學報》,民國 84 年 2 月,頁 22-28

荊立民:〈王維心靈歷程的再探和前後分期說的質疑〉,濟　南:《東岳論叢》,民國 83 年 4 月,頁 88-93

袁行霈:〈初唐詩歌的創作趨勢〉,北京:《北京大學學報》,民國 83 年 6 月,頁 74-83

高木森:〈文人畫的基本精神－尚樸素、崇自然、重個性〉,故宮文物月刊 37 期,臺北:故宮博物院,民國 75 年四月,四卷一期

高木森:〈士人畫的分期與文人畫的發展〉,故宮文物月刊 38 期,臺北:故宮博物院,民國 75 年五月,四卷二期

高木森:〈綜合型文人畫的形成與發展〉,故宮文物月刊 39 期,臺北:故宮博物院,民國 75 年六月,四卷三期

高木森:〈文人畫的大綜合主義的形成及其理論〉,故宮文物月刊 40 期,臺北:故宮博物院,民國 75 年七月,四卷四期

高木森:〈大綜合主義的承與變〉,故宮文物月刊 41 期,臺北:故宮博物院,民國 75 年八月,四卷五期

高木森:〈文人畫風格及精神在今日處境〉,故宮文物月刊 42 期,臺北:故宮博物院,民國 75 年九月,四卷六期

高木森:〈禪畫與文人畫〉,故宮文物月刊 46 期,臺北:故宮博物院,民國 76 年一月,四卷十期

許　總:〈論「文章四友」與唐前期詩歌藝術進程〉,鄭州:《鄭州學刊》,民國 83 年 6 月,頁 85-89

許　總:〈唐前期宮廷詩研究〉,長春:《社會科學戰線》,民國 84

年 1 月，頁 182-191

許　總：〈劉希夷與張若虛：唐詩意境的新指向〉，武漢：《江漢論壇》，民國 83 年 12 月，頁 68-72

張臺萍：〈試探王維的安禪思想與生活〉，臺北：《中外文學》七卷三期，民 67 年 8 月，頁 86-102

張金海：〈杜甫及其詩歌的典型意義〉，湖北：《武漢大學學報》，民國 79 年 6 月，頁 103-107

張海明：〈風骨新探〉，北京：《文學遺產》，民國 80 年 2 月，頁 6-17

張其俊：〈古典詩歌意象系列發微〉，湖北：《黃岡師專學報》，民國 83 年 3 月，頁 1-18

張傳峰：〈論王維的七律〉，江蘇：《湖州師專學報》，民國 83 年 3 月，頁 38-44

張伯偉：〈唐五代詩格叢考〉，北京：《文獻季刊》三期，民國 83 年 7 月，頁 46-61

張　晶：〈詩與公案的因緣〉，北京：《文學遺產》，民國 81 年 5 月，頁 70-75

張　晶：〈禪與唐代山水詩派〉，長春：《社會科學戰線》，民國 83 年 6 月，頁 226-232

張　晶：〈禪與人性化創造詩論〉，哈爾濱：《北方論叢》，民國 84 年 1 月，頁 63-68

羅　青：〈中國水墨美學初探〉，故宮文物月刊 47 期，臺北：故宮博物院，民國 76 年二月，四卷十一期

楊清欽：〈移天縮地有乾坤〉，故宮文物月刊 61 期，臺北：故宮博物院，民國 77 年四月，六卷一期

陳衡恪：〈中國文人畫之研究〉（係翻譯日本大村西崖所作和本專

論輯而成。）

陳　炎：〈盛唐之音、中唐之響、晚唐之韻〉，山東大學：《文史哲》，
　　民國 81 年 3 月，頁 7-85

陳鵬翔：〈中英山水詩理論與當代中文山水詩的模式〉，臺北：《中
　　外文學》二十卷六期，民國 75 年 5 月，頁 96-135

陳昌明：〈論六朝詠物詩之「觀象」特質〉，臺北：《中外文學》十
　　五卷五期，民國 75 年 10 月，頁 138-160

段躍慶：〈試論山水詩的義界〉，貴陽：《貴州大學學報》，民國 78
　　年 1 月，頁 57-60

趙　謙：〈杜甫五律的藝術結構與審美功能〉，北京：《中國社會科
　　學》， 民國 80 年 4 月，頁 113-128

趙克堯：〈盛唐氣象論〉，上海：《復旦學報》，民國 80 年 4 月，頁
　　68-78

趙玉楨：〈王維隱居與其詩的聯繫新探〉，銀川：《寧夏社會科學》，
　　民國 79 年 5 月，頁 70-76

秦少培等撰：〈論唐代邊塞詩及其繁榮原因〉，烏魯木齊：《新疆大
　　學學報》，民國 81 年 1 月，頁 79-90

曾　明：〈謝靈運與王維山水詩比較〉，成都：《西南民族學院學報》，
　　民國 81 年 3 月，頁 63-68

曾　明：〈李白山水詩的藝術精神〉，成都：《西南民族學院學報》，
　　民國 85 年 2 月，頁 1-5

裴　斐：〈杜詩八期論〉，北京：《文學遺產》，民國 81 年 4 月，頁
　　27-39

胥　雲：〈論韋應物詩歌的淡美風格〉，西安：《陝西師大學報》，
　　民國 81 年 4 月，頁 112-116

賀秀明：〈玄釋與魏晉山水詩〉，福州：《福建學刊》，民國 81 年 6

月，頁 60-65

黃世中:〈從謝靈運的永嘉山水詩談到人生憂患感的消解〉，成都：
《天府新論》，民國 82 年 3 月，頁 69-73

雷曉霞:〈淺析繪畫技法在王維山水詩中的運用〉，廣東：《佛山大
學學報》，民國 82 年 5 月，頁 82-88

薛天緯:〈干謁與唐代詩人心態〉，西安：《西北大學學報》，民國
83 年 1 月，頁 17-23

鄭金川:〈莊子對中國繪畫美學的影響〉故宮文物月刊 74 期，臺
北：故宮博物院，民國 78 年五月，七卷二期

鄭玉林:〈論謝朓山水詩的藝術成就〉，成都：《四川師範大學學
報》，民國 83 年 4 月，頁 41-46

陶新民:〈試論莊屈對李白的影響〉，合肥：《學術界》，民國 84
年 1 月，頁 53-57

陶禮天:〈山水到美人的藝術變奏〉，福州：《福建論壇》，民國 84
年 3 月，頁 24-28

郭洪紀:〈文人詩詞的價值解構與儒家人本思想〉，北京：《北京大
學學報》，民國 84 年 2 月，頁 74-81

程地宇:〈杜甫夔州詩的生命論美學意蘊〉，成都：《社會科學研
究》，民國 84 年 2 月，頁 91-96

唐滿先:〈陶淵明以前田園詩之審美方式〉，南昌：《江西社會科
學》，民國 84 年 2 月，頁 55-59

戴偉華:〈對文人入幕與盛唐高岑邊塞詩幾個問題的考察〉，北京：
《文學遺產》，民國 84 年 2 月，頁 31-40

葛兆光:〈道教與唐代詩歌語言〉，上海：《清華大學學報》，民國
84 年 4 月，頁 10-13

盧燕平:〈杜甫詩美之于莊子〉，成都：《杜甫研究學刊》，民國 81

年 2 月，頁 51-57

劉忠國等撰：〈玄佛靜觀思想與晉宋山水詩的興起〉，山東：《文史哲民國 81 年第一期》，民國 81 年 1 月，頁 77-83

劉瑞蓮：〈杜甫在閬州〉，成都：《杜甫研究學刊》，民國 81 年 2 月，頁 79-82

劉懷榮：〈論盛唐氣象的理論淵源〉，臨汾：《山西師大學報》，民國 83 年 4 月，頁 24-28

劉曉林：〈王維「以佛入詩」辨〉，湖北：《衡陽師專學報》，民國 84 年 5 月，頁 63-68

劉士林：〈論中國詩歌的本源〉，山東大學：《文史哲》，民國 84 年 9 月，頁 67-76

劉宣如：〈杜甫詩文與鍾嶸「詩品」關係綜論〉，成都：《西南漢賦中的神話研究民族學院學報》，民國 85 年，頁 99-104

謝思煒：〈杜詩敘事藝術探微〉，北京：《文學遺產》，民國 83 年 3 月，頁 44-52

謝思煒：〈淨眾、保唐禪與杜甫晚年的禪宗信仰〉，北京：《首都師範大學學報》，民國 84 年 5 月，頁 33-36

蕭麗華：〈禪與存有－王維《輞川集》析論〉，臺灣大學中文系副教授，臺北：佛教文學與藝術研討會，民國 87 年 4 月